AF313088

1904. Novembre 2.

ALSATICA

CATALOGUE

des

Collections d'Alsatiques (Estampes et Livres)

de feu Messieurs

H. M**** de Paris — AUG. SAUM de Strasbourg
J. ED. OHL de Saint-Dié

La Vente aux enchères
aura lieu le
21 Novembre 1904
et jours suivants
à 2 h. ½ de l'après-
midi à la
Librairie J. NOIRIEL
F. STAAT Succ.
Rue des Serruriers. 27
STRASBOURG
par le ministère de Mᵉ **Ritleng aîné,**
notaire à Strasbourg.

Die Auktion
findet statt am
21. November 1904
und den darauffolgen-
den Tagen um 2½ Uhr
Nachmittags in der
Buchhandlung J. NOIRIEL
F. STAAT Nachf.
27. Schlossergasse. 27
Strassburg i. E.
durch Herrn **Ritleng, den Älteren,**
Notar in Strassburg.

Katalog der Alsatica
(Bücher und Kupferstiche)

aus dem Nachlass der Herren

H. M**** zu Paris — AUG. SAUM zu Strassburg
J. ED. OHL zu Saint-Dié

STRASBOURG
LIBRAIRIE J. NOIRIEL, F. STAAT Successeur
1904

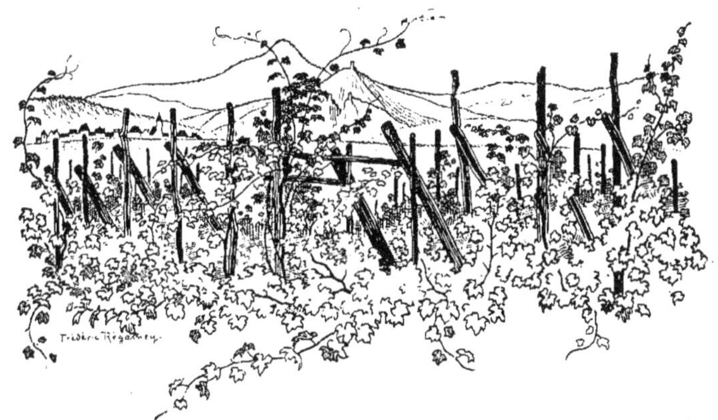

REVUE ALSACIENNE ILLUSTRÉE

Publication de luxe trimestrielle de format in-4°

Sixième Année

Cette Revue forme, chaque année, un volume de 250 pages, contenant environ 200 illustrations dans le texte et 15 à 20 planches hors texte (eaux-fortes, bois, lithographies, etc.). Elle étudie la vie et les oeuvres des Alsaciens illustres, l'histoire, l'ethnologie, la topographie, les monuments du pays, l'art populaire ancien et le mouvement artistique contemporain: en un mot, tout ce qui contribue à faire mieux connaître et aimer l'Alsace.

Chaque fascicule comprend, en outre, une Chronique d'Alsace-Lorraine: des notices biographiques et nécrologiques y fixent le souvenir des personnages marquants; les principales publications intéressant la province y sont analysées; enfin, une rubrique spéciale, illustrée de nombreuses gravures, enregistre les faits et documents utiles à retenir dans tous les domaines: *Littérature; Beaux-Arts; Archéologie; Histoire; Folklore; Politique; Droit; Économie politique; Agriculture; Commerce et Industrie; Statistique etc.*

Conditions de l'Abonnement pour une Année:

Strasbourg 15 frs. — Alsace-Lorraine 17 frs.

France et Etranger 19 frs.

On s'abonne à la **Librairie J. NOIRIEL, F. STAAT Succr.** **27 rue des Serruriers, Strasbourg** et aux bureaux de la Revue **2 rue Brûlée, Strasbourg.**

CATALOGUE

DES

Collections d'Alsatiques

(ESTAMPES ET LIVRES)

DE FEU MESSIEURS

H. M**** DE PARIS

AUG. SAUM DE STRASBOURG

J. ED. OHL DE SAINT-DIÉ

ALSATICA

CATALOGUE

des

Collections d'Alsatiques (Estampes et Livres)

de feu Messieurs

H. M**** de Paris — AUG. SAUM de Strasbourg
J. ED. OHL de Saint-Dié

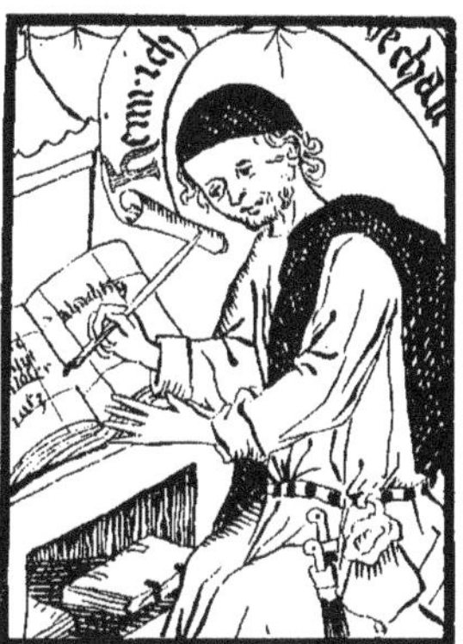

La Vente aux enchères aura lieu le **21 Novembre 1904** et jours suivants à 2 h. ½ de l'après-midi à la **Librairie J. NOIRIEL** F. STAAT Succ. Rue des Serruriers, 27 **STRASBOURG** par le ministère de Mᵉ **Ritleng aîné,** notaire à Strasbourg.

Die Auktion findet statt am **21. November 1904** und den darauffolgenden Tagen um 2½ Uhr Nachmittags in der **Buchhandlung J. NOIRIEL** F. STAAT Nachf. 27, Schlossergasse, 27 **Strassburg i. E.** durch Herrn **Ritleng, den Älteren,** Notar in Strassburg.

Katalog der Alsatica
(Bücher und Kupferstiche)

aus dem Nachlass der Herren

H. M**** zu Paris — AUG. SAUM zu Strassburg
J. ED. OHL zu Saint-Dié

STRASBOURG
LIBRAIRIE J. NOIRIEL, F. STAAT Successeur
1904

CONDITIONS DE LA VENTE.

La vente commencera le 21 novembre à 2 h. $\frac{1}{2}$ et sera continuée les jours suivants à la même heure.

Il sera vendu 300 numéros par jour, dans l'ordre du catalogue. Mr Staat se réserve le droit de réunir, s'il y a lieu, plusieurs numéros en un seul lot.

L'exposition des objets aura lieu le jour de leur passage à l'enchère de 10 heures à midi, dans le local de la vente.

Cette exposition mettant le public à même de se rendre compte de l'état des objets, il ne sera admis aucune réclamation, une fois l'adjudication prononcée.

Chaque article sera retiré de la vente, si la mise à prix n'est pas atteinte.

Les adjudicataires sont tenus d'enlever immédiatement les objets dont ils se sont rendus acquéreurs.

Le prix d'adjudication est à payer comptant, avec 10 % en sus pour les frais.

Dans le cas, où au moment d'une adjudication il surgirait un différend en raison d'une mise double, l'objet sera immédiatement remis en vente.

Disposition du Catalogue.

Les titres se suivent en général dans l'ordre alphabétique des auteurs. Pour la littérature d'un endroit, tous les ouvrages et gravures qui s'y rattachent, ont été réunis sous le nom de l'endroit même, et les biographies et portraits sous le nom des personnes dont il est question. Ce même classement a été adopté pour les pièces relatives à une même question, comme par exemple pour la littérature sur la Révolution française, la Guerre de 1870—71, la Question d'Alsace-Lorraine, etc. etc.

Pour les catalogues et les renseignements s'adresser à la librairie J. Noiriel, F. Staat succ^r, rue des Serruriers, 27, Strasbourg.

AUCTIONS-BEDINGUNGEN.

Die Auction beginnt am 21. November um $2^{1}/_{2}$ Uhr und wird an den folgenden Tagen zur selben Stunde fortgesetzt.

Es werden jeden Tag 300 Nummern in der Reihenfolge des Kataloges versteigert. Herr Staat behält sich jedoch das Recht vor, wenn nötig, mehrere Nummern zu einem Loose zu vereinigen.

Die an den einzelnen Tagen zur Versteigerung gelangenden Gegenstände sind an den betreffenden Vormittagen von 10 - 12 Uhr im Auctionslocale zur Besichtigung ausgestellt.

Da durch diese Ausstellung Gelegenheit geboten ist, sich von dem Zustande der einzelnen Gegenstände zu überzeugen, so können Reklamationen nach erfolgtem Zuschlag in keinerlei Weise berücksichtigt werden.

Jede Nummmer wird zu einem Minimalpreise veranschlagt und zurückgezogen, wenn dieser Preis nicht erreicht wird.

Die Versteigerung geschieht gegen bare Zahlung und hat der Ersteher auf den Zuschlag ein Aufgeld von 10% zu entrichten. Die gesteigerten Gegenstände sind sofort in Empfang zu nehmen.

Sollte durch erfolgtes Doppelgebot eine Meinungsverschiedenheit entstehen, so wird die betreffende Nummer sofort nochmals ausgeboten.

Einteilung des Kataloges.

Die Titel folgen sich im Allgemeinen in alphabetischer Reihenfolge, doch so, dass die Werke und Ansichten eines Ortes stets zusammen unter dem Namen des letzteren, ebenso die Biographien und Portraits unter dem Namen desjenigen, von dem sie handeln, eingeordnet sind. Dieselbe Anordnung wurde auch für die Werke eines gleichen Themas beibehalten, so dass z. B. alles über den Krieg von 1870 - 71, die Revolution von 1789, u. s. w. unter diesen Schlagwörtern zu finden ist.

Für Auskunft und Kataloge wende man sich an die Buchhandlung J. Noiriel, F. Staat Nachf., Schlossergasse 27, Strassburg i/E·

Collection de Portraits

et

d'Estampes alsatiques

de feu

Monsieur H. M.**** de Paris.

A. PORTRAITS DE PERSONNAGES
nés ou ayant séjourné en Alsace.

1 **Abel** *(Jean)*. Strasburger. V. J. D. Elegantiarumq. Cultor. Den 2. April 1606. Pet. in-4º, buste, profil à droite, av. encadr. Grav. sur cuivre, rogné.

2 **Achon, J. B. M.,** Vicaire-général du Diocèse de Strasbourg. In-8º, buste. Lith. E. Simon. Sur Chine.

3 **Adam, L.** *(Jean Louis, né à Muttersholz 1760, † 1848)*, Professeur au Conservatoire de Musique. In-8º, à mi-corps, assis, tourné à gauche. A Paris, chez Hautecœur-Martinet. Lith.

4 **Adam, Adolphe** *(Fils du précédent. Compositeur de Musique, né à Paris 1803, † 1856)*. In-8º, buste. M. A l o p h e, impr. d'Aubert & Cⁱᵉ. (Découpé d'un journal ill.)

5 **Albert, Jean Bernard.** Ancien bâtonier des Avocats du Conseil Souverain d'Alsace. Député à l'Assemblée Nationale de 1789. In-8º, buste, profil à droite. en méd. rond. L a b a d y e del., T e x i e r sculp., rogné.

6 **Alsace, Philippe d',** XVIᵉ Comte de Flandres. In-4º, fig. entière, avec armoiries. Grav. s. cuivre, à toutes marges.

7 **Andlaw d'Hombourg, B. F. A. d',** prince de Murbach etc, né à Hombourg le 15 aoust 1761, député de Colmar et Schelestat à l'Assemblée Nat. de 1789. In-8º, buste, profil à droite, en méd. rond, avec armoiries. L a b a d y e del., P e t i t sc., rogné.

8 — Id. In-4º, buste, tourné à gauche, dans un ovale encadré, av. armoiries, gravé en manière noire, encadr. remanié en bistre, av. marges.

9 **Andrieux** *(Franç. Guill. Jean Stanislas, Prof. au Collège de France, né à Strasbourg le 6 mai 1759, † 1833)*. In-8º, buste à droite. Lith. de Delpech. Av. marges.

10 — Id. In-8º, buste à droite. D e v e r i a del., P o t r e l sculp., Couché fils dir. Grav. s. cuivre, rogné.

11 **Anstett, Le Baron d',** Ministre de Russie. Gr. in-4º, buste. *Lieder.* Lith. de G. Engelmann. Sur Chine.

12 **Autin, Ludewig Anton, Hertzog von,** General-Lieutenant von Elsas etc. In-12º, buste en méd. ov., rogné.

13 **Arnold, Dr.** *(Dominique, Médecin, né à Lautenbach-Zell 1805, † 1872).* Pet. in-fol., à mi-corps, assis, tourné à gauche. B o r n e m a n n fecit, P i e r s o n photogr. Lith., sur Chine, à toutes marges.

14 **Arnold** *(Jean Georges Daniel, Profess. de droit, auteur du Pfingstmontag, mort en 1829)*. In-fol., buste. C. G u é r i n fec., lith. de Simon P. et F. Epreuve sur Chine, à toutes marges.

15 **Aron, Arnaud,** Oberrabbiner, Präsident des israelitischen Consistoriums des Unter-Elsass. In-4º, buste. D'après une phot. de S. Gerschel, par P. B. Lith. Hubert, Strasbourg.

16 — Id. Grand Rabbin etc. En chapeau d'office. Pet. in-fol., buste. Dessiné par B e y e r. Lith. de Simon à Strasbourg. Av. marges.

17 **Artopoeus, Joh. Christophorus,** in universitate Argentoratensi Eloquentiae Professor etc., natus Ao. 1626, d. 24 Augusti, St. v. defunctus, 1702 d. 21 Juny. Pet. in-fol., à mi-corps, dans un ovale, av. encadr. et armoiries. J. A. S e u p e l del. et sculp. Rogné et remonté.

18 **Atthalin, le Général Baron** *(Louis-Marie-Jean-Baptiste, né à Colmar, mort en 1856)*. Pet. in-4°, buste en méd. ov. Zinc d'après un portrait de A. Demarle. (Pl. de „Lehr, l'Alsace Noble").

19 **Aufschlager, Jean-Frédéric** *(Professeur au Gymnase de Strasbourg, né à Kuenheim, mort en 1833)*. In-4°, buste à droite, en méd. ov. Dessiné d'après nature par Ch. Aug. Schuler 1830. Impr. Lith. de Simon fils à Strasbourg. Petites marges.

20 **Autriche, Ferdinand Charles.** Archidux Austriae, dux Burgundiae . . . . . Landgravius Alsatiae. *(Né en 1529, † 1595)*. Pet. in-fol., buste, profil à dr., en méd. ov. P. Aubry sculpsit. Lég. et 8 vers lat. Rogné. (2 ex.)

21 **Autriche, Léopold, Archiduc d',** dux Burgundiae . . . . . Landgravius Alsatiae etc *(Evêque de Strasbourg. Né 1586, † 1632)*. In-8°, buste tourné à droite, dans un ovale, av. pet. fig. allégor., lég. et 4 vers latins: Caesareus sanguis, mens Regia etc. Lucas Kilianus 1629. Repr. en photolith., à gr. marges.

22 — Id. In-8°, buste, profil à gauche, en méd. ov. Costume sacerdot. P. Brun fec. Lég. lat., rogné.

23 — Id. In-fol. En armure, à cheval. Au fond le siége de Brisach. Armoir. Grav. s. cuivre. Lég. latine. Belle épreuve, rognée.

24 **Autriche, Léopold Guillaume, Archiduc d'.** Comte de Tyrol . . . nasquit à Neustad l'an 1614. Il est grand Maistre de l'ordre Teutonique, Evesque de Strasbourg . . . *(mort en 1662)*. In-8°, buste tourné à droite, en méd. rond, av. armoiries, planche gravée. A Paris chez Daret 1652. Petites marges.

25 — Id. Natus 6 Jan. 1614, obiit 20 Nov. 1662, aet. 48 A. In-8°, buste à gauche, en méd. ov., av. armoiries. Planche gravée. Petites marges.

26 — Id. Pet. in-fol., buste à droite, en méd. ov., av. encadr. allégor. C. Galle fc. Lég. lat. Repr. photolith., à grandes marges.

27 **Auvergne, Oswald Henry, Cardinal d'** . . . Chanoine et Grand Prévôt de Strasbourg, etc. Gr. in-fol., à mi-genoux, assis près d'une table, av. armoiries. Peint par Hyacinthe Rigaud, gravé par C. Drevet 1749. Belle épreuve av. un peu de marge.

28 — Id. Même planche. Rogné.

29 **Baden, Bernardo Gustavo, Marchese di,** . . . . Canonico Capitolare di Colonia, e d'Argentina etc. Pet. in-fol., buste à droite, dans un ovale. J. Franck sc. Planche gravée, à petites marges.

30 **Bade, Charles-Frédéric, Grand-Duc de.** *(Né en 1728, † 1811)*. Pet. in-fol., buste à gauche, en méd. ov., av. encadr. A. Demarle ft 1868. (Pl. de „Lehr, l'Alsace Noble").

31 **Baegert-Becker, Nicolas-Léonard.** Comte de Mons . . . Né à Obernay, le 13 Janv. 1770 († 1840). In-fol., à mi-corps. Peint par T. Degeorge, 1833. Lith. par Aug. Schuler, 1840. Sur Chine, pet. marges.

32 **Balduinus Franciscus** *(Prof. de jurispr. à Strasbourg, Heidelberg et Paris, 1520—1573)*. In-8°, à mi-corps, profil à dr. J.-N. L'armessin sculp. Sans marges.

33 **Barbanegre, le Général,** défenseur d'Huningue *(en 1815, né en 1772)*. Gr. in-8°, buste. Lith., av. marges.

34 — Id. In-8°, buste. Forestier sculp., Ambr. Tardieu direx. Grav. s. cuivre, av. marges.

35 **Bardy, Napoléon,** né à Belfort le 16 août 1804 *(Représentant du peuple, Haut-Rhin)*. In-8°, à mi-corps. Lith. d'après nat. par Llanta („Galerie des Représentants du peuple"). Fond teinté, à toutes marges.

36 **Bartenstein, Joh. Philippus,** in Argentoratensi Universitate Logices et Metaphysices Professor, etc. Natus Lindaniae Ao. 1650, d. 3. Dec. St. v. defunctus Argentinae d. 12. Sept. 1726. Meyer Pinx., P. J. Lutherburg Argent. sculp. In-fol., à mi-corps, tourné à droite, dans un encadr. ov., av. armoiries. Sans marges.

37 **Barthius, Johannes-Conradus,** Argentoratensis, etc. Pasteur en Hongrie. (vers la fin du 17° siècle). In-4°, à mi-corps, assis. Lég. lat.

38 **Barthélemy, Claude-Hyacinthe-Félix de** *(anc. préfet, né à Belfort 1787, mort à Chalons-s.-M. 1868)*. In-8°, buste, av. armoir. HD. 1875. Eauforte, à grandes marges. Belle épreuve.

39 **Barthélemy, Jean-Joseph-Hyacinthe,** né à Lauterbourg le 8 Janv. 1801 *(Représentant du peuple, Dép. de la Vienne)*. Gr. in-8°, à mi-corps. Lith. d'après nat. p. Célestin Deshays, E. Desmaisons direx. Imp. Lemercier. („Galerie des représentants du peuple"). Fond teinté.

40 **Bartholmé.** Négociant en vins à Strasbourg. In-4°, à mi-corps, assis dans un fauteuil, profil à droite, lith. de Simon fils. Sur Chine, à gr. marges.

41 — Id. Même planche, rognée.

42 **Bartholmèss, Christian.** Professeur de philosophie au Sémin. prot. de Strasbourg *(né à Geisselbronn 1815, † 1856)*. Gr. in-8°, à mi-corps, en méd. ov. C. Schultz lith. Imp. Lemercier. Sur Chine, à gr. marges.

Bauer, Dr Fr. — voir Mulhouse.

43 **Baur, Jean-Guillaume** (Bauur), natif de Strasburg (1600), il faisoit merveille en la miniature ..... mourut l'an 1640. In-8°, à mi-corps. Jo. Guill. Bauur pinx., J. Meyssens fecit et exc., rogné.

44 — Id. Même planche in-8°, reprod moderne en photolith. Au verso notice biogr. par F. Reiber. (Tirage à part du „Mirliton"). A gr. marges.

45 **Bautain, Louis,** Prof. de philosophie à Strasb., chanoine hon. de la Cathédrale etc. († 1868). In-4°, buste, tourné à gauche, lith. d'après nature p. Ch. Aug. Schuler en 1836, lith. de Simon fils.

46 — Id. L'abbé Bautain. In-8°, buste à droite. (Planche de la „Tribune sacrée"). Rogné.

47 **Bavière, Maximilien I, roi de.** In-4°. buste à droite, en méd. ov. A. Demarle ft 1868, P. U. sc. Zinc. (Pl. de „Lehr. l'Alsace Noble").

48 **Bavière. Maximilianus Josephus Utruisq Bavariae** ... Landgr. Leuchtenb., nat. d. 28. Mart. 1727. Gr. in-8°, à mi-corps, à droite, en méd. ov., av. encadr. et emblèmes. J. E. Nilson inv. sculps. et excud. Belle épreuve. Rogné.

49 **Bavière. Ludwig I, König von Bayern** *(né à Strasbourg)*. In-12, à mi-corps, en grand costume. Stieler gem., C. Barth sc. A pet. marges. (Pl. de Meyer's Conv.-Lex.)

50 **Bayer, Jean-Henri.** Caporal de la Compagnie de Resérwe (sic!) à Strasbourg. In-4°, dessin orig. color. Belle planche.

51 **Bebelius, Balthasar,** Argentoratensis. SS. Theol. D. et PP. Ord. in Univ. ... 1669 (né 1632, † 1686). In-8°, buste à droite, en méd. ov. Barth. Hopffer pinx, Philip Kilian sculps. Lég. et huit vers lat. Rogné.

52 **Beck, Franz Nicolaus Lorenz Paul,** chemal. Schöffe u. Inspector des Umgeldes der Stadt Strassburg .... Geb. 1705, d. 5. Dec. In-12, buste en méd. ov. Dessiné d'après nature p. E. H. d'Abelle. J. C. G. Fritzsch sc. 1773. Sans marges.

53 **Beck, Jean Jacques,** Historien, né à Strasbg., † 1829. In-12, buste, profil à gauche. Photogr. d'un plâtre.

54 **Bedel, J(ean)-J(acques),** Professeur de Mathématiques à la Faculté des Sciences de Strasbg. Né à Rambervillers 1767, † 1832. In-4°, à mi-corps, assis. C. Guérin f. Lith. F. G. Levrault. Av. marges.

55 **Béguin, Joseph.** Bouquiniste à Strasbourg *(† 1882)*. Pet. in-fol., buste. P. Béguin del. Lith. Epreuve avant la lettre, à toutes marges. Fond teinté.

56 **Behr, Georgius Henricus.** Med. Doctor et Practicus Argentinensis. Natus d. 16. Oct. 1708 *(† 1761)*. In-8°, à mi-corps, debout près d'une table. *(J. F. Wilcke pinxit. Joan. Striedbeck delin. et sculps. Argentorati)*. Rogné.

Benner Jérémie. — voir Mulhouse.

57 **Benoit, Louis.** *(Bibliothécaire à Nancy, né à Berthelming 1826, † 1874)*. In-8°, buste à droite. Lith. R. Schultz & Co, Rhein del. A gr. marges.

58 **Berckheim, Frédéric-Sigismond, baron de.** Lieutenant-général. In-4°, buste à dr., en méd. ov., avec encadr. A. Demarle f. 1868. Zinc. Avec marges.

59 Bergmann, Gustave. Député de Strasb. au Reichstag. In-4º, buste à gauche. P. B(éguin). Lith. Hubert. A toutes marges.

60 Bernegger, Johannes Caspar. Reipublicae Argentoratensi à Secretis .... Aº Christi 1668. In-12, buste, av. encadr. et armoiries. Grav. s. cuivre. Av. marges.

61 Berneggerus, Matthias. Histor. Profess. Argentorat. Obiit 5. Febr. 1640, natus annos 57. *(Père du précédent)*. In-8º, buste à droite, en méd. ov. Av. encadr. et compositions allégor. Lég. et 4 vers lat. Petri Aubry sculp. et exc. Arg. Rogné.

62 Besenval, Jean-Victor, Baron de Brunstach, né à Soleure, mort à Paris le 11 Mars 1736, âgé de 64 ans, étant Lieutenant-général des armées du Roi, ... In-8º, buste à gauche, en méd. ov. Bertaux del., gravé par Voyés Jne. Petites marges. (Planche d'un ouvrage).

63 — Id. Baron de Brunstat. In-4º, buste à dr., tête à g., en méd. ov., av. encadr. Messonier Archte del., Cl. Drevet sculp. Av. marges.

64 Besenval, Pierre-Victor, Baron de. Mort au mois de Juin 1791, à l'âge de 70 ans. In-12, buste, profil à gauche, en méd. ov. Dessiné par P. H. Danloux, gravé par Dupréel. (Frontispice d'un ouvrage).

65 — Id. Bezenval, Mr le Bon de, d'après un tableau de Danloux. In-12, fig. entière, assis dans un fauteuil près d'une cheminée. M. F. Dieu sc. Pet. marges.

66 Beuther, Michael. Histor. Profess. Argentor. Academiae .... Natus Aº 1522, 18 Octob., obiit Aº 1587, 27 Octobris. In-8º, à mi-corps, tourné à dr. Isaac Brunn Argentina sculpsit. Lég. lat. Rogné.

67 Biaudos, André de, Comte de Castéja .... Préfet du Départ. du haut Rhin etc. *(de 1815 à 1819)*. In-fol., buste, 3/4 à gauche, en méd. ov., av. armoiries. Dessiné par Jacs Motsch. Lith., av. marges.

68 Biccius, Gregorius. Prof. pandectar ordin. Universitatis Argentoratensis etc., natus 1603 *(† 1657)*. In-8º, buste tourné à droite, dans un ovale, lég. et 6 vers lat. P. Aubry sculpsit. Rogné.

69 — Id. In-8º, à mi-corps, av. armoiries, dans un ovale, lég. et 6 vers lat. Isaac Brunn excudit. Rogné.

70 Bignon. Député du Département Haut-Rhin. In-8º, buste. Alfred D. 1823. Lith. de Villain. Av. marges.

71 Billing, Sigismond. Pasteur. Né à Colmar en Alsace, le 21 Sept. 1742 ... mort le 26 Décemb. 1796. In-fol., à mi-corps, profil à gauche, en méd. ov. Copié p. Fs Wachsmut, sur un dessin fait de mémoire p. J. J. Karpff de Colmar. Imp. lith. de God. Engelmann, 1822. A grandes marges.

72 Billy, Jean-Louis de. *(Général de division, né à Dreux en 1763, † 1806 d'une blessure reçue sur le champ de bataille de Jéna)*. In-8º, à mi-corps, tourné à gauche. A. Maurin, impr. p. Godard. Fond teinté, à pet. marg.

73 Binder, Frideric. Sac. Caes. Maj. Cons. Imp. Aul. ... Natus die 15/5 8bris 1646, denatus 17. Juni 1709. In-fol., buste av. encadr. et armoiries. Merian pinxit mense martio 1701. J. A. Seupel sculp. Av. marges. (Taches d'eau).

74 Binder a Krieglstein, Fridericus. Liber Baro. Conseiller d'État à Vienne. In-fol., debout dans son cabinet, av. armoiries. Weikert pinx. J. E. Mansfeld sc. Lég. lat. Petites marges.

75 Bisch, J. Doyen de la Société académique des Enfans d'Apollon (Paris). Né à Berch, 1733, mort à Paris, 1824. In-8º, buste à gauche. H. Van-der-Burch, 1824. Lith. Feillet.

76 Bitschius, Casparus. Argentoratensis academiae antecessor etc. *(Né à Haguenau 1578, † 1636)*. In-8º, à mi-corps, tourné à droite, lég. et 8 vers lat. Jac. ab Heyden sculps. Rogné.

77 Bizot *(Michel. Général de division, né à Bitche 1795, † 1855)*. In-8º, à mi-corps. Lith. E. Lemaitre à Strasbourg. Sur Chine. Av. marges.

78 Blessig, Jean-Laurent. Docteur et Prof. en Théologie etc., né le 15 avril 1747, mort le 17 févr. 1816. Gr. in-fol., lith. par Ch. Aug. Schuler. Lith. de Simon fils. Belle épreuve sur Chine, avant la lettre. A toutes marges.

79 **Blessig, Jean-Laurent.** Docteur et Prof. en Théologie etc. In-4°, buste tourné à droite, dans un ovale. Dess. d'après nature et gravé par Ch. Schuler, en 1812. Superbe épreuve à toutes marges.

80 — Id. In-8°, buste, profil à gauche, en méd. ov., lég. allem., Sophie Debeyer pinx., C. Guérin. Petites marges.

81 **Boch, Ch.** *(Assemblée nat., Galerie des Représ. du peuple 1849, Bas-Rhin).* Né à Strasbourg le 29 mars 1824. In-8°, à mi-corps. Lith. d'après nat. par Patout, impr. Lemercier, E. Desmaisons direxit. Belle épreuve sur Chine, avant la lettre. A toutes marges.

82 **Boeckel, Jean** *(Inspecteur ecclésiast., né à Barr).* In-fol., à mi-corps. Lith. d'après nature par Ch. Aug. Schuler 1831. Lith. Simon Pe et Fs. Avant la lettre, à toutes marges.

83 **Boeckel, Jonas** *(Pasteur à l'église St-Thomas à Strasbourg).* In-fol., à mi-genoux, assis près d'un table. Peint et lith. par G. Ad. Schwalb, lith. de Fr. Wentzel à Wissembourg. Belle épreuve s. Chine, avant la lettre, à toutes marges.

84 **Boeckel, Eugène.** Dr. *(Professeur à la faculté de médecine de Strasbourg).* In-8°, à mi-genoux. Zinc, d'après Schützenberger, 1888. Av. marges.

85 **Boecklin von und zu Boecklins-Au, F. F. S. A.** Reichsfreyherr, Herr zu Rust etc. Gr. in-8°, buste à dr., en méd. rond. J. Elias Haid fecit. Grav. en manière noire, av. marges.

86 **Boeclerus, Johannes.** Med. D. et Prof. Sacri ... Cap. Thom. Canoni ... Natus Holmiae 1651, d. ²¹ Octob., denatus Argentorati d. 19. Apr. 1701. In-fol., buste à droite, dans un ovale, av. armoiries. Merian pinx., J. A. Seupel sculp. Belle épreuve, av. marges.

87 **Bongars, Jacob.** *(Savant critique calviniste, né à Orléans en 1546, employé par Henry IV comme négociateur, † 1612).* In-12, buste à dr. Lég. lat., av. dédicace de Philippus Fridericus Glaserus Argent. Grav. anc., marges rognées.

88 **Boquinus, Petrus.** *(Théologien protest., né au commencement du 16e siècle, † 1582. Occupa en 1541 à Strasbourg la chaire que Calvin venait de quitter).* In-12, buste, profil à gauche, dans un ov. Lég. lat. Grav. anc.

Bourcart, Catherine. — voir Mulhouse.

Bourcart, Climène. — id.

89 **Bourcart, J. J.** *(Industriel à Guebwiller, né à Wesserling, † 1855).* In-12, buste à gauche. Eau-forte. impr. A. Salmon. Av. marges.

90 **Boussingault,** chimiste. *(Assemblée nat., Galerie des Représ. du peuple 1848, Bas-Rhin).* Né à Paris le 2 févr. 1802. In-8°, à mi corps, tourné à gauche. Dess. d'après nat. par St-Aulaire, impr. Lemercier, E. Desmaisons direx. Belle épreuve s. Chine, avant la lettre. A gr. marges.

91 **Boussu, Thomas-Philippus de.** Cardinalis de Alsatia, Archiepiscopus Mechliniensis .... († 1759). In-fol., à mi-corps assis. A. E. J. Smeyers pinx., P. Tanjé sculps. Belle épreuve, à toutes marges.

92 — Id. Pet. in-fol., buste à gauche, en méd. ov., av. armoiries et fig. symbol. Lég. lat. Grav. anc., petites marges.

93 **Brackenhoffer, Jacques-Frédéric,** Maire de Strasbourg. In-16, buste, profil à gauche, en méd. rond. Dess. au Physionotrace et gravé p. Quenèdey, Paris, 1811. Avant la lettre, à toutes marges.

94 **Brackenhoffer, Madame,** de Strasbourg. In-16, buste, profil à dr., en méd. rond. Dess. au Physionotrace et gravé par Quenèdey, Paris, 1811. Epreuve avant la lettre, à toutes marges.

95 **Brand, Joh. Dan.,** des geh. Regiments der Herren dreyzehen in Strassb., geb. den 29. Dec. 1633, gest. den 15. Jan. 1700. In-fol., à mi-corps, en méd. ovale, av. encadr. orné et armoiries. (Seupel). Rogné.

96 **Brand, Sebastian.** *(Poète satirique, né à Strasbourg 1458, mort à Bale 1520).* In-8°, buste à dr., av. encadr. orné. Lég. et 12 vers lat. P. Aubry exc. Belle épreuve, av. marges.

97 — Id. In-8°, à mi-corps, profil à gauche, av. encadr. archit. Lég. et 2 vers lat. Pet. marges.

 98 **Brand, Sebastian.** *(Poète satirique, né à Strasbourg 1458, † à Bâle 1520).*
     In-fol., buste à droite. Flaxland. Lith. de Simon fils (Pl. de Sand-
     mann „Vues des villes et bourgs etc.“). Sur Chine, à toutes marges.
 99 **Brandenburg, Johannes Georgius.** Postulatus Administrat. Episcopatus
     Argent. 1604. In-4°, buste, en méd. ov., av. encadr. archit. et armoir.
     Johan. ab Heyden, pictor Argent. et hujus fil. Jacob sculps. Lég.
     lat., all. et franç., av. 6 vers lat. Rogné jusqu'au bord.
100 **Brentel, Frédéric.** *(Miniaturiste et graveur à Strasb. 1580—1651).* In-24,
     buste à droite, dessin à la plume p. P. Reiber, d'après une miniature
     de Brentel. Tirage à part du „Mirliton“. Au verso, notice par
     Ferd. Reiber.
101 **Brentius, Johannes,** der H. Schrifft Doct. Propst zu Stutgard. m. 1570.
     (Réformateur, pasteur à Haguenau en 1528). In-18, buste à droite.
     (Balthasar Jennichen). Grav. sur bois. Rogné.
102 — Id. In-8°, à mi-corps, tourné à gauche. Encadr. architect. Monogr. BR.
     Lég. lat. Pet. marges.
103 **Brod.** *(Membre de l'Académie royale de musique, † 1839).* In-4°, à mi-corps,
     tourné à gauche. Dessiné sur pierre par P. C. Van Geel, lith. de
     Kaeppelin. Epreuve sur Chine, rogné.
104 **Broglie, François Marie, Duc de.** Maréchal de France, Gouverneur de
     Strasbourg .... né le 12 Janv. 1671, mort le 24 May 1745. In-8°,
     buste à dr., en méd. ov. Ranc pinx. Ml Salvador Carmona scul.
     Avec marges.
105 **Broglie, Claude-Victor, prince de.** *(Né à Paris 1757, guillotiné le 27 juin
     1794).* — Broglie, Louis(?)-Victr de, Député de Colmar et Schelestat
     à l'Assemblée Nationale de 1789. In-8°, buste, profil à gauche, en méd.
     rond. Labadye del., Le Tellier sculp. (Coll. Desjabin). Pet. marges.
106 — Id. — Broglie, Victor de. Député de Colmar; élu Président le 14 Août
     1791. In-4°, buste, en méd. rond, av. encadr. orné. A Paris chez Le
     Vachez. Grav. sur cuivre, en manière noire. (Collect. gén. des Portr.
     de MM. les Députés à l'Ass. Nat.). Av. marges.
107 **Bruat** *(Armand-Joseph. Amiral franç., né à Colmar, le 26 mai 1796, mort
     le 19 nor. 1855).* In-4°, à mi-corps, tourné à dr. Bornemann fec.,
     Impr. Lemercier & Co, Disderi photog. Epreuve s. Chine, av. marges.
108 **Bruch, J.** *(Jean-Frédéric),* Doyen de la Faculté de Théologie protest. etc.
     (Né 1792, † 1874). Gr. in-fol., à mi-genoux, assis, accoudé sur une
     table. Lith. d'apr. nat. p. J. Serre. Lith. d'E. Simon, fond teinté. Rogné.
109 **Bruckner, Auguste.** Né à Strasbourg le 8 Févr. 1814. Capitaine d'Artillerie.
     Gr. in-8°, à mi-corps. Lith. d'après nat. par Patout, Impr. Lemercier,
     E. Desmaisons direxit. Fond teinté, à toutes marges. (Pl. de „Galerie
     des Représentants du peuple. 1848. Bas-Rhin“).
110 **Brulovius, Caspari.** Imago viri clarissimi Caspari Brulovii Pomerani, P.
     L. Caes. historiarum in Argentoratensium universitate professoris. Natus
     18 Sept. 1585, denatus 14 Jul. 1627. In-8°, à mi-corps, tourné à dr.,
     av. armoiries. Lég. *(et 12 vers enlevés)* lat. *(J. Heyden sculps.).* Rogné.
111 **Brunn, Joannes à,** Nobilis Alsata .... obiit 9. Jan. 1440. In-fol., buste à
     droite, en méd. ov., av. armoiries. Grav. anc., remontée et rognée.
     (Pl. 52 d'un ouvrage).
112 **Bucer, Martin,** né à Schelestat en Alsace l'an 1491; il fut de l'ordre de
     St-Dominique et ensuite ministre à Strasbourg, il mourut à Londre en
     1551. In-8°, buste, profil à droite, en méd. ovale. Gravé par E. Des-
     rochers à Paris. Epreuve à petites marges.
113 — Id. In-18, à mi-corps, profil à gauche. Av. encadr. architect. „Nasc. Sele-
     stady in Alsatia. Ao 1491. Ob. Cantabriga in Anglia. Ao 1551.“
     Monogr. B. R. Av. 2 vers lat. Sans marges.
114 — Id. In-fol., buste, profil à gauche, en méd. rond, av. encadr. Adr. van
     der Werff pinx. G. Valk sculps. Lég. et 4 vers franç. Av. marges.
115 — Id. Der H. Schrift D., mort 1551. In-18, buste, profil à droite. Grav.
     sur bois. Rogné.

116 **Bussierre, Athanase-Paul, Vicomte Renouard de.** *(Né le 19 avril 1776, déc. le 18 avril 1846).* In-fol., à mi-corps, tourné à droite, accoudé sur une table. Dessiné et gravé d'après un daguerréotype par Ch. Aug. Schuler 1849, impr. par Chardon aîné & Aze. Belle épreuve sur Chine, à toutes marges.

117 — Id. Même planche, reprod. mod. sur zinc, dans un encadr. ov. A. Demarle f. 1868. (Pl. de „Lehr, l'Alsace Noble").

118 **Bussière, M. le Baron Alfred de.** Député du Bas-Rhin. *(Fils du précédent, né le 14 juin 1804).* Photogr., form. cabinet, à mi-genoux. Phot. Franck. A gr. marges.

119 **Büttner, Pierre.** Directeur du „Mirliton". In-fol., à mi-genoux, assis. Lith. Th. Siegfried. (Pl. du „Mirliton").

120 **Cahn, S.,** Grand Rabbin et Président du Consistoire Israélite à Colmar ..., l'an 1826. In-4º, à mi-corps, tourné à droite, en chapeau d'office. Lég. hébr. et franç. Lithogr., à gr. marges.

121 **Cailliot, René.** *(Professeur de médecine à Strasbourg. Né 23 juin 1769, déc. 17 oct. 1835).* In-4º, buste à droite. Dessin au crayon Conté. C. Guérin fecit 1824. Original de la lithogr. par Chr. Guérin (F. G. Levrault), avec des nuages au bas. Pet. marges.

122 **Calmet, R. P. Dom Augustinus,** Monachus congregat. SS. Vitoni et Hydulphi, Prior de Layo. (1672—1757). Gr. in-8º, buste, tourné à droite, en méd. ovale. Fontaine pinx 1716, C. Pitau sculp. Beau portr. av. marges.

123 **Caron.** *(Augustin-Joseph, lieut.-colonel, né en 1773, fusillé à Strasbourg le 1r oct. 1822).* In-fol., buste. Au-dessous un tombeau avec les inscriptions: Honneur au courage malheureux. Adieu mon père, à toi mon dernier soupir. Lith. d'après nature par Boulet. Lith. Simon. Sur Chine, av. marges. Taches de rouille.

124 **Cassal, Charles.** Né à Altkirch le 1r avril 1818. Gr. in-8º, à mi-corps, tourné à gauche. Lith. d'après nature. E. Desmaisons direxit, Impr. Lemercier. (Pl. de „Galerie des Représentants du peuple"). Sur Chine, à toutes marges.

Castéja, Comte de. — voir Biaudos, André de.

125 **Chamilly, Noël-Bouton, marquis de.** Lieutenant-général des armées du Roy, gouverneur de Strasbourg. *(Né à Chamilly le 6 avril 1636, mort à Paris le 8 janv. 1715).* In-fol., à mi-corps, av. encadr. orné et armoir. J. A. Seupel delin. et sculp. Belle épreuve, à pet. marges.

126 **Chauffour, J.,** né à Colmar le 13 Janv. 1808. *(† 1879).* In-4º, buste à gauche. Lith. d'après nature par Aug. Lemoine, Imp. Lemercier. (Pl. de „Galerie des Représentants du peuple"). Fond teinté, à toutes marges.

127 **Chauffour, Victor.** Né à Colmar le 13 Mars 1819 *(† 1889).* In-4º, buste à gauche. Lith. d'après nature par A. Lemoine, Imp. Lemercier. (Pl. de „Galerie des Représentants du peuple"). Fond teinté, à toutes marges.

128 **Chaumont de la Galaizière, Ant. de.** Comes de Chaumont, Marchio de Bayon etc., ... in Alsatia Praefectus. Gr. in-8º, buste, dans un ovale encadré, av. armoiries. Chr. Guérin delin. ad vivum et sculp. 1781, dicat F. L. X. Levrault. Petites marges.

129 **Chaumont de la Galaisière, Ant. Martin de.** Cons. d'Etat ord., Chancelier de S. M. le roi de Pologne. Intendant de Lorraine et Barrois. In-fol., buste pris de face, dans un ovale, av. encadr. et armoiries. Grav. sur cuivre, à gr. marges.

130 **Chelius, Ulrich, sen.,** Med. Doct. Reip. Argentin. etc. Anno 1558 mortuus. In-18, à mi-corps, tourné à gauche. Fecit Iacob ab Heyden. Lég. et 8 vers lat. Rogné et remonté.

131 **Chuquet, Alb.** 1855. In-4º, tête tournée à droite. Dess. par Th. Schuler. Cartégraphie E. Simon. Pièce remontée, av. marges.

132 **Claparède, le Comte** *(Michel-Marie).* Pair de France, Lieutenant-Général, gouverneur du château de Strasboug, etc. *(Né 1774, † 1841).* In-8º, buste. Monogramme J. R. Lith. de Villain. Sur Chine.

133 Clarke, Henri-Jacques-Guillaume, duc de Feltre, le 3 juill. 1816 Maréchal
de France, † 1818 *(Né à Landrecies 1765, mort à Neuviller. Alsace).*
Fig. entière, à pied. Peint par Descamps, gravé par Boilly. Diagraphe et l'antographe-Gavard. Av. marges. (Pl. 1551 d'une collection).
134 Coehorn, le Général Louis-Jacques, Baron de. *(Né à Strasbourg 1771,
blessé mortellement à la bataille de Leipzig en 1813).* In-4°, à mi-corps,
tourné à gauche, av. encadr. ov. A. Demarle fec. 1868. (Pl. de „Lehr,
l'Alsace Noble").
135 – Id. Même reproduction, en photolith., d'après un portr. de Lampi (?)
136 Coehorn, Marie-Marguerite-Sophie, née de Beyer, femme du précédent.
In-4°, à mi-corps, tourné à dr.. Reproduction en photolith. d'après une
peinture à l'huile.
137 Coehorn, Eugène-Louis, Baron de, Député du Bas-Rhin. *(Né le 2 mai 1801).*
Photogr. Franck, format cabinet. Remonté, av. texte impr.
138 — Id. Même planche, sans le texte impr.
139 Colmar, J.-L., Evêque de Mayence, à la Jeunesse de Strasbourg. In-32,
buste, profil à dr., en méd. rond. Dess. et gr. p. Chrétien inv. du
Physionotrace. Pet. marges.
140 Commissaire. Sergent de Chasseurs à pied. Représentant du peuple *(Bas-
Rhin).* In-fol., à mi-genoux, en uniforme, tourné à gauche. G. Staal,
Imp. Lith. de Cattier. Epreuve sur Chine. av. marges.
141 Constant, Benjamin. Député du Bas-Rhin. *(Né à Lausanne en 1767, mort
à Paris en 1830).* In-8°, buste à droite, en méd. ov. Dessiné d'après
nat. à Strasbg., 1827. J. D. Beyer del. Lith. Engelmann. A gr. marges.
142 — Id. In-fol., buste à dr. Maurin, lith. de Villain. Av. marges.
143 Corberon, Nicolas de, Avocat gnal. et depuis Prem. Président d'Alsace en
Janvier 1723. *(Né à Paris en 1643, mort à Colmar en 1729).* In-32.
buste en méd. ov. encadré. Desrochers f¹. Découpé d'une anc. grav.
144 Cormontaingne (Louis de), Maréchal de camp, Directeur des Fortifications
des Places de la Moselle, etc.. Ingénieur en 1713, mort le 28 Oct. 1752.
(Né à Strasbourg, vers 1696). In-8°, buste à droite, dans un ovale.
L. Lorin del.. Lith. de Langlumé. Av. marges.
145 Cotler, Andreas. In effigiem reverendi et clarissimi viri dni. M. Andreae
Cotleri. Ecclesiae quae Argentinao ad D. Juniorem Petrum colligitur
pastoris fidelissimi. Aetatis suae 44, obijt A° 1625. In-8°, à mi-corps,
tourné à droite, lég. et vers lat., Isaac Brunn sculps., rogné.
146 – Id. Même portr. en méd. ov. Lég. et 8 vers lat. Sans marges.
147 Coulaux (Charles), Député du Bas-Rhin. *(Né 1810).* Photogr. Franck,
format cabinet. Remonté, av. texte impr.
148 Coze, Léon (Pierre-Léon). Professeur .... à la Faculté de médecine de
Strasbourg. In-4°, buste à dr. A. R(osé). Lith. E. Simon. Monté
sur carton.
149 Croy, Gust. Max. Juste Prince de. Evêque de Strasbourg, grand-aumônier
de France etc. (1773–1844). In-4°, à mi-genoux, assis dans sa bibliothèque auprès d'une table, av. armoiries. Peint par G. A. Kemann,
gravé par C. Guérin. Pet. marges, taches d'eau.
150 — Id. Même planche. Reproduction photolith. A gr. marges.
151 Crusius, Paul. Imago ... D. M. Pauli Crussii ... Guilhelmitani Argentinensium templi ecclesiastae, etc. In-8°, à mi-corps, tourné à droite, av.
armoiries. Jac. ab Heyden fecit 1609. Lég. et 8 vers lat. Rogné et
remonté. Pet. déchirures au bas.
152 –– Id. Paulus Crusius, Pfarrer zu Strassburg. In-18, buste à droite. Grav.
anc. Rogné.
153 Culmann (Frédéric-Jacques). Né à Anweiller ... le 16 Sept. 1787, Colonel
d'Artillerie. In-4°, buste à gauche. Lith. d'après nature par Leveillé.
E. Desmaisons direx., Imp. Lemercier. Sur Chine. (Pl. de „Galerie
des Représentants du Peuple"). A toutes marges.
154 Dagobert II, Roy de France, fils de Childebert II ... *(Fondateur de divers
monastères en Alsace, né 652, † 679).* Gr. in-8°, buste à dr., dans un
méd. ov., av. encadr. et armoiries. De L'Armessin sculp., à Paris
chez Bertrand ... A pet. marges.

155 **Dahler, J(ean) G(eorges),** Theologiæ D^r et Professor. In-16, buste, profil
à droite, av. des nuages. Dessiné d'après nature et sur pierre par
J. Ringel. Lith. Simon P. et F. Fond teinté, av. marges.

156 **Dalès, J. B.,** ainé, comptable, né à Strasbourg (Bas-Rhin) le 17. Janv. 1802.
(Président de la Société chorale de Strasb.). In-4º, à pied, fig. entière.
Portr. dess. en charge par H. Mailly. (Pl. du „Musée lyrique").

157 **Dannhauer, Johannes Conradus.** SS. Theol. D. et PP. Conventus ecclesiastes
praeses, Capit. Thomani Decanus. Aet. 58 Aº 1661. *(† 1666).* In-18,
à mi-corps, tourné à droite, dans un ov. encadré. Lég. et 8 vers lat.
B. Hopffer del., B. Kilian sculp. Rogné et remonté.

158 — Id. In-18, buste à gauche, dans un ovale. Lég. et 8 vers lat. P. Aubry
sculpsit. A pet. marges.

159 **Deckherr, Friedericus.** U. J. D. in Acad. Argentoratensi Pandectar Professor ordinarius. Aet. suae 45, Aº 1664. *(† 1666).* In-18, buste en
méd. ov. P. Aubry exc. Lég. et 6 vers lat. Rogné et remonté.

160 **Deckherr a Wallhorn, Johannes.** U. J. Do tor. et Imp. Camerae Judicii
Spirensis Advocatus et Procurator. Aet. 37. Aº 1688. Pet. in-fol.,
buste de face, dans un ovale, av. encadr. orné et armoiries. J.
Sandrart, sculpsit. Rogné et remonté.

161 **Delabrousse, Lucien.** *(Né à Benfeld 1846).* In-8º. Portrait charge.
H. Demare. Phototypogr. (Pl. de „Les hommes d'aujourd'hui").

162 **Diazius, Joannes.** Hispanus. *(Réformateur à Strasb., ami de Bucer. Fut
exécuté par son frère Alfonse, venu exprès de Rome, en 1576).* Pet.
in-4º, buste, profil à dr. Grav. sur bois, extr. d'un ouvr.

163 **Dieterlin, Barthélemy.** *(Peintre, né 1609).* Buste à droie. Dessin à la
plume par P. Reiber, d'après une peinture à l'huile en possession de
Me Henri Ott, avocat à Strasbourg. Lithogr. Au-dessous et au verso,
notice biogr. de Ferd. Reiber. (Tirage à part du „Mirliton").

164 — Id. Repr. photolith. du même portr. A gr. marges.

165 **Dieterlinus, Wendelinus,** Argentoratensis. M. In-32, buste à gauche, dans
un encadr. Grav. anc., sans marges.

166 — Id. Même portr., en reproduction lithogr. Au-dessous la généalogie et une
notice biogr. par F. Reiber. (Tirage à part du „Mirliton").

167 **Dietrich, Ursule de, née Wencker.** *(Prem. femme de Dominique Dietrich,
née 1627, † 1662).* In-8º, à mi-genoux, tournée à gauche. Reprod.
photolith. d'une peinture à l'huile.

168 **Dietrich, Philippe Frédéric,** élu Maire de Strasbourg le 18 mars 1790.
(Né 1748, guillotiné 1793). In-8º, buste, profil à gauche, en méd. ovale.
Dessiné et gravé par C. Guérin, impr. en brun. Pet. marges.

169 — Id. „Ex-Maire de Strasbourg, guillotiné à Paris". In-8º, copié sur le portr.
précédent, par C. Müller sc. Impr. en bistre, à toutes marges.

170 **Dietrich, Jean-Nicolas.** *(Professeur de philosophie à Molsheim et à Strasbourg; né à Obernai 1735, mort au commencement du 19º siècle).* In-
8º, à mi-corps, tourné à gauche. Reprod. photolith. d'une peinture à
l'huile.

171 **Dietz, Jacques.** Fabricant, maire de Barr. . . . , mort le 3 Sept. 1839, à
l'âge de 70 ans. In-fol., buste à gauche. Lith. de E. Simon f. Sur
Chine, avant la lettre. A gr. marges.

172 **Distel, Ph(ilippe).** Chevalier de l'ordre de St. Michel, prem. chirurgien ord.
du Roi. *(Né à Ensisheim, mort à Paris en 1832, dans un âge avancé).*
In-32, buste à gauche, dans un ovale. Vigneron del., litho. de
C. Motte. A toutes marges.

173 **Ditterich, François-Georges.** *(Prof. de droit canon à Strasb., né 1745,
† 1811, à Munich).* In-16, buste à dr., av. encadr. ov. A. Graff pinx.,
H. Lips sculp. A petites marges.

174 **Dollfus, Aimé.** Auteur du Siége de Metz, publ. par le „Petit Journal".
Dessin de H. Meyer. *(Mr. A. Dollfus nacquit à Bollwiller en 1843).*
In-4º., buste de face, en méd. ov. supporté par 2 guerriers. (Grav.
extr. du „Petit Journal").

Dollfus, Emile. — voir Mulhouse.
Dollfus, Jean - Gaspard. — voir Mulhouse.
Dollfus, Jean - Henri — voir Mulhouse.
175 **Doré, Paul - Gustave.** (1832— 1883). Peintre-dessinateur, né à Strasbourg. In-8º, buste, profil à gauche, en méd. ov. Co l l i e r sc. Grav. sur cuivre, av. marges.
176 — Id. Gr. in-8º, figure entière, par S. H a l l. Extr. de „Society“ Bijou portraits. Belle épreuve impr. en couleurs.
177 **Dorlan, J. B. A.** Représentant du Peuple (Bas-Rhin). *(Né à Schlestadt en 1803, † 1862).* In-4º, à mi-corps, assis, tourné à dr. Co u r t o i s. Lith. Imp. Kaeppelin & Cie. (Pl. de „Assemblée nationale“). Av. marges.
178 **Dorsch, Joh. Georg.** SS. Theol. Doct. Prof. ord. acad. patr. Arg. etc *(Né à Strasb. en 1597, mort à Rostock en 1659).* In-8º, buste à gauche, en méd. ovale. P. A u b r y excud. Lég. et 8 vers lat. Pet. marges.
179 — Id. In-8º, buste à dr., en méd ovale. J. G. M e n t z e l sc. Lég. lat. Rogné.
180 **Dreyfus, Auguste.** *(Banquier à Paris, né à Wissembourg en 1826).* Portr. charge in-8º, planche tirée d'un ouvr.
Dreyfus, Alfred. — voir Mulhouse.
Dreyfus, Joseph. — id.
Dreyfus, Samuel. — id.
181 **Drolling, Martin - Michel.** Peintre, né en 1786, mort en 1851. In-4º, à mi-corps, assis, tourné à gauche. Dess. par B i e n n o u r r y, 1842. Gravé par C a s t a n, 1842. Epreuve avant la lettre. Av. marges.
182 **Du Bourg, Marie Eleonor du Maine, comte.** Maréchal de France, etc. Mort à Strasbourg ou il commandoit, le 15 avril 1739, âgé de 84 ans, et 4 mois. In-18, à mi-corps, en méd. ovale, av. armoiries. J a. d e L y e n pinx., T a r d i e u f i l i u s sculp. Av. marges.
183 — Id. Même portrait, sans encadrement. Reprod. moderne. A gr. marges.
184 — Id. In-8º, à mi-genoux, tourné à gauche. Reprod. photolith. d'un portr. à l'huile.
185 **Ducker de Rodinghausen, D. Wilhelmus Lotharius Bernardus.** Reverendissimi et illustrissim. Principis Episcopi Argentinensis Consiliarius Legatus et Plenipotentiarius ad Universales Tractatus Pacis Neomagy. Infol., buste en face, en méd. rond, av. encadr. H. E q u i t e r(?) pinx. et excud. Grav. en manière noire.
186 **Dumas, M., Hérault, M. J., Foissey, J. J.** Commissaires du Roi dans les départemens du Rhin, 1791. In-18, bustes, profils à droite, en méd. rond. Dessiné et gravé par C. G u é r i n. A toutes marges.
Eck, Fritz. — voir Mulhouse.
187 **Eisenmann, Georgius Henricus.** *(Médecin et professeur à Strasb. Né 1693, † 1768).* In-8º, à mi-corps, tourné à dr. Reprod. photolith. d'un tableau à l'huile de l'époque.
188 **Eisenschmid, Joh. Caspar.** Doctoris Medici Argentinensis . . . . In-8º, buste en méd. ov., au-dessus d'un cartouche orné d'emblèmes scientifiques. Partie découpée et remontée d'une carte géogr. (bassin de la Loire). Légende et notice lat.
189 **Emmerich, C. F. T.** Doct. u. Prof. der Theologie, Prediger an der St. Thomas-Kirche zu Strasb. *(Né 15 févr. 1786, décédé 1r juin 1820).* In-4º, buste à droite. Gez. u. gest. von C. A. S c h u l e r. Epreuve sur Chine, av. marges.
Engel-Dollfus, F. — voir Mulhouse.
190 **Engelhard, Maurice.** *(Avocat à Paris, né à Strasb. en 1821).* In-8º, A n d. G i l l. (Portrait-charge du journal „Les Hommes d'aujourd'hui“). Color. Av. notice biogr.
191 **Engelhardt, Frédéric.** *(Représentant du peuple. — Bas-Rhin).* Né à Strasb. le 31 Oct. 1796. Gr. in-8º, buste en face. Lith. d'après nature par S o u l a n g e T e i s s i e r, E. D e s m a i s o n direx., Imp. Lemercier. (Pl. de „Galerie des représentants du peuple“). Fond teinté, à toutes marges.

192 **Ennery, J.** Né à Nancy le 2 Janv. 1801. (*Représentant du peuple. — Bas-Rhin*). Gr. in-8°, buste en face. Lith. d'après nat. par Leveillé, E. Desmaisons direx., Imp. Lemercier. (Pl. de „Galerie des représentants du peuple"). Fond teinté, à toutes marges.

193 **Ensfelder, Eugène.** Dessinateur. (*Né à Strasb. en 1836, † 1876*). Buste in-12 carré, d'après un dessin à la plume de P. Reiber, au-dessous et au verso, notice biograph. par Ferd. Reiber. (Tirage à part du „Mirliton"). In-fol.

194 **Erard, Sébastien.** (*1752—1831. Facteur d'instruments de Musique, né à Strasbourg*). In-8°, buste à droite. Hardivillier 1830. Av. marges.

195 **Erckmann et Chatrian.** In-12, bustes. S. Le Nain sc. Eau-forte, av. marges.

196 — Id. In-4°, à mi-genoux. Photogr. Goupil & C°, cliché Pierre Petit. Av. dédicace signée des deux écrivains. (Planche de la „Galerie contemporaine"). Av. 4 pages de texte, donnant le cliché de la Maison de Chatrian, au Raincy, et la biographie de MM. Erckmann & Chatrian.

197 **Erhardus, Laurentius,** Hagenoensis Alsat: Gymnasii Moeno-Francofurtensis Collega & Cantor. Aetat. 50. . . . 1648. In-8°, à mi-corps, tourné à dr., en méd. ov., av. encadr. Pet. marges.

198 **Erlach, Ioannes Ludovicus ab,** . . . Gubernator Brisaci. (*Né à Berne en 1595, mort à Brisach, le 26 janv. 1650*). In-8°, à mi-corps, av. bâton de maréchal, dans un ovale encadré. Pet. marges.

199 — Id. „J. L. D'Erlach". H. Pfen: fecit. In-18, buste à gauche, en méd. ov. A gr. marges.

200 **Ernestus, Ioh. Georgius,** Argent. Ecclesiae add. sen. Petri Pastor. Nat. 1611, denat. 1674. In-8°, à mi-corps, tourné à dr., en méd. ov. Peter Aubry sculp. Lég. et 6 vers lat. Strasburg zu finden bei Johan Tscherning Auf S. Tomas Plan. Av. marges.

201 **Erythraeus, Valentinus,** Lindaviens. Artis Oratoriae per XXIX Annos Argentinae Professor. . . (*Nat. 1521, denat. 1576*). In-8°. à mi-corps, tourné à dr., un livre en main. Av. encadr. orné et armoiries. Grav. sur cuivre, non signée. Pet. marges.

202 **Esmangart, C(laude) F(lorimont).** Conseiller d'Etat, Préfet du Bas-Rhin. Gr. in-fol., à mi-corps, assis, tourné à dr. H. Grevedon 1829. Imp. Lith. de Lemercier. Belle épreuve, à toutes marges.

203 **Eymar, d', J. N. F. Ange,** de Walchrétien. Prélat de Neuvillers. (*Abbé, député de Forcalquier à l'Ass. nat. de 1789*). Pet. in-4°, buste en méd. rond, avec encadr. Lambert del., Melle Noté sculp. Grav. en manière noire. (Pl. de „Collection générale des Portraits de MM. les députés à l'Assemblée nationale"). Pet. marges.

204 — Id. „Abbé prévôt de Neuwiller en Alsace, député de Haguenau et Wissembourg". In-12, buste, profil à dr., en méd. rond. Labadye del., Masquelier sc. Pet. marges.

205 **Fagius, Paulus,** Ecclesiastes et Prof. Theol. Argentorat., nat. 1504, denat. 1549. (*Fils de Petrus Buchlein, né à Rheinzabern, mort à Cambridge*). In-8°, à mi-corps, profil à gauche, en méd. ov. Ioh. Iac. Haid excud. Aug. Vind. Grav. en manière noire. Sans marges.

206 — Id. In-18, à mi-corps, profil à gauche, av. encadr. architect. Monogr. B. R. Lég. et 2 vers lat. Pet. marges.

207 — Id. In-12, à mi-corps, profil à dr., en méd. ov. Lég. et 10 vers lat. Rogné.

208 — Id. In-24 „Paulus Fagius, der H. Schrifft Lehrer, mort 1551 (?)". A mi-corps, profil à dr. Grav. sur bois, rognée.

209 — Id. In-32, buste, profil à dr. Av. 2 pages de notices biogr. Feuillet d'un vieux livre allemand, pet. in-fol.

210 **Fattet, Jean.** Justicier dit Landrichter et Conseiller intime de S. A. S. le Prince Palatin de Birckenfeld. (*Jean Fattet, fils de Pierre Fattet, succéda à son père en qualité de Landrichter de la vallée de Lièpvre, en 1658*). In-4°, buste, face, av. armoiries. Lith. par Vigneron, peint en 1659, lith. de Engelmann. Belle épreuve à grandes marges.

211 **Faust, Isaac.** SS. Th. D. in Argentorat. Universit. Prof. sen. Convent. eccl. praeses etc. Natus Argentorati anno 1631, denatus 1702. Pet in-fol., à mi-corps, en méd. ovale, av. encadrements. J. A. Seupel del. et sc. Pet. marges.

212 **Fée, A.-L.-A.** Prof. de botanique à la Faculté de médecine de Strasbourg.... (*Né 1789, † 1874*). Gr. in-fol., à mi-corps, assis. Dessiné d'après nature par Ch. Aug. Schuler 1840. Lith. E. Simon fils. Sur Chine, à gr. marges.

213 **Fée, Mme Cécile, née Brucy.** Orléans 22 janv. 1799; Strasb. 5 janv. 1840! Gr. in-fol., buste. Peint par Mme Edmée Brucy. Lith. par Ch. Aug. Schuler 1840. Lith. E. Simon fils. Sur Chine, à gr. marges.

214 **Flesinger, F. Gabriel.** Graveur. Gr. in-8°, buste à gauche, copie sur zinc d'un portr. inédit de l'artiste attribué à Jean Guérin. Au verso, notice biograph. par Ferd. Reiber. (Tirage à part du „Mirliton").

215 **Fischartus, Iohannes,** Iurisconsultus & Philosophus. (*Appelé aussi Mentzer, célèbre satirique allemand, né vers l'année 1545 à Mayence, ou selon d'autres, à Strasbourg, mort à Forbach en 1614*). In-18, buste, profil à dr. Lég. et 2 vers lat. Grav. sur bois. (Frontispice de „Joh. Fischart, Ehezucht, sampt der Kinderzucht"). Rogné.

216 **Fischer.** Brasseur à Strasbourg. In-4°, à mi-corps, de face. Lith. d'après nature par Emile Simon 1833. Epreuve sur Chine, avant la lettre. Rogné.

217 **Fleckenstein, Georgius a,** Liber Baro, in Dachstuhl etc. (*16° siècle*). In-8°, à mi-corps, tourné à dr., en méd. ov., avec armoiries. Godfridt Muller ex. Lég. et 4 vers lat. Rogné.

218 **Fleckenstein, Henricus Jacobus, Frey-Herr v.,** geb. in Strassb. Anno 1636, verschieden in Bühl Ao. 1720. (*Dernier baron de Fleckenstein*). Gr. in-8°, buste à dr., en méd. ov., avec armoiries. Franz Nicolas Haldenwanger sculp. Lég. all. Grav. en manière noire. Rogné.

219 **Fodéré,** le Docteur. (*François-Emmanuel, Professeur de médecine, né à St. Jean-de-Maurienne, en 1764, mort à Strasb., en 1835*). In-8°, en pied, en robe. D'après la statue, par Rochet, à Saint-Jean-de-Maurienne, Ch. Rochet del., V. Prevost lith. Imp. Jules Rigo & Cie. Pet. marges.

220 — Id. In-18, à mi-corps, tourné à gauche, assis près d'une table. P. G. F. Desblancs fecit, Goulu sculp. Lég. franç. Rogné.

Foissey, J. J. — voir N° 186.

221 **Forel, Carlos.** Né à Nancy, le 27 Oct. 1795. In-8°, à mi-corps, tourné à gauche. Lith. d'après nat. par Celestin Deshays, Imp. Lemercier à Paris. (Pl. de „Assemblée Nationale. Galerie des Représentants du Peuple. 1848. — Vosges"). Fond teinté. Pet. marges.

222 **Foy,** Le Général. (*Maximilien-Sébastien, ami du général Desaix, député de l'Aisne, né à Ham en 1775, † 1825*). Gr. in-fol., à mi-corps. Au-dessous, groupe allégorique au tombeau du général. Dess. par Maurin. Lith. de Engelmann. A toutes marges.

223 **Foy, Maximilien Prosper.** Né à Ham le 5 juillet 1805. Chef de Bataillon du Génie. (*Représentant du peuple — Bas-Rhin —, neveu du général Foy*). Gr. in-8°, à mi-corps, tourné à gauche. Lith. d'après nat. par Deveria, Imp. Lemercier, E. Desmaisons direx. (Pl. de „Assemblée Nationale. Galerie des Représentants du Peuple. 1848. — Bas-Rhin). Fond teinté. A gr. marges.

224 **Franck, Philippe-Jacques.** (*Ammeistre de Strasbourg de 1767 à 1780. Né 1715, † 1780*). In-8°, à mi-corps, de face. Reproduction en photolith. d'une anc. peinture à l'huile. A toutes marges.

225 **Franck, Philippe-Jacques,** fils du précédent. (*Baron de Leinstetten, Bettenhausen et Lichtenfels. † 1789*). In-8°, à mi-genoux, assis, tourné à dr. Reprod. en photolith. d'une anc. peinture à l'huile. A toutes marges.

226 **Frantz, Chrétien-Georges.** Pasteur à Saint-Guillaume, né à Bischwiller, le 6. Sept. 1761, décédé à Strasb., le 1^r Août 1826. In-fol., buste, de face. Lith. par Schuster. Lith. E. Simon fils. Sur Chine, à toutes marges.

227 **Frantz, Georges**. (*Archéologue, chef de division à la Préfecture du Haut-Rhin, né à Colmar 1823, † 1880*). Gr. in-fol., buste, tête tournée à gauche. Gaston Morel lith., Imp. Lemercier & Cie. Epreuve sur Chine, avant la lettre. A toutes marges.

228 **Freige, D. Jo. Thomas,** Friburgo-Brisgoviensis. Jureconsultus Philosophus Rameus et Historicus celeberrimus, Gymnasii Academici Altorfini Rector secundus ab Ao. 1575, abiit Basileam A. 1582. Den. d. 16. Jun. A. 1583. In-8º, à mi-corps, tourné à dr. W. P. Kilian sc. Rogné.

229 **Freinshemius, Iohannes,** Consiliarius regius Sueticus, et Electoralis Palatinus, ... (*Né à Ulm, en déc. 1608, † à Heidelberg, le 31 août 1660. Il épousa, en 1637, la fille de Bernegger, célèbre prof. d'histoire à Strasbourg*). Gr. in-8º, buste à dr., en méd. ov., av. encadr. Ioh. Schweizer sculpsit. Av. marges.

230 **Freppel,** l'abbé. (*Charles-Emile, Evêque d'Angers, né à Obernai, en 1827, † 1891*). In-4º, à mi-corps, assis, tourné à dr. Bornemann fecit, Pierson photog., Imp. Lemercier & Cie. Sur Chine, à gr. marges.

Frey, Ferdinand. — voir Mulhouse.

231 **Fridius,** (*Johannes Jacobus, Argentinensium Syndicus, natus 26. Nov. 1623, denat. 10 Marty 1677*). In-fol., à mi-corps, tourné à dr. Theodorus Roos pinxit, 1677. Bartholome Kilian sculps. Lég. de 12 vers lat. Rogné.

232 — Id. Reprod. photolith., in-8º, du même tableau. Sans la légende. Av. marges.

233 — Id. Même tête, buste. (Tirage à part de „Seyboth, Strasb. hist. & pitt."). A gr. marges.

234 — Id. In-fol., à mi-corps, tourné à dr. Theodorus Roos pinxit, 1679. B. Kilian sculpsit. Lég. de 12 vers lat. A pet. marges.

235 **Friderici, Margaretha Maria, geb. Geigerin** (*épouse de l'Ammeistre Jean-Raimbaut-Friderici*) ist geb. d. 1. Dec. 1654, starb d. 5. Dec. 1692, u. würde mit allen Vortrefflichkeiten Lebendig hier stehen, wann des Wittwers hertz mahlen könte In-4º, à mi-corps, à dr., dans un encadr. ov. orné, entouré de fig. allégoriques. J. A. Seupel sculp. Rogné.

236 **Friderici,** ab Helbach Theologi et Histo. exim. (*Né à Strasbourg (?) le 27 mars 1568*). In-18, à mi-corps, tourné à droite, av. armoiries. Lég. et 10 vers lat. de Melchior Sebizius. Rogné et remonté.

237 **Fried, Georges-Albert** (*Professeur d'accouchement, né à Strasbourg — 18e siècle*). In-8º, à mi-genoux, tourné à gauche, près d'une table, dans sa biblioth. Reprod., en photolith., d'un tableau à l'huile de l'époque. Av. marges.

238 **Friederich, A.** (*Sculpteur, né à Ribeauvillé en 1798, † 1877*). Gr. in-8º oblong, conché et dormant, fig. entière. E. Haberer, 27 janv. 1867. Lith. E. Hubert et Haberer. Belle épreuve sur Chine, à grandes marges.

Friederich (*Cuisinier*). — voir Mulhouse

239 **Fries, Johannes,** geb. 1505, gest. 1565. (*Erudit suisse, né a Greifensée. Donna, en 1536, des leçons de grec et de latin à Bâle*). In-8º, buste à g., en méd. ov. Suter sc. Zofingen. Avec marges.

240 **Friese, Johannes.** Jugend-Lehrer in Strasburg, geb. in Kaufbeuren, A. 1741 d. 4. Sep. (*† 1804*). In-18, buste, profil à droite, en méd. ovale. J. R. H. f. 1793. Lég. allem. (Pl. de „J. Friese, Vaterländische Geschichte"). Rogné.

241 **Fririon, Général Baron.** (*Jules-Joseph, né 1805 à Strasb., † 1893*). Gr. in-fol., à mi-corps, de face, dessiné et lith. par J. Guérin. Lith. de E. Lemaître. Sur fond teinté, à gr. marges.

242 **Frischlinus, Nicodemus,** Poeta Tubing. (*Philologue allemand, né à Balingen en 1547, de passage à Strasbg. en 1575, mort à Urach en 1590*). In-24, à mi-corps, tourné à dr. Grav. sur bois, tirée d'un ouvrage anc. Rogné.

243 **Fritzen, Dr. Adolph,** der neue Bischof v. Strassburg. (*Né à Clèves 1838*). In-12, buste à dr. E. Kretz, 1891. (Pl. de „D'r Meiselocker und d'r Maikäfer" du 7 février 1891). Zinc. Rogné.

244 Froereisen, Isaac. SS. Theol. Doctor et Professor Acad. Arg. ord. . . . Ao. Chr. 1630, anno aetatis 39 (*† 1632*). Pet. in-fol., à mi-corps, en méd. ov., avec encadr. allég. et armoiries. D. et **Isaac Brunn** fecit et excudit. Lég. et 4 vers lat. Rogné.

245 Froereisen, Johannes Leonhardus. Reipublicae Argentorat. Consularis, Tredecim-Vir, Universit. Scholarcha. Nat. Argent. A. 1629, d. 2. Aug., denat. 1690, d. 24. Nov. In-fol., buste, dans un ovale encadré, av. armoiries tenues par 2 anges. **Bartholomaeus Hopffer** pinxit, **J. A. Seupel** Argentorati sculp. Superbe épreuve, à petites marges.

246 Froereisen, Johann-Leonhard. Pfarrer zu S. Nicolai und Canonicus zu S. Thomae in Strassb. Nat. d. 25. Apr. 1661, denat. d. 10. Febr. 1723. In-8º, à mi-corps, tourné à dr. **P. J. Lutherburg** Argent. fecit 1724. Rogné et remonté.

247 Furstenberg, Franciscus Egon, Graef van. Bisschop van Straesburg. (*Né à Strasbg., le 10 avril 1625, mort le 1er avril 1682, peu de temps après le rétablissement du culte cathol. dans la cathédrale de Strasbourg*). Pet. in-4º, à mi-corps, tourné à gauche, au fond un château. Grav. hollandaise. Rogné.

248 — Id. Jeune. In-8º, buste à gauche, en méd. ovale, av. encadr. et armoiries. Lég. lat. Reprod. photolith. d'une grav. de l'époque. A toutes marges.

249 Furstenberg, Ferdinand de. „Ferdinandus Dei gratia Episcopus Paderbornensis. . . . et Lib. Baro de Furstenberg". (*Frère du précédent, né le 21 oct. 1626, † 26 juin 1683*). In-fol., buste à dr., en méd. ov., av. armoiries. **Michelin** Pinx., Anno 1679. **G. Edelinck** sculp. Rogné.

250 Furstemberg, Guillaume Egon Cardinal Landgrave de, Evêque et Prince de Strasbourg. . . . fait Cardinal, par le Pape Innocent XIe, le 2e de Sept. 1686). (*Frère des précédents, né en 1629, mort à Paris le 10 avril 1704*). In-8º, à mi-corps, tourné à droite, dans un ovale encadré, av. armoiries. De **L'Armessin** sculp. 1690. A petites marges.

251 — Id. In-fol., jeune, buste à gauche, dans un ovale encadré, av. armoiries. Lég. lat. Ex formis **Ludovici Renard.** Superbe épreuve. Pet. marges.

252 — Id. „Wilhelm Egon v. F., Cardinal u. Bischof zu Strassburg". In-32, buste à gauche, en méd. ov. Probablement frontispice d'un petit livre. Rogné.

253 — Id. „Guillaume Egon Prince de F." In-24, buste à dr., dans un ovale. Grav. anc. non signée. A gr. marges.

254 — Id. In-4º, buste à gauche, en méd. ov., av. encadr. et armoiries. Lég. latine. Reprod. photolith. d'une grav. de l'époque. A gr. marges.

Furstenberger, Josué. — voir Mulhouse.

255 Gaill, Andreas, . . . Consiliis aulicis, aet. 55 an. salut. 1583. (*Jurisconsulte renommé de l'empereur Maximilien II et diplomate habile*). In-18, buste, de face, dans un ovale encadré. Grav. anc., à pet. marges.

256 Gayot, François-Marie. Conseiller d'Etat. . . . Prêteur royal de la ville de Strasbourg en survivance. (*1755*). In-4º, à mi-corps, tourné à gauche, av. encadr. et armoiries. Dessiné et gravé par **Jean Striedbeck** à Strasbourg. Belle épreuve, à pet. marges.

257 Geiger, Joannes Jacobus. Reipubl. Argentoratensis Consiliarius et Advocatus. Aetatus suae 45. (*17e siècle*). In-fol., buste à droite, dans un ovale encadré, av. armoiries. **J. A. Seupel** sculp. Superbe épreuve, mais rognée.

258 Geiler, Jean, dit de Kaysersberg. Prédicateur à Strasbourg, né 1445, † 1510. — „Ioannes Geilerus Keysersbergius". In-18, à mi-corps, tourné à droite. Grav. sur bois. Rogné.

259 — Id. „Iohann Geyler von Keisersberg, Pfarrer zu Strasburg". In-24, à mi-corps, tourné à gauche, un livre en main. Av. pet. encadr. carré. Grav. montée sur un passe-partout architectural.

260 Gerhardt, Charles-Frédéric. (*Prof. de Chimie, né à Strasbourg en 1816, † 1856*). In-fol., à mi-corps, assis. Impr. Lemercier, Paris. Lith. ov., épreuve sur Chine, à toutes marges.

261 **Geroldseck. — Eberhardus** Domin. Rupis Spoletanae in Hohenack et Geroldseck ad Wassichin. In-8º, buste à gauche, dans un ovale, av. encadr.
architect. et armoiries. Lég., dédicace et 4 vers lat. J a c o b a b H e y d e n
sculp. Rogné et remonté.

262 — Id. **Iacobus** Dominus in Hohengeroltzeck et Sultz. (*Né 1565, † 1634*)..
In-8º, fig. entière, à cheval, av. armoiries. Au fond, une bataille. Lég.
et 4 vers lat. E b e r h. K i e f e r exc. Sans marges, remonté.

263 — Id. — Id. Le même. In-8º, à mi-corps, dans un ovale encadré. Lég., dédicace
et 4 vers lat. J a c o. a b H e y d e n eiconographus Arge. Sans marges.

264 **Geyling ab Altheim,** Generos Dominus Heinricus Christophorus. Sacr. Caesar.
Maiest. et sereniss. Elector. Bavar. Generalis militiae equest. Praefect.
In-8º, à mi-corps, tourné à droite, dans un ovale. H. E. pinxit. W o l f f-
g a n g K i l i a n chalcograph. A toutes marges.

265 — Id. In-8º, à mi-corps, tourné à gauche, dans un ovale. Lég. lat. Grav. anc.
non signée. A pet. marges.

266 **Girardin, Émile de.** Rédacteur en chef de la Presse, anc. Député. Gr. in-8º,
à mi-corps. Lith. d'après nat. par E. D e s m a i s o n s. Impr. Lemercier.
(Pl. de „Galerie des Représ. du peuple"). Epreuve sur Chine, à toutes
marges.

267 **Gisen, Johannes,** Professoris apud Argentor. Theologi, Philosophi et Poly-
glotti. (*Natus 1577, denat. 1658*). In-12, à mi-corps. J. v. H e y d e sculp.
1621. Lég. et 10 vers lat. Rogné.

268 **Glaser, Philippus.** I. C. Institut: Imperial: Historiarum et Graecae linguae,
in Acad. Patiae Argentorat: Professoris.... (*Natus 1554, denat. 1601*).
In-24, à mi-corps, tourné à dr., dans un encadr. carré. Portr. non signé
de 1601. Rogné.

269 **Gloxin, Edouard.** (*Conseiller à la cour d'appel de Colmar, † 1848*). In-fol.,
à mi-corps. Lith. E. Simon fils. Sur Chine, avant la lettre. Av. marges.

270 **Gloxin, Edouard** (*Représentant du Peuple*). Né à Strasb. le 16 Sept. 1804.
Gr. in-8º, à mi-corps. Lith. d'après nature par M a r i n - L a v i g n e,
E. Desmaisons direx.. Impr. Lemercier. Fond teinté, à toutes marges.
(Pl. de „Galerie des Représentants du Peuple. — Bas-Rhin").

271 **Gobel, Jean-Baptiste-Joseph.** Evêque. Né à Thann, 1727, sur la Charette
† 1794. In-8º, profil de tête à gauche. V. D e n o n del., Fac-simile par
J u l e s P o r r e a u 1854. Eau-forte, belle épreuve, à toutes marges.

272 **Golbéry, (Marie-)Philippe(-Aimé).** (*Député, Archéologue, né à Colmar
1786, mort au Château de Kientzheim 1854. Auteur des „Antiquités
de l'Alsace*"). In-4º, buste à dr., av. encadr. architect. A. D e m a r l e ft.
1868. Av. marges. (Pl. de „Lehr, L'Alsace Noble").

273 **Goldenberg, Gustave** (*Manufacturier, Directeur de la grande usine du
Zornhoff. † 1871*). In-4º, à mi-corps, tourné à gauche. Lith. d'après nat..
par P a t o u t, E. D e s m a i s o n s direx., Impr. Lemercier. Fond teinté.
A toutes marges. (Pl. de „Galerie des Représentants du Peuple. —
Bas-Rhin").

274 **Goldmayer, Andreas,** Guntzenhusan. Franc., Comes Palatin. Caesare., Mathe-
matic. et Chymic (*Né 1603, Astrologue à Strasbourg en 1634, mort
à Nuremberg en 1664*). In-18, à mi-corps, près d'une table av. globe,
compas etc., en méd. ov. M. V. S o m m e r ad vivum f. Lég. et 4 vers
lat. Rogné.

275 **Goll, Joseph-Jacques.** (*Colonel du génie, né à Colmar 1771, † 1850*).
In-32, buste, profil à gauche, dans un ovale. Dess. au Physionotrace et
gravé par G u e n e d e y.... 26 Mai 1826. Rogné.

276 **Goepp J(ean)-J(acques), Pasteur.** (*Né à Heiligenstein en 1771; de 1802 à
1809 pasteur à Strasb., puis à Paris où il est mort en 1855*). In-fol ,
à mi-corps, tourné à dr., en robe. A. L e c l e r 1839, pt par S c h e f f e r
1818. A petites marges.

277 **Gothofredus, Dionysius.** (*Jurisconsulte, né à Paris 1549, vint se fixer à
Strasbourg où il enseigna le droit romain, † 1622*). Pet. in-4º, à
mi-corps, tourné à dr. H. B. Grav. sur cuivre. Rogné.

278 **Goetz, F(rançois)-I(gnace).** Chevalier de l'ordre du Roy, Docteur en Mé-
　　　decine, Inoculateur de Madame Elisabeth de France..... (*Né à Gue-*
　　　berschwihr, † 1813). In-24, buste, profil à dr., en méd. rond. Dess. par
　　　F o u q u e t, gr. par C h r e t i e n.... en 1790. Gravé en manière noire.
　　　Rogné.
279 **Grandidier, P(hilippe)-A(ndré).** (*Historien franç., né à Strasb., le 9 nov.*
　　　1752. mort à l'abbaye de Lucelle. le 11 oct. 1787). Pet. in-fol., buste
　　　à gauche. F l a x l a n d, lith. de Simon fils. Epreuve sur Chine, à grandes
　　　marges.
280 **Greuhm, Andreas.** Pharmacop. Argent. Senior, natus 1624. (*Sénateur de la*
　　　Bourgeoisie à Strasbg. en 1683 et 1684. † 1706). Pet. in-fol., à mi-
　　　corps, à droite, dans un ovale encadré, av. armoiries. J. A. S c u p e l
　　　delin. et sculp. Sans marges.
281 **Grison, Adolphe.** Peintre. In-fol., buste, face. T h i é b a u l t d'après P.
　　　R e i b e r, autographié. Av. notice biograph. par Ferd. Reiber. (Ti-
　　　rage à part du „Mirliton").
282 **Gros (Philippe-Aimé),** Député du Haut-Rhin. (*Manufacturier à Wesserling,*
　　　né 1816. † 1892). Photogr., form. visite. A gr. marges.
283 **Grun, Jean-Jacques.** (*Industriel. mécanicien. né à Guebwiller. 19e siècle*).
　　　Photogr., form. cabinet, coupée en ovale. Montée sur pap. in-4°.
284 **Gruyer, Antoine (Baron).** Maréchal de Camp. Commandant de la Légion
　　　d'Honneur..... Né le 15 mars 1774. à St. Germain (*mort à Strasb.*
　　　en 1822). In-4°, buste à dr., en méd. rond dans un carré. M u l l a r d
　　　del., L e f e v r e sculpsit. Belle épreuve. av. marges.
285 **G'Stalter,** l'abbé. Vicaire de la Cathédrale, Missionnaire apostol. In-4°. à
　　　mi-corps, tourné à dr., en robe. J. F i l l i g e r pinx., P e d r a g l i o. Lith.
　　　de L. Havard. Av. marges.
286 **Gualtherus, Rudolphus.** Sacra docens.... (*Auteur dramatique. Né 1518,*
　　　à Zurich. à Strasb. en 1542. † 1586. à Zurich.) In-8°, à mi-corps,
　　　tourné à dr. Hh. f. Lég. lat. Sans marges.
287 — Id. „Pfarrer zu Zürich. mort 1586". In-24, à mi-corps, tourné à gauche,
　　　la bible en main. Bois anc. tiré d'un ouvrage. Rogné.
288 **Guérin, Jean.** (*Graveur. 1731 — 1787*). In-4°. âgé, à mi-corps, profil à
　　　droite, travaillant dans son atelier: „Mon père, dédié à ses amis par
　　　leur respectueux serviteur Chr. Guérin". Dessiné d'après nature et
　　　gravé par C h r. G u é r i n. B lle épreuve. Petites marges.
289 — Id. In-4°, à mi-corps. „Mon père". C. G u é r i n f t. Photolithogr. d'un
　　　croquis au crayon.
290 **Guérin, Christophe.** (*Graveur. Né à Strasb. en 1758. † 1830*). In-4°, buste,
　　　à dr. G.G. f t 1811. En méd. ovale. Reprod. photolith. d'un tableau de
　　　l'époque. Av. marges.
291 — Id. Sa famille. Gabriel Guérin assis, le tableau précéden t sur ses genoux,
　　　les autres membres de la famille se tiennent derrière lui. In-4°, en
　　　méd. ovale. Reprod. photolith. d'un tableau de l'époque. Av. marges.
292 **Guérin, Jean.** (*Frère de Christophe, peintre en miniature, né à Strasb.*
　　　en 1760, mort à Obernai en 1836). In-4°, buste à dr. Photolith. d'une
　　　miniature de l'époque. Av. marges.
293 **Guérin, Gabriel.** (*Peintre. Fils du graveur Christophe Guérin*). Né le 9
　　　novbr. 1790, mort le 20 sept. 1846. Dédié à ses amis et connaissances
　　　par son frère Jean. In-fol., buste à gauche. Lith. C. Fasoli et Oblmann.
　　　Av. marges.
294 **Guinterius, Joan.,** Andernac. Medicus. Nat. Andernaci 1487, ob Argentinae
　　　1574. In-18, à mi-corps, tourné à gauche, av. encadr. architect. et allé-
　　　gor. Monogr. B. R. Lég. et 2 vers lat. Pet. marges.
295 — Id. In-4°, buste à gauche, en méd. rond, av. encadr. allégor. (*P. v. d.*
　　　Borght, der ältere). Lég. et 4 vers lat. Rogné.
296 — Id. „Winther, Johannes, Andernacus der Artzney D. zu Strassburg. mort
　　　1576". In-24, à mi-corps, tourné à dr. Bois anc. tiré d'un ouvrage.
　　　Sans marges.

297 **Guittard, J(ean)-Baptiste.** Député du Département du Haut-Rhin (*à l'Ass. nat. de 1789*). Gr. in-8º, buste, en méd. rond, av. encadr. Lambert del., Me Cernelle sculp. Grav. en manière noire. Pet. marges.

298 **Habrecht, Isaac.** Argyropum automati inventor, fabricator, et autor etc. Ano aetatis Christi 1608 Suae 64. In-18. à mi-corps, dans des ornements archit. Lég. latine. Grav. sur bois. Rogné.

299 **Habrecht, Isaac.** Philosophiae et Medicinae Doctoris et Practici apud Argentinenses foelicissimi, celebratissimi effigies. Anno christi 1630, Anno aetatis 41. In-12, buste à droite, avec armoiries et encadrement. Sculpsit Jacob ab Heyden, lég. et 6 vers lat. Rogné.

300 **Haffner, Isaac.** Prof. bey der prot. Academie zu Strasburg u. Prediger bey der Gemeine zu St. Nicolai, geb. d. 4. Dec. 1752. († 1.. ..). In-8º, buste à droite, en méd. ovale. Dess. d'après nature par C. Guérin, et gravé par Ch. Schuler 1804. Grav. au pointillé. Av. marges.

301 **Hagen.** (*Lithographe, beau-frère de Eckert, peintre en bâtiments. — Strasb.*) In-4º, à mi-corps, assis. Lith. Sur Chine, avant la lettre. Av. marges.

302 **Haldenwang, Ch(rétien).** (*Grav. allem., né à Durlach en 1770, † à Rippoltsau en 1831. Passa quelque temps à Bâle*). In-4º, buste, face. C. Schuler ad naturam del. et sculp., 1827. Grav. sur acier, à pet. marges. Epreuve sur Chine.

303 **Half.** (*Tailleur à Strasbourg*). Gr. in-8º, à pied, en uniforme. Portrait-charge tiré de „Lallemand, Souvenir de la garde nationale de 1848". Lith. E. Lemaître.

304 **Hallez-Claparède, M. le Cte (Léonce),** Député du Bas-Rhin. (*Né 1812, † 1870*). In-24, à mi-corps, assis près d'une table. Photogr. collée sur carton in-4º.

305 **Hammerer, Joh. Carolus.** Eminentissimi Principis Cardinalis & Episcopi Argentinensis, ... Consiliarius & Medicus ... Natus Argent. Anno 1645, denatus 1702. Pet. in-fol., buste à droite, en méd. ov., av. armoiries. (J. A. Scupel?) Sans marges, remonté.

306 **Hanau, Philippe, comte de.** (*Né 1541, † 1599*). In-fol., à mi-corps, tourné à dr., avec encadr. allég. Matheus Greuter scul. 1593. Lég. et 4 vers lat. Rogné.

307 **Hanaw, Johannes Reinhardus comes in,** et Zweyb. etc. Advoc. Argent. (*Fils du précédent, né 1569, † 1625*). In-8º, buste à gauche, en méd. ovale. Jacobus ab Heyden sculps. et exeud. Argent. 1610. Rogné.

308 **Hanau, Fridrich-Casimir, Graf von.** (*Né 1626, † 1685*). In-8º, buste à dr., en méd. ov. Pet. Aubry sculpsit. Strasburg bey Jo. Tscherning. Lég. et 8 vers all. Rogné et remonté.

309 **Hanau, Joh. Reinhardt Graf zu.** (*Frère du précédent, né 1628, † 1666*). In-fol., à mi-corps, tourné à dr., dans un ovale, av. encadr. allégor. et armoiries. T. Roos In. et fc. Lég. allem. Sans. marges.

310 **Hans, Jean.** Peintre et lieutenant de la garde nationale. (*Strasbourg 1764 à 1805?*). In-24, sur papier in-fol., buste, profil à dr. (Tiré à part de „Seyboth, le vieux Strasbourg").

311 **Haerter** (*François-Henri, Pasteur, né à Strasbourg en 1797, † 1874*). Gr. in-8º, buste à droite. Rhein. Lith. R. Schultz & Co. Légende allem.

312 **Hartmann** (*André, né à Colmar en 1746, † à Munster en 1837*). In-fol., à mi-genoux, assis, tourné à droite. Maurin. Lithogr., belle épreuve. A pet. marges.

313 **Hartmann** (*Henri, fils du précédent. Industriel à Munster, né à Colmar en 1781, † 1856*). Gr. in-8º, à mi-genoux, tourné à droite. Eau-forte, à gr. marges.

314 **Hawenreuter, Johan. Ludovicus.** Argent. medicinae et philosophiae doctor, etc. In-8º, à mi-corps, tourné à gauche. Anno aetatis suae 65, anno nat. Christ. 1613, obijt Aº Chr. 1618. Js. ab Heyd. pinx., sculpsit Jacob ab Heyden. Lég. et 4 vers lat. Rogné.

315 **Heckheler, Joannes,** Argentinensis.... D. D. Theol. Med. ac Phil. Prorector et Psindicus. 1695. Pet. in-4º, à mi-corps, face, dans un ovale, av. encadr. Gregorius Barezza scul. et del. Sans marges.

316 **Hedio, Gaspar,** Germanus Theol. Argentin. (*Né à Ettlingen 1494, † à Strasbourg 1552*). In-12, à mi-corps, profil à gauche, av. encadr. archit. Monogr. B R. Lég. et 2 vers lat. Pet. marges.

317 **Heeckeren, Georges-Charles, baron de.** (*Né à Colmar 1812. Son père se nommait d'Anthès. Vers 1832 il fut adopté par le baron de Heeckeren, ambassadeur de Hollande à Saint-Pétersbourg, dont il prit le nom*). Représentant du peuple, départ. du Haut-Rhin. Gr. in-8°, fig. entière, debout à la tribune. F. Bonhommé del. Peronard sc., impr. par Chardon aîné et Aze. A toutes marges.

318 — Id. Gr. in-8°, buste à gauche, fond teinté. Dessiné d'après nat. par Lafosse, E. Desmaisons direxit, impr. Lemercier. (Pl. de „Galerie des Représent. du Peuple 1848"). A toutes marges.

Heilmann, Jean Jacques
Heilmann, Sophie Julie Emilie
Heilmann, Louise } voir Mulhouse.
Heilmann (Famille)
Heilmann-Koechlin (Famille)

319 **Heinricus, Joh. Theob.** Pastor et Canonicus Thomanus Argent. Anno aetat 60, offic. eccles. 36. In-fol., à mi-corps, tourné à dr., en méd. ovale, avec encadr., J. A. Seupel delin., sculp. et excud. Argent. 1690. Sans marges.

320 **Helbach, Fredericus ab.** Theologi et Histo. eximij. Natus 1568. In-8°, à mi-corps, tourné à dr., avec armoiries. Lég. et 10 vers lat. Rogné.

321 **Hell, Franç. Jos. Ant. de.** Colonel de la légion citoyenne de Haguenau, né à Hirsingen (*sic! natif de Kirchheim!*) le 11 juin 1731, député du Baillage de Haguenau à l'Assemblée Nationale de 1789. (*Guillotiné à Paris le 22 avril 1794*). In-8°, buste, profil à gauche, en méd. rond, av. armoiries. Gros del., Courbe sculp. Rogné.

322 **Hell, Mélanie de, née de Savoye.** (*Epouse du précédent*). In-12, buste, profil à gauche, en méd. ovale av. l'inscript. suivante: „Ma seule divinité sur la terre". Av. armoiries. A. Hichelin del., Eichler fe.

323 **Hell, la Famille de.** (*Les précédents avec leurs enfants, à l'heure du repas*). Gr. in-8° oblong, en photolith. Av. marges.

324 **Heller, Johann.** Reip. Argentoratensis Consulis et Universitatis Scholarchae meritissimi. Obijt 24 nov. 1632, aetatis 72. In-8°, à mi-corps, tourné à droite, av. armoiries. Lég. et 6 vers lat. Jac. ab Heyden sculpsit. Rogné.

325 **Hennenberg, Philippe-Jacques.** (*Né à Strasbourg 1719, ministre de France à Cassel. D'après un portr. appartenant à la famille*). In-18, sur papier in-fol., buste, face. A. Demarle, P. Ulrich sc. Cliché moderne.

326 **Henrici, Johannes Georgius.** Imperialis Civitatis Selestadiensis Consul. . . . 1667. In-8°, buste à droite, av. encadr. octog. et armoiries. Monogr. N. R, S. C. V. Lég. lat. A toutes marges.

Hérault, M. J. — voir N° 186.

327 **Hérault de Séchelles.** Né à Paris en 1760. Député de la Con°n Nat^le Dép^t de Seine et Oise; décapité de 16 Germinal, l'an 2e de la Républie (5 avril 1794). (*Commissaire du gouvernement envoyé à Colmar, le 3 févr. 1791, dans l'affaire Stockmeyer*). Gr. in-8°, buste, face, en méd. ov. F. Bonneville del., J. B. Compagnie sculp. A toutes marges.

328 **Herman, François-Antoine.** (*Diplomate français*). Né à Schelestadt, le 30 mars 1758, mort à Paris le 29 sept. 1837. In-8°, buste à dr. Lith. de Becquet. Av. marges.

329 **Hermann, Jean-Frédéric.** Maire de Strasbourg 1800—1805. (*Auteur des „Notices historiques, etc." Né à Barr en 1743, † 1820*). In-32, buste, profil à g., en méd. rond. (Tirage à part, sur papier in-fol., de „Seyboth, Strasb. hist. et pitt.")

330 **Herrenschneider, Johannes,** v. Strasburg. Geb. den 28. Nov. 1690, gest. den 16. Juni 1777. Gr. in-8°, buste, face. B P. H. 1843, lith. Oberthür et Emrich. A toutes marges.

331 **Herrenschneider, Louis.** Prof. à la Faculté des Sciences et au Séminaire prot. de Strasb. Né le 23 mars 1760. († 1843.) In-fol., buste à droite, peint par Th. Strintz 1834, lith. en 1838 par Ch. Aug. Schuler, lith. d'E. Simon fils. Epreuve sur Chine, à très grandes marges.

332 **Herrgott, Emile.** (*Ingén. des Cristalleries de Baccarat, né à Belfort le 1er déc. 1845, † le 29 mars 1887*). Tête entourée d'une couronne d'immortelles. Albert de Cours-après del. et autog. Page détachée de „Galerie des disparus", av. notice biogr. d'Emile Payart.

333 **Herrmann, Jean.** (*Botaniste et Médecin*). Né à Barr le 31 décbr. 1738, mort à Strasb. le 4 oct. 1800. In-8°, buste, face, dans un ovale. Dess. par Guérin, et gravé par Ambroise Tardieu. A toutes marges.

334 — Id. In-4°, buste, face. Flaxland, lith. de Simon fils à Strasb. Epreuve sur Chine, à toutes marges.

335 **Hervé.** (*Colonel d'Artillerie*). In-8°, buste à droite, en méd. ov. Hesse 1810. Reprod. photolith. moderne du tableau orig. A gr. marges.

336 **Hervé, Madame.** (*Epouse du précédent*). In-8°. Reprod. photolith. mod. d'une sculpture (*buste sur socle*) par Ohmacht. A gr. marges.

337 **Hesse, Philippe le Magnanime, Landgrave de.** (*Né le 13 nov. 1504, † 1567*). In-4°, buste à gauche, en méd. ov., av. encadr. architect. A. Demarle ft 1868. (Pl. de „Lehr, l'Alsace Noble"). A toutes marges.

338 **Hesse, Louis I, Grand-Duc de.** (*Né 1753, † 1829*). In-4°, buste, face, en méd. ov., av. encadr. architect. A. Demarle ft 1868. (Pl. du même ouvrage). A toutes marges.

339 **Henchel, Jn Pl Tt.** Né à Cernay le 24 juin 1799. In-4°, buste à gauche. Lith. d'après nature par Belloni, E. Desmaisons direxit, Imp. Lemercier, Paris. Fond teinté, à toutes marges. (Pl. de „Galerie des Représentants du peuple — 1848 — Haut-Rhin).

340 **Heupel, Johannes.** Eccles. neo l'etr. Argent. Pastor. Aetat. 66, ann. Minist. 37. († 1702). In-8°, à mi-corps, tourné à gauche, en méd. ov. Lég. lat. et allem. J. A. Seupel delin. et sculp. Av. marges.

341 **Hickel, Ph.** Pfarrer zu Schiltigheim, geb. d. 18. Dec. 1799, gest. den 7. Nov. 1854. In-8°, buste à droite. Dess. et lith. par G. Ad. Schwalb 1855, d'après un daguerréotype de Mr Winter. Lith. Fassoli et Ohlmann. A gr. marges.

342 **Hirn, François-Joseph.** Evêque de Tournay. (*Né à Strasbourg, † 1819*). In-32, buste, profil à droite, en méd. rond. Dess. et gr. p. Chretien inv. du Physionotrace. Rogné et remonté.

343 **Hirn, Gustave-Adolphe.** Né au Logelbach 1815, † 1890. Reprod. photolith. de 2 médailles par O. Roty, effigies et revers Pl. in-4°, av. marges.

344 **Hirsch, N. L.** Grand Rabbin, Président du Consistoire Israélite du Dépt du Haut-Rhin à Winzenheim. In-fol., buste, profil à gauche, dans un carré. Lith. de Simon fils. A grandes marges.

345 **Hirschel, Johann Jacob.** Pfarrer zum Jungen St. Peter in Strassburg im Jahr 1738. Predigtampts 38, Pfarrdiensts 21, geboren Ao 1675 († 1743). In-fol., à mi-corps, face, en méd. ov., av. encadr. architect. I. M. Weis Argent. sculps. 1738. Pet. marges et remonté.

346 **Hirsinger, Franciscus Christoph.** Commendator ord. S. Joan. Hierosoly. Argent. et Selesta. Aet. suae 75 ao 1733. In-12, buste, face, en méd. ov., av. encadr. architect. et armoiries. Rogné.

347 **Hochstuhl, Alphonse.** Né à Montbéliard le 16 oct. 1823. In-4°, à mi-corps, tourné à gauche. Lith. d'après nat. par Patout, E. Desmaisons direxit, Imp. Lemercier. (Pl. de „Galerie des Représent. du Peuple. — Législative 1849. — Bas-Rhin"). Epreuve sur Chine, à toutes marges.

348 **Hochstuhl, Charles.** Peintre-paysagiste. (*Né à Strasb. en 1849*). In-8°, buste, profil à gauche. Clément Dreyfus d'ap. nature 1882. Au bas et au verso, notice biogr. par Ferd. Reiber. (Tirage à part du „Mirliton").

Hofer, Jean }
Hofer, Josué } — voir Mulhouse.

349 **Hoff,** Le sergent (*Ignace. Né à Marmoutier 1836, † à Paris 1902*). In-fol.,
à mi-corps. And. Gill, Leeman sc. Grav. sur bois teintée. (Tirée
de „L'Eclipse").

350 — Id. In-12, buste à dr. D'après la photogr. de M. Carjat. H. Thiriat sc.
Av. notice biogr. (Grav. découpée d'un journal).

351 — Id. Pet. in-4°, à mi-corps, assis, la pipe en main. Croquis fait le soir
d'après le sergent Hoff. Alph. Levy 79. Av. la mention: „Ce
portrait est très ressemblant. Le sergent Hoff". (Découpure d'un prix-
courant).

352 **Hofmann, Melchior,** van Strasburg. (*Patriarche des anabaptistes, † en prison
1533*). In-18, à mi-corps, dans sa prison, assis. Kaltenhofer f. Got-
tingae 1758. Sans marges.

353 **Holtzemius Petrus,** ... ad praesentia Comitia Ratisb. Legat Argentoratensis.
1665. In-8°, buste à gauche, av. encadr. octog. Monogr. N. R. S. C. V.
Lég. lat., sans marges.

354 **Hommaire de Hell, X.** (*Ignace-Xavier-Morand. Géologue et voyageur franç.,
né à Altkirch 1812, † à Ispahan — Perse — 1848*). Gr. in-8°, à mi-
corps, tourné à gauche. Gravé par Ch. Goutzwiller d'après un
dessin de J. Laurens. Impr. Chardon aîné à Paris. Belle épreuve
sur Chine, à pet. marges.

355 **Horbius, Johannes Henricus,** Colmariensis Alsatus.... Nicolai Hamburgi
Pastor et Scholarcha optime meritus. Natus A. 1655, den. 1695. In-18,
buste à droite. Rogné.

356 **Hoerter, Philippe.** (*Compositeur de Musique*). In-12, buste, face, en méd.
ov. Bossert. Lith E. Simon. Fond teinté. Av. marges.

357 **Huber, Joh.** Eccl. Wilhelmitanae olim l'ast. et Coll. Steph. Canonici....
Nat. 1578, dena. 1633. Aet. 55, Min. 30. In-8°, buste à dr., en méd.
ov. Isaac Brunn sculpsit.. Lég. et 6 vers lat. A pet. marges.

358 **Huber. Johann.** (*Fils du précédent*). Aetatis 45, Ministerij 23, Pastoratus
Wilh. 6. In-8°, à mi-corps, tourné à gauche, en méd. ov. Isaac Brunn
sculpsit 1657. Lég. et 4 vers allem., à pet. marges. (2 exempl.)

359 **Huber, A(loysius).** Condamné à la Déportation par la Haute-Cour de Versailles. (*Conspirateur, né à Wasselonne 1812, † 1865*). In-fol., buste,
face. Jandelle. Dessiné d'après nat. p. Ch. Guilbert à la Con-
ciergerie. Imp. Domnec. Av. marges.

360 — Id. „Hubert". Gr. in-8°, debout sur la tribune. A. Lacauchie del.,
Breland sculp. A pet. marges.

361 **Huber, Charles.** (*Voyageur, orientaliste, né à Strasbg. 1852, assassiné en
Arabie 1884*). In-8°, buste à dr. P. B. Lithogr. sur Chine, à gr. marges.

362 **Humann, Edgard** (*Amiral, né à Paris en 1838 d'une famille strasbourgeoise*).
A mi-genoux, en uniforme. Photographie in-4°, montée sur carton.

363 **Jäger.** Pfarrer. (*Pasteur à St-Pierre-le-Vieux à Strasbourg, né 1776, † 1834*).
In-24, buste, face, en méd. ov. Peint en min. en 1825 par Aug.
Weyd. Lith. à gr. marges.

364 **Jauch, J. N.** (*Professeur de Musique à Strasbourg*). In-4°, à mi-corps, face.
Lith. d'après nature par S. Schuster, Impr. Lith. d'E. Simon. Epreuve
sur Chine, rognée.

365 **Javal, Jacques.** (*Financier, né à Seppois-le-Bas [Hte-Alsace], † 1858*). In-24,
buste, profil à gauche, en méd. ov., dans un carré. Dess. au Physionotrace et gravé par Laenedey.... 1817. Av. marges.

366 **Jersé Frois Antne Nas.** Né à Haguenau en 1754. Député de Sarguemines à
l'Assemblée Nat. de 1789. In-8°, buste, profil à dr., en méd. rond, sur
socle. Av. armoir. Perrin del., Voyez Jor sc., à Paris chez le
Sr Dejabin. Pet. marges.

367 **Ingold, Franciscus Rudolphus.** Senatus Reip. Argent. summi qui XIII
virorum est Assessoris.... (*Né à Strasbourg 1572, † dans la même
ville 1642*). Pet. in-fol., à mi-corps, tourné à dr., en méd. ov. Peter
Aubry sculpsit. Lég. et 14 vers lat., sans marges.

    Joseph, Pasteur — voir Mulhouse.

368 **Isidore, Lazare.** Grand-rabbin de France, décédé le 16 sept. 1888, à l'âge de 75 ans. (*Né à Lixheim 1813*). In-4º, à mi-corps, assis, tourné à gauche. J. Bornert, Lith. A. Dusch & Cº. (Pl. de „Das Elsass“ du 6 oct. 1888).

369 **Judae, Leo.** Theologus Tigurinus (*Réformateur protest., né 1482, à Ribeauvillé, † 1543 à Zurich*). In-12, à mi-corps, tourné à gauche, av. encadr. architect. Monogr. B. R. Lég. lat. Rogné.

370 — Id. „Theologus, mort 1543“. In-24, à mi-corps, un livre en main, tourné à dr. Grav. sur bois anc. Sans marges.

371 **Jundt, Gustave.** (*Peintre, né à Strasbourg 1830, petit-fils de Kirstein, l'orfèvre, † 1884*). Pet. in-4º, assis dans son atelier. Peint par Henri Pille, gravé par Abel Lurat. Eau-forte, av. marges.

372 **Jung, André.** (*Professeur, Archéologue et Bibliothécaire à Strasbg. Né 1793, † 1863*). Photogr. d'après un bas-relief. In-4º, tête, profil à gauche.

373 **Junius, Melchior.** Phil: et Eloquintiae Professor Argentoratensis. (*Né 1545, † 1604*). In-12, buste à gauche, en méd. ov. Lég. et 2 vers lat. Pet. marges.

374 **Kahn, Zadoc** Grand-Rabbin de France. (*Né à Mommenheim le 18 févr. 1839*). In-24, à mi-corps, assis, tourné à gauche. Découpure d'un imprimé montée sur carton gr. in-8º.

375 **Kammerer.** (*Libraire à Strasbourg*). In-4º, buste à droite, gest. von C. Schuler in Strasburg 1846. Av. dédicace allem.: „Dein Leben war Liebe, etc.“ Belle épreuve à toutes marges.

376 **Kargès, Mⁿᵉ Rosita.** (*Cantatrice*). Décédée le 26 févr. 1891. In-4º, buste. E. Kretz 1891, lith. Ed. Hubert, Strasbourg. A toutes marges.

377 **Karpff, J. J.,** dit **Casimir,** de Colmar. (*Peintre, † 1829*). In-4º, à mi-corps, tourné à gauche. Mauraisse fᵗ 1829, Lith. de Lemercier. Epreuve sur Chine, à gr. marches.

378 **Kastner, Jean-Georges.** (*Compositeur, Membre de l'Institut de France. Né à Strasbourg 1810, † à Paris 1867*). In-4º, buste à dr. Flaxland. Première épreuve avec la mention manuscrite: „bon à tirer à 20 exemplaires“. A gr. marges.

379 — Id. In-fol., à mi-corps, assis. En tenue de membre de l'Institut. Lafosse 1866 Imp. Lemercier & Cº, Paris. Sur Chine, av. marges.

380 **Kauffmann (Louis).** Né à Matzenheim en 1740. Député du Bailⁿ de Colmar et Schelestat à l'Assemblée Nat. de 1789. In-8º, buste, profil à dr., en méd. rond, sur socle. Labadye del., Courbe sc. A Paris chez le Sʳ Dejabin. Pet. marges.

381 **Keifflin, Johannes Andreas.** Pfarrer zu St. Wilhelm in Strasburg. Aº 1704, Aet: 66, Min: 42, Past: 7. In-fol., à mi-corps, de face. En méd. ov., av. armoiries. J. A Seupel delin. et fec. Sans marges.

382 **Kellermann (François Christophe),** duc de Valmy, le 19 mai 1804 Maréchal de France, † 1820. (*Né à Strasbourg 1735*). Gr. in-8º, figure entière, costume de cour. Peint par Ansiaux, gravé par Desjardins. Diagraphe et Pantographe Gavard. Av. marges.

383 — Id. „Le mˡ Duc de Valmy“. In-8º, buste à gauche. Llanta, Lith. Paul Petit, Paris. Epreuve sur Chine, av. marges.

384 — Id. „Kellerman“. In-8º, buste, profil à gauche, dans un encadr. ovale architectural. Pasquicci del., J. de Roode sculps., A. Loosjes Pʻz. excud: 1792. Av. marges.

385 — Id. „F. C. Kellermann. Commandant en chef de L'armée des Alpes. Né à Strasbourg en 1737“ (sic). In-8º, buste, profil à gauche, en méd. ov. F. Bonneville del. sculps. Av. marges.

386 — Id. „F. C. Kellermann“. In-12, buste, profil à gauche, en méd. ov., av. encadr. F. Bonnevile delin., L. A. Claessens sculp. Av. marges.

387 **Kellermann Fils** (*François-Etienne, duc de Valmy, fils du précédent. Né à Metz en 1770, † le 2 juin 1835*). In-8º, buste à droite. Forestier sculp., Ambroise Tardieu direxit. Pet. marges.

388 **Kempfer, Joh. Nicol.,** Christianissimae Regiae Majestatis Consilarius, in
    Supremo utriusq. Alsatiae Tribunali. (*Syndic de la noblesse de la Basse-
    Alsace. Abjura le protestantisme, ce qui lui valut la faveur du gou-
    vernement franç. Il reçut du roi, en 1684, à titre de don, la moitié
    de la Seigneurie de Plobsheim*). Gr. in-fol., buste à dr., en méd. ov., av.
    encadr. orné et armoiries. Jo. A. S c ü p e l delin. et sculp. Belle épreuve
    av. marges.
389 **Kentzinger, François-Xavier-Antoine.** Maire de Strasbourg 1815—1830.
    (*Né 1759, † 1832. Auteur des „Documents histor. de la ville de Stras-
    bourg“*). In-18, à mi-corps, en costume de cérémonie. (Tirage à part de
    „Seyboth, Strasb. hist. et pitt.“). A grandes marges.
390 **Kestner (Charles).** Né à Strasbourg le 30 Juin 1803 (*† 1870. Représentant
    du peuple en 1848, Chef de la grande fabrique de produits chimiques
    de Thann*). In-4°, buste à gauche. Lith. d'après nature par T o n y
    T o u l l i o n, E. D e s m a i s o n s direxit, imp. Lemercier à Paris. Fond
    teinté. (Pl. de „Galerie des Représentants du Peuple“). Gr. marges.
391 **Khunius, Johannes Casparus**, in Argentoratensi Universitate Historiarum et
    Eloquentiae Professor Publ., Capituli Thomani Canonicus. ... Natus
    Ao. 1655, St. v. defunctus A. 1720. In-4°, buste à dr., en méd. ov.,
    av. encadr. orné et armoiries. K i r c h b e r g pinxit, P. I. L u t h e r b u r g
    sculp. Rogné.
392 **Kirstein** (*Jacques-Frédéric. Fameux ciseleur, orfèvre, né à Strasb. 1765,
    † 1838*). In-8°, buste à gauche. Lithé par W i t t m a n n, Lith. de Simon
    à Strasbourg. Pet. marges.
393 — Id. In-24, buste à droite. Reprod. en photolith. d'une peinture de l'époque.
    A gr. marges.
394 **Kirstein, Adolphe,** Peintre. 1812—1873. (*Fils du précédent*). In-24, buste,
    d'après un dessin à la plume de P. R(eiber). Au-dessous, notice biogr.
    par Ferd. Reiber. (Tirage à part du „Mirliton“).
395 **Kléber (Jean-Baptiste),** *Général. Né à Strasbourg en 1753 — mort assas-
    siné au Caire en 1800*). In-4°, buste. Reprod. d'un médaillon de D a v i d
    1831 au procédé de A. Collas. Av. marges.
396 — Id. „Kléber“. In-18, buste à dr., tête tournée à gauche. S a l m o n sc.,
    Publié par Furne, Paris. Av. marges.
397 — Id. „Kléber“. In-fol., buste, face. C a r r i è r e 1834, à Paris, chez Dopter.
    Av. marges.
398 — Id. „Klebert. Général d'Armée de la Rép. f., Assassiné en Egypte“.
    In-12, buste à dr., en méd. ov. F. B o n n e v i l l e del. et sculp. A
    toutes marges.
399 — Id. „Kleber, General der franz. Armée in Aegypten, ist dahin abgereist
    den 18. Jan. 1798“. Pet. in-4°, buste à gauche, dans un encadr. ov.
    architectural. Zu finden bey den Gebrüder Klauber. Pet. marges.
400 **Klein, M. le G**al, Pair de France. (*Dominique-Louis-Antoine, général et pair
    de France, né 1761 à Blamont — Meurthe —, † 1845*). In-8°, buste à
    dr., dans un ovale. A toutes marges.
401 — Id. „Klein“. In-8°, buste à dr. A m b r o i s e T a r d i e u Direxit. A toutes
    marges.
402 **Klein de Kleinenberg** (*Georges-Charles-Benjamin, Général franç., né à
    Fortschwihr — Haute-Alsace — en 1781, mort à St-Gemain-en-Laye en
    janv. 1856*). In-32, buste, profil à dr., en méd. rond. Dess. et gr. p.
    C h r e t i e n, inv. du Physionotrace. ... Grav. en man. noire. Pet. marges.
403 **Kling, Joseph Auguste.** Représentant du Peuple, Bas-Rhin (*à l'Assemblée
    Nationale*). In-fol., à mi-corps, assis, tourné à dr. C a m a r e t, Imp.
    Kaeppelin & Cie. Lithogr. à gr. marges. (Taches de rouille).
404 **Klinglin, M**lle **de.** In-8°, à mi-genoux, en costume de chasse, le fusil en
    main. Reprod. photolith. d'une peinture de l'époque. A toutes marges.
405 **Klotz (Gustave).** Architecte, décédé à Strasbourg le 24 janvier. (*Architecte
    de la Cathédrale de Strasbourg, né 1810, † 1880*). In-12, buste à dr.
    (Découpé d'un journal ill. franç.).

406 **Knoderer, Iohann Andreas,** Argent. in Ecclesia ad. Jun. Pet. Pastor. (*de
1638 à 1650; † 21 janv. 1650*). In-8°, à mi-corps, tourné à droite,
l'église de St-Pierre-le-Jeune au fond. Lég. lat. et 4 vers allem. P e t e r
A u b r y sculpsit. Rogné.

407 **Kobelt, D^r J(ean)-Ch(arles),** gestorben den 17. April 1892, im Alter von
82 Jahren. (*Médecin à Strasbourg*). In-4°, buste de face. E m i l e K r e t z
92 d'après une photogr. de M. Gerschel. (Pl. de „Das Elsass" du
21 avril 1892).

408 **Koch, Chris(tian) Guill(aume).** Prof: d'Histoire, Ex membre du Tribunat,
.... Recteur honoraire de l'Académie de Strasbourg etc. (*Né à Bouxwiller 1737, † à Strasbourg 1813*). In-4°, buste à droite, en méd. ov.
Peint par R o b e r t L e f é v r e, gravé chez C. G u e r i n. A toutes
marges. (2 exemplaires).

Kœchlin (*les divers*). — voir Mulhouse.

409 **Kolb, Eberhardus,** Ecclesiae Cathedralis apud Argentoratenses Pastoris.
Natus 1593, 18. Augusti, denatus 1639, 30. Marty, Anno Ministery
XXVI. In-8°, buste à dr., en méd. ovale. P. A u b r y. Lég. et 6 vers
lat. Pet. marges.

410 **Kolb, Elias,** Ecclesiae ad D. Iunioris Petri Pastoris meritissimi. Natus 1619,
18 Febr., re nunciatus 1660. (*† 1679; fils du précédent*). In-8°, à mi-corps,
tourné à dr., en méd. ov. P e t e r A u b r y. Lég. et 6 vers lat. Av. marges.

411 **Koenig Ch.** Né à Colmar le 19 9bre 1797, Commandant de la Garde Nat^{le}
de Colmar (*† 1874*). In-4°, buste à gauche, en uniforme. Lith. d'après
nature par L o i r e, E. D e s m a i s o n s direxit, Imp. Lemercier. Fond
teinté. A toutes marges. (Pl. de „Galerie des Représentants du Peuple
1848 — Haut-Rhin").

412 — Id. „Représentant du Peuple — Haut-Rhin". In-fol., à mi-corps, assis,
J. T r a y e r. Imp. Domnec. Lith. à gr. marges.

413 **Krieg, Augustus,** von Annaberg in Meissen. Barbierer und Wundartzt in
Strasburg, gebohren den 1. Aug. A. v. 1660. Act. suae 53. In-24,
buste à gauche, en méd. ov. Sans marges.

414 **Kueffer, Johannis.** Diversorum principum comitum magnatum Consilarii ac
medici Argentor. An. 1645. In-fol, à mi-corps, tourné à dr., en méd.
ov., entouré de petits anges, av. armoiries. Lég. et panégyrique lat.
Sculpsit ac reverenter obtulit P e t r. A u b r y. Sans marges.

415 **Kulpis, Ioann. Georg. Nob. de.** Nat. 1652. d. 19 Decemb., denat. d. 2 Sept.
1698. (*Jurisconsulte allemand. Il professa le droit à Giessen, puis à
Strasbourg*). In-fol., buste, face, en méd. ov., av. armoiries. J. R.
H u b e r del., L e o n h a r d H e c k e n h a u e r. Sculps. Aug. Vind. Lég.
et 6 vers lat. Rogné.

416 **Laforgue** (*Dentiste et Comique au théâtre de Strasbourg, 1840*). In-8°, buste
à dr., B e y e r. Lith. de G. Engelmann. A toutes marges.

Lambert, Jean Henri. – voir Mulhouse.

417 **Lambert, Joseph.** (*Publiciste, Député à l'Assemblée Nat. en 1791*). In-02,
buste, profil à gauche, en méd. rond. Dess. av. le Physionotrace et
gravé en couleur par Q u e n e d e y. Av. marges.

418 **Lambrechts** (*Charles-Joseph-Mathieu, Comte de. Né à Saint-Trond, Pays-
Bas, en 1753, † à Paris 1823*). Député du Dépt du Bas-Rhin, élu en
1819. In-8°, buste, face, en méd. ov. Av. marges.

419 **Lamey, Auguste.** (*Poète et publiciste, né 1778, † 1861*). In-8°, buste à dr.
C. S c h u l e r ad nat. del. et sculp. Grav. sur acier, av. marges.

420 **Laporte, Joseph de.** (*Abbé, critique et littérateur franç., né à Belfort, en 1713,
† à Paris 1779*). In-18, buste, face, en méd. ov., av. encadr. P o u g i n
de S t - A u b i n Pinx. Ingouf J u n i o r Sculp. 1780. Av. marges.

421 **La-Tour-Chatillon-zur-Lauben, Beat-Jacques Baron de,** Comte de Villé
en Alsace, né à Zoug le 25 Fév. 1656, ... mourut à Ulm le 21 Sept.
1704, de ses blessures reçues à la Bataille de Hochstett. In-24, buste
à dr., dans un ovale. N i q u e t sculp. Pet. marges. Au-dessus du portr.
se trouve le N° 6.

422 — Id. Même planche. Variante: au-dessus du portrait, la mention T. VIII.
Page 133. Pl. 325. Av. marges.

423 Lautenbach, Conradus, Theologus, Historicus, Poeta. Nascitut 1534, obij
Anno 1595. In-12, buste à gauche, en méd. ov., av. encadr. allégor.
Monogr. B R. Lég. et 2 vers lat. Pet. marges.

424 Lauth, Charles. (*Chimiste, directeur de la manufacture nationale de Sèrres,
né à Strasbourg 1836*). Gr. in-8º. A n d. G i l l. Portrait-charge, col.
(Nº de „Les hommes d'aujourd'hui").

425 Lauth, Gᵐᵉ**,** Représentant du Peuple, Bas-Rhin. (1848). In-fol., à mi-corps,
assis, tourné à gauche. C a m a r e t. Imp. Kaeppelin & Cⁱᵉ. A toutes
marges.

426 Laveaux, Jean-Charles-Thibault. (*Né à Troyes en 1749, † à Paris en 1827.
Prof. de langue franç. Il se fixa à Strasbourg, à l'époque de la révolution, et le libraire Treuttel lui confia la direction du Courrier de
Strasbourg, 1791 à 1792*). In-32, buste, profil à gauche, en méd. ov.
av. ornements. 4 vers français. S c h a d o del., P e y s e r sc. Pet. marges

427 Laville, Eugène. (*Peintre, né à Saverne en 1814, † 1869*). In-4º, buste à
dr. T h. S c h u l e r (monogr.), Cartègraphie E. Simon. Sur Chine, av.
marges.

428 Lefébure (Eugène), Député du Haut-Rhin. (*Né au Hâvre en 1808, † à
Orbeg en 1874*). A mi-corps, debout derrière un fauteuil. Photogr.
F r a n c k, format visite. Montée sur carton in-4º.

429 Lefébure. (*Albert-Léon. Anc. député du Haut-Rhin et sous secrétaire d'Etat
au ministère des finances. Né au Logelbach en 1838*). In-12, à mi-
corps, profil à gauche. (De la collection des „Portraits des Députés à
l'Assemblée nationale de 1871 à 1876", portraits dessinés d'après nat.
par J. B u i s s o n et reproduits par B r a u n en 1876). Sur carton gris-
bleu in-4º.

430 Lefevre (François-Joseph), Général des Armées de la Rep. Française. (*Duc
de Dantzic, maréchal de France, né à Rouffach en 1755, † à Paris
en 1820*). In-8º, buste à dr., avec chapeau, en méd. ov. Gravé par
B o n n e v i l l e. Grav. au pointillé, à toutes marges.

431 Lehmann, Georges, (*le Voleur, né à Sundhausen 1864*). Gr. in-8º, à mi-
corps, en manteau d'hiver. E. K r e t z 92. Lith., à grandes marges.

432 Lejeune. (*Louis-François baron, général et peintre franç., né à Strasbourg
en 1775, † à Toulouse en 1848*). In-8º, buste de face. F o r e s t i e r
sculp., A m b r. T a r d i e u Direxit. A toutes marges.

433 Lepappe de Trevern, Mgr. Jean-François-Marie, Conseiller d'état, Evêque
de Strasbourg; Né à Morlaix, le 22 Octobre 1754. († *1842*). In-
fol., buste de face, dans un ovale. Dessiné par C. G u é r i n, Lithogr.
de F. G. Levrault. Av. marges.

434 — Id. Reproduction mod. en photolith. de la même planche, en méd. ovale
orné, av. armoiries et l'inscription suivante sur le socle: „Joannes-
Franciscus-Maria Lepappe de Trevern, Episcopus Argentinensis 1826 —
1842". In-fol., à gr. marges.

435 Leusse, Comte de. (*Louis-Paul, né à Paris en 1835, marié en 1856 à
Marie-Madeleine Renouard de Bussierre*). In-18, buste à dr. G a l l o t
sc. Découpé d'un journal ill. et collé s. papier in-4º.

436 Lezay-Marnesia, Claude Fr. Adrien de. Citoyen de Besançon, ... Député
du Baill. d'Aval. Né à Metz le 24 Août 1735. († *à Besançon, le 9
nov. 1800*). Pet. in-fol., buste de face, en méd. ov., av. armoiries.
W y r s c h pinxit, P. M. A l i x sculp., gravé en manière noire. („Collect.
génér. des portraits de MM. les Députés à l'Ass. Nat. 1789"). A Paris
chez Le Vachez. A pet. marges.

437 Lezay-Marnesia. (*Adrien, Comte de, fils du précédent, né à Saint-Julien en
1770, nommé préfet du Bas-Rhin en 1810, † à Strasbourg en 1814*).
In-fol., buste à dr., en méd. ov. C. G u e r i n sculp. Avant la lettre, à
toutes marges.

438 — Id. Même tête in-24, en méd. ov., tirage à part, sur papier in-fol., de
„Seyboth, Strasbourg hist. et pitt."

439 **Lichtenberg, Jacques, Comte de.** († *1480*). In-8°, reproduction en photolith.
d'un buste du sculpteur Nicolas Gerhaert de Louvain. A toutes marges.

440 — **La belle Barbe d'Ottenheim,** maîtresse du Comte Jacques de Lichtenberg.
In-8°, reprod. en photolith. d'un buste du même sculpteur. A toutes
marges.

441 **Liebe, Louis.** (*Compositeur de musique, directeur de la Chorale à Strasb.
19° siècle*). In-4°, à mi-corps, assis. A. Rosé. Lith. E. Simon, Strasb.
Epreuve sur Chine, à gr. marges. (2 exempl.)

442 **Liechtenberger, L(ouis),** Représentant du Peuple, Bas-Rhin. (*Nom imp. par
erreur Leichtenberger. Liechtenberger est né à Ribeauvillé en 1789 et
fut avocat au barreau de Strasbourg. Il est mort en 1880.*) Pet. in-fol.,
à mi-corps, tourné à dr. J. Jucatt(?) Lith. de Becquet frères. A gr.
marges.

443 **Lienhart, Thiebaud.** Docteur en Théologie..... Chanoine Titulaire de la
Cathédrale de Strasbourg.... (*Né à Truchtersheim, † 1831*). In-fol.,
buste à dr., en méd. ov. C. Guérin f.t 1831. Lith. de Simon. P. et F.
A toutes marges.

444 **Limburg, Erasmus zu,** Bischoff zu Strassburg. (*Né 1507, † 1568*). Pet.
grav. sur bois in-32, buste à dr. Av. notice biograph. Feuille in-fol.
tirée d'un ouvrage de l'époque.

445 **Lindern, Francisc. Balthas. von,** Med. Doct. et Pract. Argent. Chemiae
atq. Botanic. Philiater. Nat. Buxovill. 1682 (*† à Strasbourg 1755*).
In-16, à mi-corps, tourné à dr. J. M. Weis Argent. fc. 1739.
Pet. marges.

446 **Lingelshemio, Georgio Michaeli,** Consiliario elect. Palat. intimo. (*Erudit.
allemand, † à Strasbourg 1660*). Pet. in-4°, buste à gauche, en méd.
ov. Grav. anc., rognée.

447 **Lipp, Joannui.** Pas'oris ad D. Petrum Juniorem (*Strasb.*).... Actatis suae
64: 1618. (*† 1622*). In-12, à mi-corps, lég. et 4 vers lat. (Jacob v.
d. Heyden). Sans marges et remonté.

448 **Lobstein, J(ean) F(rédéric) D.,** Membre de la Société médicale de Paris..,
Médecin accouc-adjoint de l'hospice civil de Strasbourg. (*Né à Lampertheim 1736, † à Strasbourg 1784*). In-24, buste, profil à dr., en méd.
rond. Dess. p. Fournier, gr. p. Chretien inv. du physionotrace.
Av. marges.

449 **Lorentz, Bernard.** Directeur-fondateur de l'Ecole forestière de Nancy.
Ancien Administrateur des Forêts. (*Né à Colmar 1774, † 1865*). Gr.
in-fol., à mi-corps, assis, tourné a dr. Gravé par Ch. Schuler d'après
un Daguerreotype, Imp. F. Chardon aîné. Belle épreuve sur Chine,
à toutes marges.

450 **Lorenz, Sigismundus Fridericus.** S. Theol. D. et Prof. publ. ord. Cap.
Thom. Canonicus. Natus Argentorati d. 20. Mart. 1727. (*Gestorben den
12. Octobris 1783*). Gr. in-8°, buste à dr., en méd. ov. Math. Christ.
Gerhard pinx. 1779, J. E. Haid sc. A. V. 1779. Gravé en
manière noire. Rogné.

451 **Lorraine. — Carolus Lotharingiae** Cardinalis. Caroli III ducis Loth. filius.
(*Né à Nancy en 1567, Evêque de Metz en 1578, à l'âge de 11 ans.
Cardinal en 1589, Evêque de Strasbourg en 1592, mort en 1607*). In-
8°, buste à dr., dans un ovale, av. encadr. architect. Reprod. photolith.,
à gr. marges, (d'après l'original de Rabel).

452 **Loutherbourg. Philippe-Jacques,** Peintre. 1740 — 1814. In-18, buste à
gauche, dans un ovale. A grandes marges. (Tirage à part de „Seyboth,
Strasbourg hist. et pitt.")

453 **Lutzing, Jean-Jacques.** (*Pasteur à Ittenheim, 1802 — 1832*). Gr. in-fol.,
buste en méd. ov. Dessiné d'après nature en Décembre 1832 et Lith.
par Ch.s A. Schuler 1833, Imp. Lith. de Simon P. et F. Belle
épreuve sur Chine, à toutes marges.

454 **Lycosthenus, Conradus,** Theologus et Philologus. Nasc. Rubeaquis A° 1515,
obijt Basilae A° 1567. In-12, à mi-corps, tourné à gauche, en méd. ov.,
av. encadr. Monogr. B. R. Lég. et 2 vers lat. A pet. marges.

455 **Lymer, Georgius**. Consulis olim Reipub: Patriae, Argent: meritissimi ac
     Literatissimi. Natus Anno Christi 1506: Obijt Anno 1572. In-8º, à
     mi-corps, face, av. armoiries. J. a b H e y d e n sculpsit. Lég. et 6 vers
     lat. A gr. marges.

Maeder, Abel Théodore Guillaume. — voir Mulhouse.

456 **Maimbourg.** *(Curé de Colmar, né à Ribeauvillé 1773, † 1854).* In-fol., à
     mi-corps, en méd. ov.; au fond, l'église St.-Martin. Dessiné sur pierre
     par J. R o t h m u l l e r, d'après Mr Ml H e r t r i c h. Lith. de E. Simon.
     Rogné et remonté.

457 **Malleolus, Isaac.** *(Prof. de mathématiques, né à Strasbourg 1564, † 1645).*
     In-24, à mi-corps, tourné à gauche. Grav. sur bois tirée d'un ouvrage
     ancien.

458 **Mappus, Marcus.** Med. D. et Prof. senior, Cap. Thom. Canonicus et Reip.
     Argent. Archiater. Natus Argent. Anno 1632, denatus 1701. In-fol., à
     mi-corps, tourné à dr., en méd. ov., av. encadr. et armoiries. P. S a u o y e t
     Pinxit, J. A. S e u p e l sculp. Pet. marges.

459 **Marbach, Joannes,** Theol. Argent. Nascitur Lindaviae Anno 1521, objt
     An. 1581. In-12, à mi-corps, tourné à dr., av. encadr. architect. Monogr.
     B. R. Lég. et 2 vers lat. Pet. marges.

460 — Id. In-8º, buste à dr., en méd. ovale. Lég. lat. Au haut du texte, petite
     rose. Sans marges.

461 — Id. In-24, à mi-corps, tourné à gauche. Lég. allem.: „Johann Marbach /
     der H. Schrifft D. und Pfarrer zu Strassburg. mort 1581". Grav. sur
     bois tirée d'un ouvrage anc.

462 **Marbach, Philippus.** SS. Theol. Doct. Professor Argent. etc. *(Né à Stras-
     bourg 1550, † 1611).* In-18, à mi-corps, tourné à dr., av. encadr. Lég.
     et 6 vers lat. Grav. anc., sans marges.

463 **Marchangy, Mr de. (Louis-Antoine-François).** *(Magistrat et littérateur franç.,
     né à Clamecy 1782, † à Paris 1826. Député du Haut-Rhin 1824).*
     In-8º, à mi-corps, tourné à gauche, dans un carré. M o r i n del., P r u d -
     h o n scalp., Couché fils. A toutes marges.

Martin, Edouard. — voir Mulhouse.

464 (**Martinez, Franç.-Georges.** Président du tribunal de Saverne. Né à Saverne
     1769, † 1843). In-fol., à mi-genoux, assis sur une chaise et tourné à
     gauche. G a v a r d, Lith. de G. Engelmann. Epreuve avant la lettre,
     à toutes marges.

465 **Mayblum, Mr le Chanoine,** Curé de Colmar. *(Né le 20 Oct. 1809, † le 28
     Mai 1885).* In-fol., buste à dr., en méd. ov. X. B r o n n e r pinx., Imp.
     Lemercier & Cie. Epreuve sur Chine, à toutes marges.

466 **Mayno.** Négociant à Strasbourg. In-24, buste, profil à dr., en méd. rond.
     Dess. p. Q u e n e d e y, gr. p. C h r e t i e n inv. du phys. Av. marges.

467 **Mazarin, Armand de.** Duc de Mayenne, ... Gouverneur et lieutenâ General
     pō. le Roy en la haulte et Basse Alsace. *(Armand-Charles, marquis
     de La Porte, marquis de La Meilleraye, puis Duc de Mazarin par son
     mariage avec Hortense Mancini, nièce du Cardinal de Mazarin. Né
     en 1632, † le 9 nov. 1713).* Gr. in-8º, buste à dr., en méd. ov. orné,
     av. armoiries. N. de L' a r m e s s i n Sculp. 1661. Rogné.

468 **Meier, Justus,** Noviomagensis. J. Ctl eminentissimi, et in Acad: Argen-
     torat: Antecessor: celebermi. *(Né à Nimègue, † 1652).* In-8º, à mi-
     corps, tourné à dr. J a c: ab H e y d e n F. Lég. et 5 vers lat. Av. marges.

469 **Mentel, Johannes,** Argentoratensis, Primus Reipublicae patriae Typogra-
     phus ... Natus A. *(à Schelestadt, vers 1410),* Den. A. 1748 *(à Stras-
     bourg).* Ex collectione Friderici Roth-Scholtzii Norib. M i c h. R ö s l e r sc.
     In-8º, buste à gauche. Av. marges.

Meyer, Daniel. — voir Mulhouse.

470 **Meyer, Franois Ant.** Médecin, né à Kaysersberg *(imprimé Raysersberg sur
     la planche)* le 29 Jer 1754. Député des X Villes imples d'Alsace à
     l'Assemblée Nationale de 1789. In-8º, buste, profil à dr., en méd. rond,
     sur socle. L a b a d y e del., le T e l l i e r sc., à Paris chez le Sr Dejabin.
     Pet. marges.

471 **Meyer, Jacob.** Grand Rabbin et Président du Consistoire Israélite du dépt
du Bas-Rhin. Pet. in-fol., buste, face, dans un ovale. Beyer ft, Lith.
de G. Engelmann. Lég. franç. et hébr. Av. marges.

Mieg. — voir Müeg.

Mieg, Mathieu, l'aîné. — voir Mulhouse.

472 **Migeon, Jules.** Né à Méziré (Haut-Rhin) le 7 Févr. 1815 († 1867). Gr.
in-8º, à mi-corps, tourné à gauche. Lith. d'après nature, Imp. Lemercier,
E. Desmaisons direxit. (Pl. de „Galerie des Représentants du Peuple.
— Législative 1849. — Haut-Rhin"). Sur Chine, à grandes marges.

473 — Id. „Le Cte Migeon". Gr. in-8º, à mi-corps, assis dans un fauteuil, tourné
à dr. C. Carey sc., Imp. Lemercier. Sur Chine, rogné.

474 **Mollerus, Frau Margaretha, geborne Pistoriusin.** Geb. 16. July 1639,
Gest. 17 Nou. 1693. *(Fille de Pistorius, qui entra dans la famille de
Rosen par son mariage avec la fille de George de Rosen).* Pet. in-4º,
à mi-corps, tournée   dr., en méd. ovale, avec armoiries. Johan
Conrad degen pins Johan Adam Seupel sculp. Sans marges
et remonté.

475 **Mont-Marie, le Cte de.** Lieutenant Général et Député du haut-Rhin. Gr.
in-8º, buste à dr. Ase de Pré 1826, Lith. de Engelmann. Sur Chine,
av. marges.

476 **Morel, Dr. (Louis-Gabriel).** *Chirurgien en chef des armées de Rhin et Moselle,
né à Colmar 1769, † 1842).* Pet. in-4º, tête, profil à gauche. Reprod.
d'un médaillon. Imp. par Thierry Frères à Paris. Rogné.

477 **Mougeot, Dr.** *(Médecin et naturaliste).* Pet. in-fol, buste à gauche. Lith.
E. Simon à Strasbg. Av. marges.

478 **Müg.** — Sebastianus C. F. I. N. P. P. Mugius a Bofftzheim senior. Praetor
Reipuplicae Argentinensis. Aetatis 61, anno 1580. *(Né le 19 janv. 1520,
mort le 4 mars 1609. Marié à Véronique Prechter).* Gr. in-8º, à mi-
corps, tourné à dr., dans un encadr. ov. Jacobus ab Heyden fecit.
Lég. et 12 vers lat. Rogné.

479 — Id. Même planche, lavée et remontée, les 12 vers enlevés. Sans marges.

480 — Id. Même portrait, sans encadrement. „Sebastien Müeg de Bofftzheim, l'aîné.
Stettmeister. 1520—1601".(?) (Tirage à part de „Seyboth, Strasbourg
hist. et pitt.") Sur papier in-fol.

481 **Müeg, Charles.** Ammeister (1522?—1572). *(Frère du précédent, né en 1521,
mort le 14 mars 1572, marié à Apollonie Ferber).* In-24, à mi-corps,
tourné à dr., dans un ovale. (Tirage à part, sur papier in-fol., de „Seyboth, Strasbourg hist. et pitt.")

482 — Id. Même portrait, avec encadr. allégor. In-4º, d'après l'original, gravure
sur bois de Tobie Stimmer, conservé au cabinet des Estampes de
Munich.

483 **Müeg, Sebastien,** de Booftzheim 1555—1576(?) *(Fils du précédent, né le 5
avril 1555, mort le 26 mai 1596, marié à Apollonie Nierler. Mathé-
maticien et helléniste. Du nombre des XXI).* In-24, buste à dr., dans un
ovale. (Tirage à part, sur papier in-fol., de „Seyboth, Strasbourg hist.
et pitt.")

484 **Müeg, Sébastien,** de Booftzheim. 1579—1624 *(Fils du précédent, marié à
Suzanne-Marguerite de Boozheim. Du nombre des XV).* In-24, buste
à dr., dans un ovale. (Tirage à part, sur papier in-fol., de „Seyboth,
Strasbourg hist. et pitt.")

485 — **Suzanna Margaretha** de Botzheim, uxor Sebastiani Mug a Boffzheim. Anno
Chri: 1620 aeta. a. 34. *(Femme du précédent).* Pet. in-4º, à mi-corps,
tourné à gauche, dans un encadr. ov. Grav. anc., sans marges.

486 — Id. Même portrait, sans encadrement. (Tirage à part, sur papier in-fol.,
de „Seyboth, Strasbourg hist. et pitt.")

Mühlenbeck, Gustave. — voir Mulhouse.

Mulhouse.

487 Bauer, Fr. Docteur en Médecine. *(Né 1812, † 1860).* Gr. in-8º, à mi-genoux, assis, tourné à dr. Ch. Vogt 1860. Imp. Thierry Fs à Paris. Sur Chine, à pet. marges.

488 Benner, Jérémie, au Tilleul. Fabrique des draps de laine, à Mulhouse. D'r Linde-Benner. *(Né 1767, † 1820).* Silhouette in-32, profil à gauche, dans un encadr. orné gr. in-8º. Av. marges.

489 Bourcart, Catherine. *(Née Anne Cath. Koechlin 1772, † 1835. Mariée à J. H. Bourcart, belle-mère de la suivante).* In-4º, buste à gauche, dans un ovale. Portr. en taille-douce, à toutes marges.

490 Bourcart, Climène. *(Née Grosjean, 1804, † 1841. Mariée à Jean-Jacq. Bourcart, manufacturier à Guebwiller).* In-4º, buste à dr., dans un ovale. Portr. en taille-douce, à toutes marges.

491 Dollfuss, Hanss Caspar (1607—1690). *(Bourgmestre à Mulhouse).* In-12, buste à dr. J. Monkowski lith., Imp. Veuve Bader & Cie. Reproduction mod. d'un tableau de famille de l'époque. Sur Chine, à pet. marges.

492 Dollfus, (Charles-) Emile, Représentant du Peuple — Haut-Rhin. *(Né à Mulhouse 1805, † 1858. Industriel),* In-fol., à mi-corps, tourné à dr. Ch. Vogt 1848, Lith. de Becquet frères. (Pl. de „Assemblée Nationale"). Av. marges.

493 — Id. Même planche, sur Chine, à gr. marges

494 Dollfuss, Joh: Henricus. Medic: Doct: Reipublicae Mühlhusinae Consul... Nat. 5. d. Martj. 1731. Electus. d. 31. Martj. 1778. *(† 1804).* Gr. in-8º, buste, profil à gauche, en méd. ov., av. encadr. architect. Joseph Schwertberger pinxit, J. Rod. Holzhalb sculpsit, Zürich 1784. Belle épreuve, à toutes marges.

495 Dreyfus, Alfred. *(Ex-Capitaine d'artillerie, né à Mulhouse 1859).* In-8º, buste, profil à gauche. Cliché d'après une photogr. par V. Michel. Découpé d'un journal.

496 Dreyfus, Joseph. *(Ministre officiant à Mulhouse pendant 42 ans, né à Salenbach — Bas Rhin — 1824, † 1890).* Photogr., format cabinet. A mi-corps, tourné à gauche. Montée sur carton blanc in-4º.

497 Dreyfus, Samuel. *(Rabbin de Mulhouse, né à Ribeauvillé 1806, † 1870).* Photogr., format cabinet. A mi-corps, assis, tourné à gauche. Montée sur carton blanc in-4º.

498 Eck, Frédéric. *(Professeur de dessin à Mulhouse, né à Hirzbach).* Gr. in-8º, buste à gauche. Au-dessous, palette et pinceaux. D. E. A gr. marges

499 Engel-Dollfus, Frédéric. *(Manufacturier à Mulhouse, né à Cernay, 1818, † 1883).* In-8º, à mi-genoux, assis, accoudé sur une table. D'après Wencker, Boisson sc. Av. marges.

500 Frey, Ferdinand. *(Manufacturier à Guebwiller, né 1817, † 1873).* A mi-genoux, assis, av. casquette. Photogr. in-4º, montée sur papier Bristol.

501 — Id. A mi-genoux, assis, sans casquette. Photog. in-4º, montée sur carton gris.

502 Friedrich. *(Cuisinier en chef de l'Hôtel de la Couronne, à Mulhouse, pendant plus de 50 ans. Né à Strasbourg, † à Mulhouse. Commencement du 19e siècle).* Buste, profil à dr., en méd. ov. Photogr. in-4º d'une peinture à l'huile de l'époque, montée sur carton gris.

503 Fürstenberger, Josua, J. U. L. Reipubl. Mülhus. Consul. Nat. 17. Nov. 1646. Denat. 8. Febr. 1732, Aet. 85. In-18, buste à dr., dans un carré. D. H. Exc. Sans marges.

504 Heilmann-Koechlin, Famille. *(Josué Heilmann-Eugénie Koechlin, et leurs ancêtres).* Photogr. in-4º d'un groupe de 13 tableaux de famille. Montée sur carton gris. Av. notices généalog. manuscrites.

505 **Heilmann, Famille.** *(Enfants, gendres et belle-fille de Josué Heilmann et d'Eugénie Koechlin).* Groupe de 7 personnages dans une cour, photographie gr. in-4°, montée sur carton gris. Av. notices généalog. manuscrites.

506 **Heilmann, Jean-Jacques.** *(Ingénieur, fils de Josué Heilmann et d'Eugénie Koechlin, né 1822, † 1859).* A mi-genoux. Photogr. in-4°, montée sur carton gris.

507 **Heilmann, Sophie Julie Emilie, née Witz.** *(Née à Cernay 1826, † 1889. Epouse du précédent).* A mi-genoux, assise. Photogr. in-4°, montée sur carton gris.

508 **Heilmann, Louise.** *(Fille de Josué Heilmann et d'Eugénie Koechlin, née 1824, † 1857. Mariée, en 1852, à Gustave Jacquel, manufacturier à Rothau).* A mi-genoux, assise. Photogr. in-4°, montée sur carton gris.

509 **Hofer, Iohañes.** Med. Dr. Potiater, Consul Reipublicae Müllhusinae electus A° 1748. Natus ... 29. August 1697. *(† 1781).* In-16, buste, profil à dr., dans un ovale encadré. Pet. marges.

510 **Hofer, Iosua,** J. U. L. Reipublicae Mullhusinae Syndicus. Natus 1721. Electus 1748. *(† 1798).* In-16, buste, profil à gauche, dans un ovale encadré. J. H. L i p s ad. Viv. delin., J. R. H o l z h a l b sculps. in Zürich 1781. Av. marges.

511 — Id. In-18, buste à gauche, en méd. ov., av. encadr. architect. et armoiries. A n t o n H i c k e l pinxit, B. H ü b n e r sculps: 1788. Ex Officina Christ: à Mechel. Pet. marges.

512 **Joseph.** *(Pasteur à Mulhouse).* In-4°, à mi-corps, assis, accoudé sur une table, tourné à gauche. Dessiné par B a n t z e r peintre. Lith. de Engelmann père et fils. Epreuve sur Chine, avant la lettre. Av. marges.

513 **Koechlin, (Jean-Jacques).** Député du département du haut Rhin. *(Né 1776, marié, en 1802, à Catherine Koechlin, sa cousine; maire de Mulhouse de 1815 à 1816 et de 1819 à 1821; † 1834).* In-4°, buste à dr. D e l o r i e u x 1823. Imp. Lithog. de Villain. Pet. marges.

514 — Id. In-4°, buste à gauche. F. D e v e r i a 1823. Lith. de G. Engelmann. Publié par Blaisot. A toutes marges.

515 — Id. In-8°, buste à gauche, en tenue de député. A t° L e c l e r 1823, Lith. de G. Engelmann. (Sur la même planche: Portrait de Félix Barthe, Avocat à la Cour royale, né à Narbonne 1795). Sur papier in-fol.

516 — Id. In-4°, buste à dr., av. encadr. allégor. H o z é, Lith. de V i l l a i n. Rogné.

517 — Id. Gr. in-fol., à mi-corps, assis près d'une fenêtre, tourné à gauche. Lith. de G. Engelmann. A toutes marges.

518 **Koechlin, Nicolas.** Ancien Député et fondateur des Chemins de fer d'Alsace. *(Frère du précédent, né à Mulhouse 1781, † 1852).* Gr. in-4°, à mi-corps, tourné à gauche, près d'une table. Un train de chemin de fer passe devant la fenêtre. G. B a l d e r(?) von Zürich. Lith. de Engelmann père et fils. Sur Chine, rogné.

519 **Koechlin, M**me** Mathieu, née Rosine Turneïsen.** *(Belle-soeur des Jean-Jacques et Nicolas Koechlin. Née 1792, † 1857).* A mi-corps, de face, assise. Photographie in-4°, montée sur carton blanc.

520 **Koechlin, Jean.** *(Cousin des deux précédents, 513 et 518, né à Mulhouse 1780, † 1862, à Guebwiller).* A mi-corps, assis, accoudé sur une petite table, la canne en main, coiffé de son bonnet. Photographie in-4°, montée sur carton blanc in-fol.

521 **Koechlin, (Jules-) Camille.** 6 Mars 1811—11 Juin 1890. *(Neveu de Jean-Jacques et de Nicolas Koechlin. Chimiste à Mulhouse).* Gr. in-fol., buste à dr., dans un ovale, fond teinté. G u s t a v e S c h l u m b e r g e r del. Héliog. & Imp. Lemercier & Cie. A toutes marges.

522 **Koechlin, Alfred.** *(Petit-neveu de Jean-Jacques et de Nicolas Koechlin. Né à Mulhouse 1829. Manufacturier, commandant des sapeurs-pompiers de Mulhouse, membre du Conseil général, maire du 8e arrondissement de Paris, Commandeur de la Légion d'honneur).* Gr. in-8°, fig. entière,

portrait-charge colorié. Coll-Toc. Av. 3 pages de biographie. (Numéro
de „Les Hommes d'Aujourd'hui").

523 **Koechlin, Alfred.** In-4º, buste à dr. H. Meyer. Découpé d'un journal ill.

524 **Köchlinus, D. Eberhardus,** Ecclesiae Scaphusianae Pastor .... *(Né 1680,
† 1750).* In-fol., à mi-corps, en robe, près d'une table. Joh: Jac:
Schärer pinx: Dietegen Seiller Scaphusian: sculpsit. Lég. et
8 vers lat. Pet. marges.

525 **Köchlin, Joh: Jakob,** Pfarrer und Camerer, geb: 28. Jan. 1721, gest: 19.
Juli 1787. *(Branche de Zurich. Pasteur à Baerentschweil, près de
Zurich).* In-4º, buste de face. E. Scheurmann sc. A toutes marges.

526 **Lambert, Joh. Henricus.** Philosophus et Mathematicus, . . . nat: Mühlhusae
in Alsatia 26 April 1728: den: Berol: 25 Sept. 1777. In-4º, fig.
entière, profil à dr., lég. lat. Ad Prototypon D. Chodowiecki,
D. Berger sculps: Berol: 1812. Pet. marges.

527 -- Id. Même portr., colorié, découpé. Petite variante: „In honorem viri
summi editum a cive ejus Chr: von Mechel".

528 — Id. Même figure, tournée à gauche. Flaxland. Lith. d'E. Simon fils.
Lég. franç. Pet. marges.

529 — Id. In-4º, buste, profil à gauche. Senpel delt. Lith. de Engelmann. Au
dessous, petite vue de la colonne Lambert. Rogné.

530 **Maeder, Ab(el) Th(éodore) G(uillaume),** Ministre du St Evangile. *(Poëte,
marié à Anne Catherine Hügeny, le 8 janv. 1787).* In-4º, à mi-corps,
tourné à gauche. Dess. sur pierre par Fs Wachsmut, Lith. de G.
Engelmann à Mulhouse. Sans marges.

531 **Martin, Edouard** (de Strasbourg). Né à Mulhouse 1801, Membre de la
Commission de Constitution. *(† 1858).* Gr. in-8º, à mi-corps, tourné à
gauche. Lith. d'après nature par Llanta, E. Desmaisons direxit, Imp.
Lemercier. Fond teinté. (Pl. de „Galerie des Représentants du Peuple.
1848 — Bas Rhin"). A gr. marges.

532 **Meyer Daniel.** *(Météorologiste, né à Mulhouse 1754, † 1824).* In-12, tête,
profil à dr., dessin à la silhouette. Imp. Veuve Bader & Cie. Av.
marges.

533 **Mieg, Mr Mathieu, l'aîne,** né le 29 Mars 1756, décédé le 10 Avril 1840.
*(Fabricant à Mulhouse; auteur d'une histoire de Mulhouse, en 2 vol.,
parue en 1816—1817, sous le titre de: „Der Stadt Mülhausen Geschichte").* In-8º, buste à gauche. J. Mieg delt., Lith. de Engelmann
père et fils. Av. marges.

534 **Muhlenbeck, (Gustave).** *(Médecin, botaniste, né à Ste. Marie a/M., † à Mulhouse 1845).* In-4º, à mi-corps, assis, tourné à dr. Lith. de Engelmann
père et fils. Pet. marges.

535 **Petry, Jean.** *(Docteur en médecine à Mulhouse. Né 1811, † 1849).* In-12,
à mi-corps, tourné à dr. Lith. de Engelmann père et fils. Av. marges.

536 **Reber, H(enri Napoléon).** *(Compositeur de musique, né à Mulhouse 1807,
† 1880).* In-4º, à mi-corps, assis, tourné à dr. C. Fuhn, Imp. Lemercier & Cie. Epreuve sur Chine. Av. marges.

537 **Reber, J(ean) G(eorges).** *(Fondateur de l'industrie textile à Ste. Marie a/M.,
né à Mulhouse 1731, † à Ste. Marie a/M. 1816).* In-4º, buste à gauche.
Flaxland, lith. de Simon fils. Epreuve sur Chine, à gr. marges. (Pl.
de „Sandmann, Vues des villes et bourgs, etc.").

538 — Id. In-8º, buste à gauche. Droling pinx., Geille sc. Av. marges.

539 **Robert, Charles (-Frédéric).** *(Conseiller d'Etat, Secrétaire général du ministère de l'Instruction publique, né à Mulhouse le 21 déc. 1827).* Gr.
in-4º, à mi-genoux, tourné à dr. Bornemann fecit, Imp. Lemercier
& Cie. Epreuve sur Chine, av. marges.

540 **Sandherr, Frédéric.** *(Notaire à Mulhouse, né 1786, † 1872).* A mi-corps,
tourné à gauche. Photogr., format cabinet, coupée en ovale, et montée
sur carton blanc.

541 **Sandherr (la Famille).** *(Frédéric Sandherr, P. Kuhlmann, son gendre, av. sa femme et sa belle-soeur, ainsi que Mme Fréd. Sandherr).* Groupe, photogr., format cabinet obl., coupée en ovale, et montée sur carton blanc.

542 **Scheurer-Kestner, (Auguste).** *(Sénateur, né à Mulhouse le 11 févr. 1833, directeur de l'établissement industriel à Thann).* In-12, buste à dr., photogr. sur carton gris.

543 **Schlumberger, Nicolas.** *Manufacturier à Guebwiller, né 23 juin 1782, † 16 janv. 1867).* Buste à dr. Photogr., format cabinet, coupée en ovale, montée sur carton blanc.

544 **Schlumberger, Madame Charles,** *(née Mélanie Zuber, 1834, mariée le 17 avril 1852).* In-4°, à mi-corps, à droite. Lith. Engelmann et Graf. Sur Chine, à grandes marges. (Déchirures).

545 **Schwartz, Jean-Michel.** *(Né à Mulhouse 1760, marié à Elisabeth Koechlin 1784, † 1811).* Pet. in-4°, buste à gauche. Epreuve sur Chine, à gr. marges.

---

546 **Mullenheim, Jean-René de.** *(Stettmeistre de Strasbourg, † 1686).* In-8°, à mi-corps, tourné à dr. Reprod. photolith. d'un portrait à l'huile de l'époque. Grandes marges.

547 **Mullenheim, Louis-Henri de.** *(Capitaine au régiment de Bernhold, stettmeistre de Strasbourg, † 1723).* In-8°, à mi-corps, tourné à dr. Reprod. photolith. d'un portrait à l'huile de l'époque. Grandes marges.

548 —, **Marie-Anne-Frédérique de,** née Bock de Blaesheim *(de Gerstheim; femme du précédent).* In-8°, à mi-corps, de face. Reprod. photolith. d'un portrait à l'huile de l'époque. Grandes marges.

549 **Muller, H(enri-) Ch(arles),** né à Strasbourg, le 2 Juillet 1784, mort à Paris, le 21 Octobre 1846. *(Graveur).* In-16, buste à dr., Ch. Schuler del., Leroux sculp., 1848. Rogné.

550 **Müntz, Adolphe.** Né à Soultz-sous-Forêts le 11 janvier 1812. Pasteur Evangélique à Ingwiller 1853—1859. Mort à Milan le 2 Août 1859, Aumônier Protestant à l'Armée d'Italie. In-4°, buste, de face. Dessiné et lith. par Ch. Hancké, à Bouxwiller, Imp. lith. F^çois Delarue à Paris. Epreuve sur Chine, à gr. marges.

551 **Murner, Thomas.** *(Célèbre auteur satirique, né à Strasbourg 1475, † vers 1536, à Obernai, comme curé de l'église de St. Jean).* In-18, buste à dr., dans un ovale. H. Pfenninger fecit. Av. marges.

552 **Musculus, Wolffgangus,** Pfarrer zu Bern. mort 1563. *(Né à Dieuze en Lorraine 1497, ami de Martin Bucer, Mathias Zell, Capiton, etc., de 1531 à 1548 à Augsbourg, où il établit la réforme, se retire à Berne, en 1549, après la publication de l'Intérim à Augsbourg en 1548).* In-18, à mi-corps, tourné à gauche. Grav. sur bois tirée d'un ouvrage anc.

553 — Id. „Wolfgangus Musculus Theologus". In-8°, à mi-corps, tourné à dr., av. encadr. architect. Monogr. B. R. Lég. et 2 vers lat., pet. marges.

554 — Id. „Dr Wolfgangus Meislin kam von Strasburg hieher. A. 1531 wurde Pfarrer beim Creuz" *(à Augsbourg).* In-18, à mi-corps, tourné à dr., en méd. rond. Lég. et 6 vers allemands.

555 **Musculus, Frédéric-Alphonse.** *(Pharmacien en chef de l'hôpital de Strasbourg, examinateur des pharmaciens à l'Université de Strasbourg, inspecteur des pharmacies, né à Soultz s. F. 1829, † 1888).* In-8°, buste, de face, en photolith., à toutes marges.

556 **Nassau-Saarbruck, Walrad Prince de.** (1635—1702). *(Maison possessionnée en Alsace).* In-4°, buste à dr., en méd. ov., av. encadr, architect. A. Demarle f^t 1868. Av. marges. (Pl. de „Lehr, l'Alsace Noble").

557 **Nasser, Bartholomaeus.** Argentorati Ecclesiae Thomanae Pastoris.... Obijt An. Christi 1614, An. Aetatis 54. In-8°, à mi-corps, tourné à dr. J: ab Heyden sculpsit. Lég. et 5 vers lat. Sans marges.

558 Nessler, Victor. *(Compositeur, né à Barr, † 1890).* Gr. in-4º, buste, tête tournée à gauche. E. Kretz 90. Lith., à gr. marges.

559 Nicolaii, L. H. von. *(Louis-Henry de Nicolay, poëte allemand, est né à Strasbourg en 1737. Il remplit de 1798 à 1801 les fonctions de directeur de l'académie des sciences à Saint-Pétersbourg, et décéda dans cette dernière ville en 1820).* In-12, buste à dr., en méd. ovale, av. encadr. J. Bürck lith., Lith. von Simon in Strasbg. Rogné.

560 Nicollet. *(Collaborateur de E. Simon, lithographe à Strasbourg).* In-4º, buste à gauche, dans un ovale, fond teinté. A. Rosé. Impe d'E. Simon. Av. marges.

561 Oberlé, B. Ignace. Officier de l'Université de France, Curé cantonal d'Obernai, Chanoine hon: de la Cathédrale de Strasbourg, ... né à Schlestadt le 11 Juin 1760. *(† 1842).* Gr. in-4º, à mi-corps, de face. Leborne d'après Guérin, Lith. de Engelmann père et fils. Sur Chine, à gr. marges.

562 Oberlin, Jn Frk. Ministre à Waldbach au Ban de la Roche. *(Né à Strasbourg 1740, † à Waldbach 1826).* In-12, buste, profil à dr., grav. au trait. J. Bein sculpt. Av. marges.

563 — Id. In-12, buste, profil à gauche. H. C. Müller sc. Grav. sur acier, avant la lettre. A toutes marges.

564 Oberlin, Jérémie Jacques. Associé de l'Institut National, Profr et Bibliothre de Strasbourg. Agé de 66 ans. *(Frère du précédent, né à Strasbourg, 1735, mort dans la même ville 1806).* Gr. in-8º, buste, profil à gauche, en méd. ov. Dessiné d'après Nature et Gravé par Ch. L. Schuler, en 1801. Grav. au pointillé, rognée.

565 — Id. In-4º, buste, profil à dr. Flaxland, Lith. de E. Simon fils. Sur Chine. (Pl. de „Sandmann, Vues des villes et bourgs etc.“). A gr. marges.

566 Obrecht, Georgius. Com. pal. caes. acad. Argent. antecessor colleg. D. Thom. Prepos. consil. et atvoc. *(Né à Strasbourg 1547, † 1612).* In-16, buste à gauche, dans un méd. ov. encadré, grav. sur bois anc. Lég. et 2 vers lat. Rogné.

567 Obrecht, Ulricus, sacrae regiae maiestatis christianissimae in Republica Argentinensi Praetor. . . anno Christi 1701 aetatis suae 54. *(Savant jurisconsulte et philologue, petit-fils du précédent, né à Strasbourg 1646, † 1701).* Gr. in-fol., buste à dr., dans un ovale, av. encadr. et armoiries. J. M. Merian pinxit, J. A. Seupel sculp. Belle épreuve, à gr. marges.

568 Ochin, Bernardin, né à Sienne *(1487)* il se fit Capucin en 1562 *(?, date exacte: 1524)* et en fut général ensuite, fut ministre à Zurich et mourut en Moravie. *(De passage à Strasbourg en 1547 et 1553 et à Mulhouse en 1563. Il est mort de la peste, en 1564, à Schlakow, en Moravie).* In-8º, buste à dr., en méd. ovale, av. encadr. architect. Gravé à Paris par E. Desrochers. A pet. marges.

569 Offner, Laurentius, Geispoltzheimensis, ... ad. D. Iunioris Petri Pastoris orthodoxi. *(Elu pasteur à St.-Pierre-le-Jeune, à Strasbourg, 1549, † 1574).* In-12, à mi corps, de face, dans un ovale encadré. Lég. et 8 vers lat. Grav. anc., sans marges.

570 Ohmacht, (Landelin). *(Sculpteur, né près de Rotweil, en Wurtemberg, en 1761, † à Strasbourg 1834).* Pet. in-4º, buste à gauche. Lith. par Flaxland, Lith. de Simon fils. (Pl. de „Album alsacien“). A pet. marges.

571 — Id. In-4º, buste par P. Grass Sculpr. G. Germain del., Frey imp. (Pl. de „L'Artiste“). Lith. Fond teinté, av. marges.

572 Operinus, Johannes / der Griegischen Sprach Prof. und Buchtrucker zu Basel. m. 1568. *(Né à Bâle 1507).* In-24, à mi-corps, tourné à gauche. Grav. sur bois découpée d'un livre anc. Sans marges.

573 — Id. Pet. in-4º, à mi-corps, tourné à dr., dans un encadr. architect. Monogr. B. R. Lég. et 2 vers lat. Rogné.

574 Ortlieb, Jean. *(Chimiste).* Colmar 1839, † Bruxelles 1890. In-18, buste, tête tournée à gauche, fond teinté. Phototypie von F. X. Saile. A toutes marges.

575 **Ottius, Georgius,** ... natus 1536 ... Argentinae Navigationis Socius 1575 ... obiit 1592. In-8º, buste à gauche, en méd. rond, av. encadr. W e r d - m ü l e r del., S c h e l l e n b e r g sculps. A gr. marges.

576 **Otto, Louis Guillaume.** Ministre Plénipotentiaire de la République Française près Sa Majesté Britannique. *(Né à Kork, au grand-duché de Bade, en 1754, † à Paris 1817. Il fit ses études à l'université de Strasbourg, et s'y livra surtout à l'étude des langues étrangères et du droit public et féodal).* Gr. in-8º, à mi-corps, profil à gauche, dans un ovale. J. B o z é pinx^t, A n t h. C a r d o n sculp^t. Grav. au pointillé, à pet. marges. Lég. et 4 vers franç.

577 **Otto, Marcus,** U. I. D. et Reipub. Argentinensis aliorumq., Statuum, Imp. Consil., et ad Tract. Pac. General. Legatus. *(Délégué de la ville de Strasbourg aux négociations d'Osnabrück, en 1645).* In-8º, buste à dr., dans un ovale, av. armoiries. P. A u b r y excud. Sans marges.

578 -- Id. In-fol., buste à gauche, en méd. ov., av. encadr. archit. et armoiries. A n s e l m u s v a n H u l l e pinxit, P e t. d e J o d e sculpsit 1649. Lég. lat., à pet. marges.

579 — Id. Pet. in-fol., âgé *(Aetatis suae 75).* A mi-corps, tourné à dr., en méd. ov., av. encadr. et armoiries. T. R o o s delin., B. K i l i a n sculps. Lég. et 8 vers lat. Sans marges.

580 **Paira Michel.** Né à Ste Marie aux Mines, Dép^t du haut Rhin, le 2 Avril 1758, décédé le 6 Mai 1827. *(Financier et philantrope).* In-4º, buste, profil à dr. Lith. Engelmann. A gr. marges.

581 **Paira, M(ichel) A(ntoine).** Pasteur de l'église réformée de Ste Marie-aux-Mines. Né à Paris le 7 Janvier 1799. Décédé à Paris le 2 Mars 1832. Gr. in-8º, buste à dr., lithogr. Rogné.

582 **Palatinat.** — **Frédéric V,** Electeur palatin, Roi de Bohême. *(Né 1596, † 1632).* In-4º, buste à dr., en méd. ov., av. encadr. architect. A. D e m a r l e f^t. 1868. Av. marges. (Pl. de „Lehr, l'Alsace Noble").

583 **Pappus, Iohannes.** SS. Theol. D. et Prof. Conventus Eccles. Argent. Praeses. *(Né à Lindau 1549, † à Strasbourg 1610).* In-16, buste à gauche, en méd. ovale. Grav. en manière noire. Sans marges.

584 **Pelican, Conrad** / der H. Schrifft Lehrer zu Zürch. mort 1555. *(Pellican, dont le vrai nom était Kürsner, naquit à Rouffach 1478. Il est mort, à Zurich, le 5 avril 1556).* In-18, à mi-corps, tourné à gauche. Grav. sur bois tirée d'un ouvrage anc. Sans marges.

585 — Id. „Conradus Pellicanus, Rufaco-Alsatus". In-8º, à mi-corps, tourné à dr., dans un carré. Ex collectione Friderici Roth-Scholtzii, Norimbergae. Grav. anc., à pet. marges.

586 **Petersen, Peter,** Consistorial-Präsident und Pfarrer der reformirten Gemeinde zu Strassbourg. Er starb den 31ten März 1820, in einem Alter von 57 Jahren. In-12, buste, profil à dr., dans un ovale. J. D. B e y e r f^t, Lith. de G. Engelmann. A gr. marges.

587 **Pétet, F^s.** Né à Belfort (H^t-Rhin) en 1804, condamné à 5 ans de réclusion et un mois de prison. *(Affaire du Passage du Saumon 1832).* In-4º, à mi-corps, de face. Dessiné d'après nature à Ste. Pélagie, Lith. de Proust, dir. p. Heger. A toutes marges. (Pl. de „Condamnés politiques. 5 et 6 Juin").

588 **Petitville, Eugène.** Artiste-Peintre, 1815—1868. In-24, buste à gauche, dans un carré. Lithog. p. Th. Siegfried. Au-dessous, notice biogr. par Ferd. Reiber. (Tirage à part du „Mirliton"). A toutes marges.

Petry, Jean. — voir Mulhouse.

589 **Peyrimhof, de,** ancien maire de Colmar et membre du Landesausschuss. *(Né à Colmar 1809, † 1890).* In-4º, à mi-corps, tête tournée à gauche. C l é m e n t D r e y f u s. Lithogr. à gr. marges.

590 **Pfarrer, Matthias** / Ammeister zu Strassburg. mort 1568. *(L'un des ammeistres les plus distingués, celui de tous qui fut réélu le plus souvent, 7 fois de 1527 à 1568. Il est né en 1489).* In-18, buste à gauche. Grav. sur bois tirée d'un ouvr. anc. Sans marges.

591 — Id. Même tête, in-16. Lég. et 4 vers allem. Grav. sur bois du temps. Sans marges.

592 Pfeffel, Christian-Frédéric de Kriegelstein. *(Publiciste et historien, né à Colmar 1726, † à Paris 1807).* In-18, buste à dr., dans un ovale. Grav. au pointillé. Sans marges.

593 Pfeffel, K(onrad) G(ottlieb). *(Poète, frère du précédent, né à Colmar 1736, † 1809).* In-8º, buste à dr., dans un encadr. octogone. Bollinger sc., Zwickau, b. d. Gebr. Schumann. A pet. marges.

594 — Id. „A. C. Pfeffel". In-18, buste, profil à gauche, dans un ovale. Meuret del., Lith. de Villain. Av. marges.

595 Pfeffinger, Joannes. SS. Theolog. Doctor. *(Strasbourg, 16º siècle).* In-18, à mi-corps, tourné à dr. Grav. sur bois de l'époque. Sans marges.

596 Pfeffinger, Jean-Daniel. *(Prédicateur et théologien à Strasbourg, né 1661, † 1724).* Pet. in-4º, à mi-corps, tourné à dr., en méd. ov. encadré. Reprod. photolith. d'une peinture au lavis de J. A. Seupel. Av. marges.

597 Pfeffinger, Mme. *(Epouse du précédent).* Pet. in-4º, à mi-genoux, tourné à gauche, en méd. ov. encadré. Reprod. photolith. d'une peinture au lavis de J. A. Seupel. Av. marges.

598 Pfeffinger, Johannes Fridericus, Argentoratensis, Equestris Academiae Lüneburgensis Inspector et Professor Publicus. *(Né à Strasbourg 1667, † 1730).* Pet. in-4º, buste à dr., dans un ovale encadré. J. G. Mentzel sc. Lips. Rogné.

599 Pfeil, Johann Wolfgang, der Rechten Doctorn in Strassburg. *(17e / 18e siècle).* Gr. in-fol., à mi-corps, tourné à gauche, dans un ovale encadré, av. armoiries. Bartholome Kilian sculpsit. Lég. lat. Sans marges.

600 Pigalle, Jean-Baptiste. Sculpteur du Roi, Chevalier de l'Ordre de St. Michel, Recteur de l'Académie Royale de Peinture et Sculpture. *(Né à Paris 1714, † dans la même ville 1785. De tous les ouvrages de Pigalle le plus connu et le plus digne de l'être est sans contredit le Mausolée du maréchal de Saxe, à l'église de St. Thomas à Strasbourg).* In-8º, buste, profil à dr., en méd. rond encadré. C. N. Cochin filius del., Aug. de St Aubin sculp. 1782. A pet. marges.

601 Piscator, Iohannes, Theologus Herbornensis, Aetat. 80. Natus Argentinae Anno 1546, denatus Herbornae Anno 1625. In-18, à mi-corps, assis, de face, dans un ovale encadré. Lég. et 2 vers lat. Au-bas: „V 3". Pet. marges.

602 Piton, Frédéric. *(Bibliothécaire, Auteur de „Strasbourg illustré", né à Strasbourg).* In-4º, à mi-corps, face. Alf. Touchemolin 1861. Reprod. photolithogr. moderne. Av. marges.

603 Pleyel, Ignace. *(Compositeur de musique, né 1757, comme 24e enfant de ses parents, de 1783 à 1793 maître de chapelle de la cathédrale à Strasbourg, † 1831).* In-18, buste, profil à dr., dans un ovale. Guérin del., Biosse sculp. Sans marges.

604 — Id. In-4º, buste, profil à gauche, dans un ovale. H. E. v. Wintter del. 1816. Av. marges.

605 Pouveyre. *(Strasbourg).* In-24, buste, profil à dr., en méd. rond. Dess. et gravé avec le Physionotrace par Quenedey. Av. marges.

606 Prud'homme (Gin Ate J. Bte). Né à Horbourg le 20 avril 1802. *(Député du Haut-Rhin à l'Assemblée nat. de 1848. † 1865).* In-4º, buste, tourné à gauche, fond teinté. Lith. d'après nature par A. David, Imp. Lemercier, Paris. (Pl. de „Galerie des Représentants du Peuple"). A toutes marges.

607 — Id. Gr. in-8º, en pied. F. Bonhommé del., Peronard sc., impé par Chardon aîné et Aze. A toutes marges.

608 Rabus, Ludovicus / Theologus. *(Né à Strasbourg 1524, de parents pauvres, il fut elevé par Mathias Zell qui le fit promouvoir au doctorat en théologie. Obligé de quitter Strasbourg après l'Intérim, il se retira à Ulm et y devint ministre).* In-18, à mi-corps, tourné à dr. Grav. sur bois tirée d'un ouvr. anc.

609 — Id. In-18, à mi-corps, tourné à dr., dans un carré. L. Kilian sculpsit. Lég. et 12 vers allem. sans marges.

610 **Ramaeus, Laurentius,** Praefect. Amercur. S. Caes. Mai. a Consil. bellic. ductor . . . . *(Bailli d'Ammerschwir, décapité en Alsace).* In-8º, à mi-corps, tourné à gauche, en méd. ov. encadré. L. K i l i a n sculpsit, 1611. Sans marges.

611 **Rameaux, J(ean) F(rançois),** Professeur de physique médicale et d'hygiène à la faculté de médecine de Strasbourg. *(Né à d'Annoire — Jura — en 1805, † 1878).* In-4º, buste à dr. Lse B r u n i e r, Lith. E. Simon. Avec marges, monté sur carton.

612 **Ramond, le Baron (Louis-François-Elisabeth)** Conseiller d'Etat, Commandeur de la légion d'honneur, etc. Né à Strasbourg, le 4 Janv. 1755, élu en 1802 *(† 1827).* In-4º, buste à gauche. J u l. B o i l l y 1821. Lithogr., à gr. marges.

613 **Rapp (Jean).** *Comte, général français, né à Colmar 1773, † à Paris 1821).* Gr. in-fol., buste à dr. Dessiné par P a r i z e a u, Elève de David, et Gravé par B a d o u r e a u. Av. marges.

614 — Id. „Rapp. Dantzik, le 24 Septembre 1810". In-8º, buste à gauche. Lith. Grégoire et Deneux; Rosselin, Editeur. A pet. marges.

615 — Id. „Rapp. Le Brave général prit une part glorieuse . . . ." In-fol., en pied; au fond, bataille. A Paris chez Clericetti. Déposé à la Direction. Fond teinté. Av. marges.

616 — Id. „Rapp". In-fol., en pied; au fond, bataille. A u b r y, pinxit 1805, C h a r o n sculpsit. Grav. au lavis. Sans marges.

617 — Id. „Le Lieutenant-Général Comte Rapp, Pair de France . . ." Gr. in-fol. obl., buste, sur son lit de mort. Dessiné d'après nature lors de l'exposition du Corps sur un Lit de Parade à Colmar, par M a r t i n R o s s - b a c h. Lith. de G. Engelmann. A toutes marges.

618 **Raess, André,** Monseigneur, Evêque de Rhodiopolis, Coadjuteur de Strasbourg, né à Sigolsheim près Colmar le 5 Avril 1794, sacré à la Cathédrale de Strasbourg le 14 Févr. 1841 *(† 1887).* Gr. in-fol., à mi-corps, assis, tourné à dr. Lithographié d'après nature par C h. A u g. S c h u l e r 1841. Imp. lith. d'E. Simon fils. Epreuve sur Chine, à toutes marges.

619 — Id. *(Coadjuteur).* In-8º, buste à gauche, dans un carré. Publié et se trouve à la Lithogr. de Mr F. Boehm . . . . à Strasbourg. A pet. marges.

620 — Id. „Andreas Raess, Episcopus Argentinensis. 1842—1887". In-fol., à mi-corps, assis, tourné à gauche, dans un ovale, av. encadr. orné et armoiries. Photolithogr., à grandes marges.

621 — Id. „Mgr. André Raess, Evêque de Strasbourg". In-fol., à mi-corps, assis dans sa bibliothèque, tourné à dr., av. encadr. et armoiries. Peint par B e l t z 1845, Lith. par T h. M a i n b e r g e r, Imp. par Ph. Mühlenheim. Sans marges.

622 **Ratisbonne, Auguste,** Président du Consistoire israélite de Strasbourg. *(Né 1771, baptisé par son fils Marie Théodore, † 1831).* In-8º, buste de face. F. H a g e n, Lith. de Simon fils. Pet. marges.

623 **Ratisbonn, M. l'abbé. (Louis-Marie-Joseph-Théodore).** *(Fils du précédent, né à Strasbourg 1802. Il était depuis peu de temps avocat, lorsqu'en 1826 il se convertit à la religion catholique. Il devint successivement prof. au Petit-Séminaire, et vicaire à la Cathédrale de Strasbourg, missionnaire apostolique et supérieur général de l'œuvre de Notre-Dame de Sion, fondée par lui en 1842. Il est mort en 1884).* Gr. in-fol., en pied, jeune. Dessiné et Lith. par L l a n t a, Lith. Paul Petit & Cie. A pet. marges.

624 — Id. Pet. in-fol., âgé, à mi-corps, tourné à dr. F e r e t fecit, Pierson photog., Imp. Lemercier & Cie. Epreuve sur Chine, à toutes marges

Reber, Henri Napoléon. }
Reber, Jean-Georges. } — voir Mulhouse.

625 **Rebhan, Nicolaus.** M. Eccl: Saxo Isiacae Pastor superintendens generalis. Consist. Adsess. Natus 12. April Anno 1571, denatus 14. Aug. Anno 1626. In-8º, à mi-corps, tourné à dr., en méd. ov., av. armoiries. A u g: E r i c h ad uiu: pinxit, P e t: A u b r y sculpit. Pet. marges.

626 **Rebhanius, D. Johannes,** Ic. et in Alma Argentoratensi Universitate, Col. et Feud P. P. ord., . . . Capit: Colleg: ad D. Thomae Senior . . . . A. O. R. 1689 aetat 86. *(Fils du précédent, né en 1603, † 1689).* In-fol., buste à dr., en méd. ovale. av. encadr. orné et armoiries. J. A d a m S e u p e l delin. et sculp. Sans marges.

627 **Regnier, Claude Louis François de,** Comte de Guerchy, Marquis de Naugis, etc. Chevalier des Ordres du Roy, . . . Gouverneur des ville et Château de Huningue, et Son Ambassadeur auprès de Sa Majesté Britannique. 1766. In-4°, buste à dr., dans un ovale. M. N a n l o o pinx^t, J. W a t s o n fecit, gravé en manière noire. Av. marges.

628 **Reiber, Ferdinand.** *(Collectionneur d'Alsatiques. Né à Strasbourg 1849, † 1892).* Pet. in-fol., à mi-corps, tourné à dr. Reprod. photolith. d'un fusain de S e e b a c h 1891, signée par Ferd. Reiber. A gr. marges.

629 — Id. Pet. in-fol., à mi-corps, tourné à dr. Reprod. photolith. d'un dessin au crayon de S e e b a c h 1891, signée par Ferd. Reiber. A gr. marges.

630 — Id. In-fol., à mi-corps, à droite. D'après le dessin précédent de S e e b a c h, av. encadr. et armoiries c o p i é s d e J. A. S e u p e l. Reprod. photolith., à gr. marges.

631 **Reinach-Werth, Benedict Freiherr von.** *(Frédéric-Louis-Benoit).* Bailly und Komthur des hohen Johanniter Ordens, gebor. den 21. Nov. 1769, gest: den 2ten Sept. 1841. Pet. in-4°, buste à gauche, av. encadr. impr. en bistre. Lith. d'E. Simon à Strasbourg. A très grandes marges.

632 **Reinach, l'abbé Adrien Rodolphe B^{on} de.** *(Neveu du précédent, né en 1812, chanoine honoraire de la cathédrale de Carcassonne)* Mort le 16 mars 1856 au service de l'armée française de Crimée *(à Constantinople, où il s'était rendu comme aumônier volontaire de l'armée française).* In-4°, à mi-corps, tourné à dr. D'après une Photographie par R o s é, Lith. E. Simon. Epreuve sur Chine, av. marges.

633 **Reinach, M. le B^{on} de,** Député du Haut-Rhin *(au Corps législatif, en 1852. Le Bon Hesso-Antoine de Reinach-Hirtzbach, est né à Hirtzbach, près d'Altkirch, en 1819).* A mi-genoux, debout, appuyé sur une chaise. Photogr, format visite, montée sur carton gr. in-8°, avec impression. Phot. Franck à Paris. (2 exemplaires).

634 — Id. Agé, avec barbe. Buste à dr., dans un ovale. Photogr. tirée des „Biographies alsaciennes" publ. par Ant. Meyer à Colmar.

635 **Reiseissen, Franciscus.** Reipublicae Argentoratensis Consularis, Tredecim-Vir, et Universitatis Scholarcha. Natus Argent. A° 1631 d. 26 Octobris. Denatus d. 23 Xbris 1710. In-fol., buste à dr., dans un ovale encadré, avec armoiries. J. A S e u p e l delin. et sculp. Sans marges.

636 **Reuchlin, Fridericus Jacobus.** S. Theol. D. Prof. ordin. Argent. Cons. Eccl. Praes. Cap. Thom. Praepos. A. 1785 aet. 91 Vigoria 50. Praeco Sacer. Deo Gloria. *(Né à Gerstheim 1694, † 1788).* Pet. in-4°, à mi-corps, tourné à gauche, av. encadr. (C. G u é r i n fecit aqua forti 1785, P h. J. K u g l e r delineavit). Rogné.

637 **Reuchlin, Johann Caspar,** D., Fürstl. Saechs. Consistorialrath und General-superintendent zu Altenburg, gebohren zu Strassburg den 8. Oct. 1714. *(† 1767).* In-8°, à mi-corps, tourné à gauche, tête de face, dans un carré. J. C. G. F r i t z s c h fc. Lips. A gr. marges.

638 **Reusnerus, Nicolaus** / der Rechten D. *(Né à Lemberg en Silésie en 1545; reçu 1583 docteur en droit à Bâle, il accepta, à Strasbourg, une chaire de droit, science qu'il enseigna depuis 1589 à Jéna, où il est mort en 1602).* In-18, à mi-corps, tourné à gauche, à nu-tête. Bois anc. tiré d'un ouvrage allem. Sans marges.

639 — Id. In-18, à mi-corps, tourné à droite, av. chapeau et autre port de barbe. Bois anc. tiré d'un ouvrage allem. Sans marges.

640 — Id. Lég. et 2 vers lat. In-12, à mi-corps, tourné à gauche, av. encadr. archit. Monogr. B R. Pet. marges.

641 **Reuss, Edouard-Guillaume-Eugène.** *(Professeur de Théologie à l'Université protestante de Strasbourg, né 1804, † 1891).* In-8º, buste à droite, dans un ovale, av. encadr. emblémat. A très gr. marges.

642 **Rewbel, Jean-François.** Batr. des Avats au consl souverain d'Alsace. Député de Colmar et Schélestat à l'Assemblée Nationale de 1789. *(Né à Colmar 1747, † 1807, pauvre et oublié).* In-8º, buste, profil à dr., en méd. rond, sur socle. M o r e a u del., V o y e z J or sc. A pet. marges.

643 — Id. „Député des Districts de Colmar et Schelestat à l'Assemblée Nationale en 1789“. In-18, buste, profil à gauche, dans un ovale. Dessiné par J. G u é r i n, gravé par F i e s i n g e r. Gravure au pointillé, à pet. marges.

644 — Id. „Jean Rewbel“. In-12, buste, profil à gauche, en méd. ov., av. encadr. architect. L. A. C l a e s s o n s, sculp. Grav. au pointillé, 1r tirage (Proefdruk). A pet. marges.

645 — Id. „Membre du Directoir Exécutif. Né à Colmar en 1746“. (sic!) In-8º, buste, profil à gauche, en costume de Directeur, dans un ovale. F. B o n n e v i l l e del., J. B. C o m p a g n i e sculp. Grav. au pointillé, av. marges.

646 **Rhenanus, Beatus,** Philologus, nat. 1485 *(à Schlestadt)*, denat 1547 *(à Strasbourg).* Gr. in-8º, à mi-corps, tourné à dr., dans un ovale. J o h. J a c. H a i d exc. Aug. V. Gravure en manière noire, av. marges.

647 — Id. „Beatus Rhenanus Selestadiensis Phi.“ In-12, buste à gauche, en méd. ovale, av. encadr. ornem. Lég. et 2 vers lat. Au bas de la planche, à droite, la mention Hhh. A pet. marges.

648 — Id. „Beatus Renanus“. In-8º, à mi-corps, tourné à dr., près d'une table, un livre en mains, l'encrier devant soi. Bois découpé d'un ouvr. anc., à très pet. marges.

649 **Ribaupierre. — Wilhelm herr zu Rapoltstein.** *(Né 1464, † 1547. Conseiller de Maximilien Ier et de Charles-Quint, landgrave de l'Alsace supérieure et président de ¦ la régence d'Ensisheim).* In-32, buste à gauche. Bois, avec notice biograph. allemande, tirés d'un ouvrage anc. pet. in-fol.

650 — **Eberhardus** Domin. Rupis Spoletanae in Hohenack et Geroltzeck ad Wassichin. *(† 1637).* In-8º, buste à gauche, dans un ovale, encadr. architect., av. armoiries. J a c o b a b H e y d e n sculptor. Lég. et 4 vers lat., Th. Wegel Au. Sans marges.

651 — **Anna Claudina,** Grävin und Fraw zu Rappolstein, Hohenack und Geroltzeck am Wassichin, geborne Wild- & Rhein-Grävin. Geboren Aº 1615, den 4. 14. Mertz. Abgeselet Aº 1679, d. 8. 18. Brachm. Gr. in-8º, à mi-genoux, tournée à gauche, en méd. ov., avec armoiries. P e t. A u b r y sculpsit, fec. Stollius. Lég. et 4 vers allem. Rogné.

652 — **Catharina Agatha,** Pfaltzgrävin bey Rhein, Hertzogin in Bayern, ... geborne Grävin zu Rappoltstein, Frav zu Hohenack undt Geroltzeck an Waszlgen. Aet. 35. 1683. *(Né en 1648, mariée au prince de Birkenfeld en 1667).* In-fol., buste à gauche, en méd. ovale, av. ornements et armoiries. T h e o d o r u s R o o s pinxit, J. J. T h o u r n e y s e r. Helv. Bas. sc. Basileae. Belle épreuve, av. marges.

653 — **La Famille de Ribaupierre.** Photogr., in-fol. oblong, d'un tableau placé au Château de Ribeauvillé, actuellement au Musée des Unterlinden à Colmar, montée sur carton blanc. J. Koch Phot. Bâle.

654 **Richard, J(ean) P(ierre),** Chanoine de l'Eglise de Paris, Prédicateur ordinaire du Roi, . . . *(Né à Belfort 1743, † à Paris 1820),* In-18, buste à gauche, dans un carré. P e t i t pinxt, D e q u e v a u v i l l e r sc. Sans marges.

655 **Richarde, Sainte** - *(Impératrice, femme de Charles-le-Gros, fondatrice du monastère d'Andlau, † 893).* In-8º, fig. entière, sur le bûcher. Av. armoiries. Reprod. photolith. d'un tableau sculpté en bois. A gr. marges.

656 **Richshoffer, Ambrosius.** Aetatis 65 Anno 1677. In-12, buste à dr., en méd. ov. encadré, av. armoiries. Sur la même feuille, frontispice de son

ouvrage: „Brassilianisch- und West Indianische Reisse Beschreibung“. Superbe épreuve, à toutes marges.

657 **Richshoffer, Daniel.** Der Statt Strassburg Alter Ammeister. Ward gebohren d. 10. X bris. 1640. Starb d. 23. VII bris. 1695. In-fol., à mi-corps, tourné à dr., dans un ovale, av. encadr. et armoiries. J. A. S e u p e l sculp. et delin. Sans marges.

658 — Id. In-16, buste, copié sur la planche précédente, dans un ovale. (Tirage à part de „Seyboth, Strasbourg hist. et pitt.“) A grandes marges.

659 **Richter, François Xavier,** Maitre de Chapelle de la Cathédrale de Strasbourg. In-4°, à mi-corps, dirigeant le chant sur une tribune, en méd. rond. C. G u é r i n f. 1785. Sans marges.

660 **Rieffel, Jules.** (*Agronome, né à Barr 1806, † 1886*). In-fol., buste à dr. D e m o u s s e pinx[t], A. C h a v a r d lith. Epreuve sur Chine, à toutes marges.

661 **Ristelhueber, M(arie)-A(ntoine)-J(oseph).** D[r]. Med. Argentor. 1825. *(Né à Saverne 1785, † à Strasbourg 1865. Chirurgien en chef de l'hôpital civil, Fondateur de l'asile des aliénés à Stephansfeld).* In-fol., buste à gauche. C. G u e r i n f[t] 1825, Lith. de G. Engelmann. A toutes marges.

662 **Ritter, Lucas Sebastian.** Pfarrer zu St: Niclaus und Canon: zu St. Thom: in Strassb., gebohren in Franckfort am Mayn A° 1648, d. 6. Nov. gestorben in Strassburg A° 1709, d. 19. Jan. in dem 30. Jahr seines Predigampts. In-fol., à mi-corps, dans un ovale encadré. Sans marges.

663 **Rixinger, Daniel.** Phil. et Med. Doctoris clariss. et in incluta Argent. Academ. Log. et Metaph. Profess. Aetat. suae 57 A° 1618. In-8°, à mi-corps, tourné à gauche, av. encadr. J s. B r u n n sculp. Argent. Lég. et 6 vers lat. Sans marges.

Robert, Charles. — voir Mulhouse.

664 **Roederer, D. Joannes Georgius,** Med. Anat. Obstetr. P. P. . . . *(à Goettingue, né 1726, à Strasbourg, où il est mort en 1763).* In-12, à mi-corps, assis, tourné à dr., av. encadr. carré et armoiries. K a l t e n h o f e r del. ad viv. et s[c]. Frontispice d'un ouvrage, sans marges.

665 **Roederer, P(ierre) L(ouis).** Député du Départ. de la Moselle à l'Assemblée Nationale Constituante. *(Né à Metz 1754, † 1835. Homme polit. et littérateur. Il fit ses études à Metz et son droit à Strasbourg).* In-8°, buste, profil à dr., dans un ovale encadré. J. P. Gravé par V é r i t é. Lég. et 4 vers franç. Grav. au pointillé, à pet. marges.

666 — Id. „Pierre Louis Roederer. Exdéputé de l'Assemblée constit. et Rédacteur du Journal de Paris“. In-18, buste, profil à dr., dans un ovale. C. M ü l l e r sculpsit. Grav. au pointillé, à toutes marges.

667 **Rögner, Georg Ludwig.** Pfarrer zu St: Aurelien und Canonicus zu St: Thomä, in Strassburg, seines Alters 60 Jahr, seines Predigampts 35. († 1709). Gr. in-8°, à mi-corps, de face, dans un ovale encadré. J. A. S e u p e l delin. et sculp. Sans marges.

668 **Rohan, Armand Gaston,** Cardinal de. *(Né en 1674, à Paris, où il est mort en 1749. Chanoine de Strasbourg, 1690, coadjuteur du prince-évêque Egon de Furstenberg, 1701, évêque de Strasbourg, 1704, et cardinal, 1712).* In-8°, buste, tête tournée à gauche, dans un ovale encadré, av. armoiries. H i a c i n t e R i g a u d pinxit, P. D u p i n Sculp. A gr. marges.

669 — Id. „Arm. Gasto. de Rohan, S. R. E. Cardinalis, Episcopus Argentin.“ In-18, buste, tête tournée à gauche, dans un ov. encadré, sans nom d'artiste. Sans marges.

670 — Id. „Armandus de Rohan Gallus Episcopus Argentoratensis S. R. E. Presbyter Cardinalis . . . .“ Gr. in-8°, buste, tête tournée à dr., dans un ovale encadré, av. armoiries. J o h. C h r i s t. K o l b exc. Rogné.

671 — Id. „Serenissimus princeps Armandus Gasto De Rohan de Soubise . . , .“ In-fol., buste, tête tournée à dr., dans un ovale encadré. H y a c. R i g a u d pinx, M a r i a H o r t h e m e l s sculp. A pet. marges.

672 — Id. „Ser. Pr. Arm. Gasto. De Rohan S. R. E. Card. . . .“ In-fol., buste, tête à dr., av. encadr. ov., insignes et armoiries. H. R i g a u d Pinx., L. C a r s fil[us] Sculp. Reprod. photolith., à gr. marges.

673 **Rohan. — Armandus** Dei Gratia S. R. E. Cardinalis, Episcopus et Princeps Argentinensis Landg. Alsat. Princeps de Rohan Soubize etc. *(Né en 1717, grand-aumônier de France, évêque de Strasbourg, 1749 à 1756, après la mort de son grand-oncle Armand-Gaston).* In-fol, buste à gauche, en méd. ov., avec encadr. orné et armoiries. Reproduction photolith.

674 **Rohan, Louis Constantin Prince de,** Cardinal de la Sainte Eglise Romaine, Evêque-Prince de Strasbourg, Landgrave d'Alsace . . . *(Cousin du précédent, né en 1697, † 1779, servit d'abord dans la marine, puis entra dans les ordres, fut élevé au cardinalat et devint prince-évêque de Strasbourg, 1756—1779).* In-4°, buste à gauche, en méd. ov., av. encadr. et armoiries. Lég. franç., av. dédicace par l'abbé Grandidier. Gravé par C. Guérin en 1776. Sans marges.

675 — Id. Même planche, reprod. photolith., à gr. marges.

676 **Rohan-Guemené, Louis-René-Edouard, P^ce de.** Cardinal . . . , Evêque-Prince de Strasbourg . . . , Landgrave d'Alsace, G^d Aumônier de France, . . . *(Neveu du précédent, né à Paris 1734, † à Ettenheim 1803. Elu coadjuteur de son oncle en 1760, il fut nommé évêque de Strasbourg en 1779, après la mort de ce dernier. Il se compromit gravement dans l'affaire du Collier).* In-8°, buste à dr., dans un ovale, av. encadr. architect. et armoiries. Dupin fil. sculp. Av. marges.

677 — Id. Lég. franç. Pet. in-fol., buste à gauche, en méd. ovale, av. encadr. architect. et armoiries. Voyé le Jeune. Rogné.

678 — Id. Même planche, reprod. photolith., à gr. marges.

679 — Id. (?) Reprod. photolith. d'une peinture à l'huile de l'époque. Av. encadr. et gr. marges.

680 **Roos, Johann Heinrich.** Thier-Mahler, . . . gebohren zu Otterdorf in der Rheinpfalz 1631, gestorben zu Frankfurt am Main 1685 . . . In-24, sur feuille pet. in-fol., buste, tête à gauche. Franck fecit. Av. notice biogr.

681 — „J. H. Roos“. In-fol., à mi-corps, tourné à dr. J. P. Schweyer sc. Eau-forte, à pet. marges.

682 **Roos, Theodor.** Historien- und Porträt-Mahler, Bruder des Joh. Heinr. Roos . . . gebohren zu Wesel 1638, sein Sterbejahr ist unbekannt . . . In-24, sur feuille pet. in-fol, buste à dr. Franck fecit. Av. notice biogr.

683 **Rosen, le Général Reinhold de.** *(Reinhold dit „der gute Rosen“, commença par servir auprès du roi de Suède, Gustave-Adolphe. Après la mort de ce dernier, il fut employé dans l'armée du duc Bernard de Saxe-Weimar. En 1639 il passa au service de France, et fut investi, en 1649, par Louis XIV, de la seigneurie de Bollwiller. Il est mort en 1667).* In-4°, buste à dr., en méd. ov., av. encadr. architect. A. Demarle f^t 1868. (Pl. de „Lehr, L'Alsace Noble“). Av. marges.

684 **Rosenbergius, Joh. Carol.** Ein Arzt zu Strassburg, welcher sich zwischen 1622 und 1628 bekannt machte. Gr. in-8°, buste à gauche, dans un ovale. A toutes marges.

685 **Rosenstiehl, Edouard.** *(Tapissier et poète, né à Strasbourg 1818).* Pet. in-4°, à mi-corps, debout, tourné à dr., les bras croisés. Lith. d'après nature par Aug^te Wittmann, Lith. de E. Simon fils. Epreuve sur Chine, av. marges.

686 **Rosenstiel, Friedr: Philipp.** Königl: Staatsrath, und Director der Königl: Porzelan-Manufactur in Berlin, geb: zu Mietesheim im Unter-Elsass, den 2ten Oct: 1754. *(† à Berlin 1832).* In-18, buste, profil à dr., dans un ovale. S. Halle sc. Gravure au pointillé. A pet. marges.

687 **Rudler, J. M.** Né à Hüsseren, le 7 Juin 1795. *(Représentant du Peuple, 1848. † 1871).* In-4°, buste, de face. Lith. d'après nature par Leveillé, E. Desmaisons direxit, Imp. Lemercier. Sur Chine, à gr. marges. (Pl. de „Galerie des Représentants du Peuple—Haut-Rhin, 1848“).

688 — Id. In-fol., à mi-corps, tourné à gauche. Courtoid, Imp. Kaeppelin & Cie. A gr. marges.

689 Rumpler, François-Louis. (*Chanoine de St. Pierre-le-Jeune à Strasb., Seigneur de Rohrbach, aumônier ord. du roi, littérateur et polémiste, né à Obernai 1730, † vers 1800*). In-12, buste, profil à gauche, av. encadr. carré. „Par son ami l'abbé du M . . . qui entend, par folie, une aimable gaieté". A pet. marges.

690 Sachs, Christophorus Melchior, Argentinensis, . . . Senator dein de Reipublicae Noribergensis ab A : 1698 ad A. 1711 . . . . In-12, à mi-corps, tourné à gauche, av. armoiries. A pet. marges.

691 Saglio, M. (Florent), Député du Dépt du Bas-Rhin, élu en 1819. In-8º, buste à dr., dans un ovale. Lith., à toutes marges.

692 Saint-Huberti, Mᵉ de, de l'Académie Royale de Musique. (*Anne Antoinette Clavel, dite Saint-Huberty, célèbre actrice lyrique, est née à Strasbourg en 1756. Mariée, en 1790, au comte d'Entraigues, elle fut assassinée, ainsi que son mari, par leur domestique, pour raison de politique, en 1812, près de Londres*). In-8º, buste, profil à gauche, en méd. ovale, av. encadr. architect. (Pl. 154 d'une collection). Rogné.

693 — Id. Dans le rôle d'Iphigénie en Aulide. In-8º, fig. entière. Imp. Chardon aîné, Paris. Av. passe-partout.

694 Saint-Just, L. M. (Louis-Antoine de). Né à l'Iser, en 1768, Député du Dépt de l'Aisne, à la Cⁿ Natˡᵉ, décapité le 10 Thermidor, l'an 2 de la Rép. (*Au mois d'octobre 1793, il fut envoyé en Alsace pour rétablir l'ordre, réprimer les contre-révolutionnaires et repousser l'ennemi qui avait pris les lignes de Wissembourg. Il fit arrêter et exposer à Strasbourg, le 15 déc. 1793, Euloge Schneider sur un échafaud, en face de la guillotine, après quoi il l'envoya au tribunal révolutionnaire à Paris pour la lui faire voir de plus près*). In-8º, buste à gauche, dans un ovale. F. Bonneville del., Sculp. A gr. marges.

695 Sainte-Maure, Charles de, de Montauzier. Duc et Pair de France, Chevalier des Ordres du Roy, Gouverneur de Monseigneur le Dauphin. (*Né le 6 oct. 1610, il assista, en 1638, au siège de Brisach et fut nommé maréchal de camp et gouverneur de la Haute-Alsace en décbr. 1638. Il est mort à Paris, le 17 mai 1690*). Gr. in-8º, à mi-corps, tourné à gauche, en méd. ov. encadré, av. armoiries. D e L'a r m e s s i n Sculpebat. A Paris chez P. Bertrand. A pet. marges.

696 Salzmanni, Joannis Rudolphi, Med. D. Prof. P. et Poliatri Argentorat. ordinarii Collegii Thomani Decani. (*Né 1574, † 1656*). Gr. in-8º, à mi-corps, tourné à dr., dans un méd. ov. encadré. P e t e r A u b r y sculpsit et excudit (1637). Strasburg zu finden bey Joh: Tscherning Auf S. Tomas Plan. Lég. et 4 ᵛers lat., texte de l'encadr. ov., en grec. Rogné.

697 Salzmannu⸗, Johannes Rudolphus, Doctor, Professor et Facultatis Medicae Assessor. (*Né 1611, † 1678*). Pet. in-4º, à mi-corps, tourné à dr., en méd. ov., av. encadr. architect. P e t r u s A u b r i Chalcographus. Strasburg zu finden bey Johan Tscherning Auf S. Tomas Plan. Lég. et 6 vers lat. Sans marges.

698 Saltzmann, Baltasar Friederich, der H: Schrifft Licentiat und Pfarrer der Neuen Kirchen zu Strasburg. A. O. R. 1689 Aetat. 77, Minist. 46, Pastor. 31. (*Né 1612, † 1696*). In-fol., à mi-corps, tourné à dr., en méd. ovale, av. encadr. architect. J. A. S e u p e l delin. et sculp. Argentor. Lég. lat. et allem. Sans marges.

699 — Id. Gr. in-8º, à mi-corps, tourné à dr. P e t r i A u b r y. Lég. et 10 vers ˡat. Sans marges.

700 Salt mann, Johannes Godefredus, Merseburgensis Saxo, Rector Gymnasii, . . . Civitate Esslinga. Aetat 48. (*Né à Strasbourg 1690, † 1738*). Pet. in-4º, buste, de face, en méd. ov., av. armoiries. Sculptor J o h. J a c. H a i d. Aug. Vind. 1738. Gravé en manière noire. Sans marges.

Sandherr, Frédéric. }
Sandherr (Famille). } — voir Mulhouse.

701 Saurine, M. l'abbé (Jean-Pierre). Premier Député du Clergé de Béarn à l'Assemblée Nationale de 1789. (*Né 1733, † 1813, Evêque de Strasbourg 1802—1813*). In-8º, buste, profil à dr., en méd. rond, av. armoiries, sur socle, G o d e f r o y del., M a s s a r d sc. Reg. Direxit. Av. marges.

702 **Saurine, M. l'abbé.** „Jean-Pierre Saurine. Evêque de Strasbourg 1802—1813“. Reprod. photolith. de la planche précéd., av. autre texte, et monogr. J. P. S. en place des armoiries. A très gr. marges.

703 **Saxe, Le Maréchal de.** *(Hermann-Maurice, comte de Saxe, est né le 28 oct. 1696. Maréchal de France en 1744, il est mort à Chambord le 30. nov. 1750. Un magnifique monument funéraire, œuvre du ciseau de Pigalle, lui est consacré dans l'Eglise de Saint-Thomas à Strasbourg).* In-12, à mi-corps, tourné à gauche, en promenade. L i o t a r d Pinx., D e M a r c e n a y sc. 1766, gravé d'après l'Original que M^r le Comte de Turpin a bien voulu communiquer. Lég. et 5 vers franç. Av. marges. (l'l. N° 27 de l'Oeuvre).

704 — Id. „Le Maréchal de Saxe“. In-12, en pied, statue. P i g e o t sc. Av. marges.

705 **Schabrock, Christian Carl.** *(Concierge aux magasins de tabacs du Herrenstall à Strasbourg, né 1806)* et son épouse **Félicité Schabrock, née Klar.** *(Né 1808. — Les deux ont célébré leurs noces de diamant le 15 janv. 1892).* 2 portr. in-24, bustes en ovale. Nach einer Photographie von C. Winter 1872. Découpés, av. notice biogr., de „D'r Meiselocker & d'r Maikäfer“).

706 **Schadeus, Elias,** Ecclesiastes, et sacrae Theologiae Hebraicarum literarum professor in celebri Argentinensium academia, obijt: 1593. In-18, à mi-corps, tourné à dr., un livre en mains. J o. B u s. exc. Sans marges.

707 **Schaller, Wolffgang.** Summi Templi Argent. Pastoris, et Collegii Visitatoris vigilantiss. *(Né 1572, † 1638).* In-12, buste à gauche, en méd. ov., av. encadr. architect. I s a a c B r u n n excudit. Lég. et 4 vers lat. Sans marges.

708 **Schaller, Jacobus.** S. S. Theol. Doctor et Phil: Pract: in Academia Argentoratensi Professor publicus A° 1651, Aetatis 47. *(Né 1604, † 1676).* In-8°, buste à dr., dans un ovale. P. A u b r y excud., Strasb: bey Joh. Tscherning Auf S. Tom: Pl: Av. marges.

709 **Schallesius, Samuel,** Willstadiensis, Pastor ad D. Iun. Petri. Natus 1585, electus Pastor 1625, defunct. 1638. In-12, à mi-corps, tourné à dr., en méd. ov. Lég. et 6 vers lat. Sans marges.

710 **Schattenmann, Charles Henri.** Né à Landau le 30 Déch. 1785 . . . Directeur des Mines de Bouxwiller, . . . *(† 1869).* In-fol., buste à gauche, en méd. ov. H a n c k é del. et lith., Imp. F^{çois} Delarue. Sur Chine, sans marges.

711 **Schatz, Joh. Jacobus,** Argentinensis, Gymnas. patrii Gymnasiarcha et Academice Bibliothecarius. *(18e siècle).* In-18, à mi-corps, dans sa bibliothèque, av. armoiries. S y s a n g sc. Lips 1736. A toutes pet. marges.

712 **Schebest, Agnès.** *(Cantatrice).* In-fol., à mi-corps, tête tournée à dr. W i t t m a n n. Lith. de Simon fils. A gr. marges. (Grandes taches d'eau).

713 — Id. „Rôle de Roméo“. In-4°, à mi-corps. Lithographié par F l a x l a n d. Lith. de F. Wentzel à Wissembourg. Av. marges. (Pl. de l'„Album alsacien“).

714 **Scheid, Io. Valentinus,** Med. et Philos. Doctor, Prof. publ. senior Univers. Argentor . . . defunct. 1731, aetatis 80. In-4°, buste à gauche, en méd. ov. encadré, av. armoiries. Grav. en manière noire. Sans marges.

715 **Scherer, Barthélemy-Louis-Joseph,** Général en chef, † 1804. *(Né à Delle, Haut-Rhin, 1747; Ministre de la guerre, 1797).* In-18, à mi-corps. Gravés par P i g e o t. Grav. sur acier, av. marges.

716 **Scheurer-Kestner (Auguste),** Vice-président du Sénat. *(Né à Mulhouse, 1833, directeur de l'établissement industriel fondé par Mr Kestner à Thann).* In-4°, buste à gauche. F. M e a u l l e. Grav. extraite d'un périodique ill. et montée sur carton blanc.

— Id. — voir Mulhouse.

717 **Schilling, Ioh. Christoph,** Arg. post Pastorat ad beat. Aurel. et Colleg. B. Thomae canonic., Templi Cathedralis Pastor Argent. Sculptus Ann. Aet. 43, 1640. *(Né 1597, † en chaire 1650).* In-16, à mi-corps, tourné à dr., en méd. ov., av. encadr. architect. et armoiries. J. B r u n n excudit. Lég et 6 vers lat. Sans marges.

718 Schilling, Ioh. Christoph. In-8°, buste à dr., en méd. ov., av. armoiries. P. Aubry fecit. Lég. lat. et 4 vers allem. A toutes marges.

719 — Id. La même planche, sans marges.

720 Schilter, Joannes. Nat. A. C. 1632. *(Jurisconsulte, éditeur de la chronique de Koenigshoven, † 1705).* In-fol., à mi-corps, tourné à dr., en méd. ovale, av. encadr. et armoiries. J. A. Seupel delin. et sculp. Rogné et remonté.

721 — Id. „Jo. Schilter“. In-18, buste à gauche, en méd ovale, av. encadr. orné. J. A. Seupel sculpsit. Sans marges.

722 Schimper, G(uillaume) Ph(ilippe). *(Naturaliste, paléontologue, né à Dossenheim 1808, † à Strasbourg 1880).* In-8°, buste à dr. Jules Massard sc., Imp. Ch. Chardon aîné. Gravure sur acier, à pet. marges.

723 Schlosser, (Jean-Baptiste). Né à Blienschwiller (Bas-Rhin) le 27 Juin 1808. *(† 1857).* In-4°, buste à gauche, fond teinté. Lith. d'après nature par Aug. Lemoine, E. Desmaisons direxit, Imp. Lemercier. A gr. marges.

Schlumberger, Mᵐᵉ Charles.　　⎫
Schlumberger, Nicolas.　　　　⎬ — voir Mulhouse.

724 Schmid, Iohannis Friderici, J. Cᵗⁱ.... Reip. Argent. aliorumq. Statuum Imp. Consiliar. *(Né 1577, † 1637).* Gr. in-8°, à mi-corps, tourné à dr., en méd. ovale, av. encadr. et armoiries. Ad vivum expressit fecitq. Jacobus ab Heyden Chalcogr: Argentin. Lég. et 10 vers lat. Sans marges.

725 Schmid, Johannes. S. S. Thologiae D. Profes. pub. et Ecclesiastes in Acad. et ecclesia Argent. Aet. 34. *(Né 1594, † 1658).* In-16, buste à dr., en méd. ovale. Lég. et 2 vers lat. A pet. marges.

726 — Id. „A° 1641 Aetat. 47“. Gr. in-8°, buste à dr., en méd. ovale, dans des ornements. Sb: Stoskopff pinxit, P. Aubry sculpsit. Lég. lat., 4 vers lat. et 4 vers allem. Sans marges.

727 — Id. „A° 1648 Aetat. 54“. In-12, buste à gauche, dans un ovale. Strasburg bey Johan Tscherning Auf S. Tomas Plan. Lég. et 4 vers lat. Sans marges.

728 — Id. „Natus Buclissae A° 1594. Denat. Argentorati Ao. 1658“. Pet. in-4°, à mi-corps, tourné à dr. C. Romstet sculpsit. Rogné.

729 Schmidt, Sebastianus. SS. Theol. D., in Academia Argentoratensi Professor senior et Conventus Ecclesiastici praeses. *(Né à Lampertheim 1616, † 1696).* Pet. in-4°, à mi-corps, tourné à dr., en méd. ov. encadré. Joh. Ph. Thelott scul. Franckfurt. Lég. et 12 vers lat. Sans marges.

730 — Id. „Aet. 78 anno 1694“. Pet. in-fol., à mi-corps, tourné à dr., dans un encadr. carré. Grav. anc., sans nom d'auteur. Sans marges.

731 Schmidt, Bernard. Organiste à la Cathédrale, 1535 – 1592. In-18, à mi-corps, tourné à droite, dans un ovale. (Tirage à part, sur papier in-fol., de „Seyboth, Strasb. hist. et pitt.“)

732 Schmidt, Frédéric-Guillaume. *(Né à Alberswviler 1762, † à Ste. Marie a/M. 1837. Pasteur à Ste. Marie a/M., Président du consistoire de Riquewihr, inspecteur ecclésiastique du Haut-Rhin et membre du Consistoire général).* In-8°, buste à gauche. Lith., avec marges.

733 Schnéegans, Louis. *(Archéologue, Archiviste de la ville, né à Strasbourg 1812, † 1858).* Pet. in-4°, buste à gauche. Lith., à pet. marges.

734 Schnéegans, Auguste. *(Avocat, rédacteur du Courrier du Bas-Rhin, élu par le département du Bas-Rhin à l'Assemblée Nationale, le 8 févr. 1871, auteur d'un ouvrage sur le Siège de Strasbourg, représentant au Reichstag).* In-8°, buste à dr., dans un ovale encadré. Pl. in-fol. de „Deutsches Reichstags-Album“, sous passe-partout ne laissant voir que le portr. même. Av. signature autogr. de Schnéegans.

735 Schnéegans, Charles-Frédéric. Directeur du Gymnase protestant de Strasbourg. *(† 1890).* Pet. in-4°, buste. Clément Dreyfus. Lith. A toutes marges.

736 **Schneider, Johann-Balthasar,** Colmariensis Reipublicae Patriae Syndicus,...
(Plénipotentiaire à la paix de Munster, 1648. Né 1612, † 1658).
In-fol., buste à dr., en méd. ov., avec encadr. architect. et armoiries.
Anselmus van Hulle pinxit, Pet. de Iode fecit 1650. A toutes
pet. marges.

737 — Id. In-8º, buste à dr., en méd. ovale, av. cartouche. Lég. lat. A pet.
marges.

738 **Schneider, Eulogius. (Jean-Georges, dit Euloge,** *accusateur public près
le tribunal révolutionnaire du Bas-Rhin, guillotiné le 10 avril 1794,
à Paris).* Geb. 20. Oct. 1756. In-18, buste, profil à dr., en méd. ov.,
av. cartouche. Gezeich. von Lohbauer, gestoch. von Ketterlinus.
Sans marges.

739 **Schneller, Dr Pr,** Prorector Universitatis Friburgensis anno 1830. *(Jules-
François-Borgeas Schneller est né à Strasbourg 1777 et mort à Fribourg en Brisgou 1832).* In-8º, buste à dr. Lith., à pet. marges.

740 **Schoen, Martin.** *(Schoengauer. Peintre-graveur, né vers 1420, † à Colmar
1488).* In-4º, buste à gauche. Flaxland, Lith. de Simon fils. (Pl. de
„Sandmann, Vues des villes et bourgs etc.") Epreuve sur Chine, à
gr. marges.

741 **Schoenaw, Iohanni Francisco Baroni a,** D. G. Episcopo Basiliensi,....
(† 1656). In-8º, buste à dr., dans un ovale. Peter Aubry sculp. A
pet. marges.

742 **Schoepflin, Jo. Daniel.** Consil. et Historiographus Gall. Regis, etc., nat.
Sulzb. Bad. d. 6. Sept. A.S.R. 1695. (sic!) *(Né le 6 sept. 1694, † à
Strasbourg 1771.)* Pet. in-fol., à mi-corps, tourné à droite, dans des
ornements. Hauwiller pinx., Jo. Jac. Haid sculps. et excud.
Aug. Vind. Superbe épreuve en manière noire. Av. marges.

743 — Id. „Joh. Dan. Schöpflin. Geb. den 7 Sept. 1694. Gest. den 7. Augst.
1771". In-16, buste, profil à gauche, dans un ovale. J. R. H. f. 1802.
A pet. marges.

744 **Schott, Pierre,** Chanoine de Strasbourg, un des plus heureux genies de son
temps, Poëte, Jurisconsulte, historien et Philosophe; il mourut âge de
31 ans en 1491 (?) *(Chanoine de St. Pierre-le-Jeune, né en 1458; il
mourut de la peste le 2 sept. 1490).* In-12, buste à droite, dans un
ovale. A pet. marges.

745 **Schott, Anthonius, I. U. L.** Reipubl: Patriae Colmariensis Syndic.....
(Né à Ratisbonne 1636, † 1684). In-16, buste à gauche, en méd. octogone, av. armoiries et monogr. Sans marges.

746 **Schötterle, Wolffgang.** Reip. Argent. Consulis emeritissimi. *(Wolfgang
Schütterlinn né à Willstett 1521, marchand de bois, ammeistre régent
en 1572, 1578, 1584 et 1590, † 1612).* Gr. in-8º, à mi-corps, tourné à
dr., avec encadr. Sans nom d'artiste. Lég. et 4 vers lat. Rogné et
tacheté d'eau.

747 **Schoubart père** *(de Ste. Marie a/M.)* In-24, sur papier in-fol., buste, profil
à dr., en méd. rond. Dess. au Physionotrace et Gravé par Quene-
dey.... à Paris. 1816. Belle épreuve à très grandes marges.

748 **Schrag, Iohann Adam,** I Ctus verschiedener hoher Stände und der Statt
Strasbvrg gewesener Aeltister Rhat vndt Advocat. *(Né 1617, † 1687).*
In-fol., buste à dr., en méd. ovale, av. encadr. allég. et armoiries.
Bartholomaeus Hopffer pinxit, Johann Adam Seupel
Argentorati sculpsit. Sans marges.

749 — Id. Même tête, in-24, sans encadr., dans un ovale. Tirage à part, sur
papier in-fol., de „Seyboth, Strasbourg hist. et pitt".

750 **Schramm, Général Comte de,** Sénateur, ancien Ministre de la guerre....
*(Jean-Paul-Adam Comte de Schramm est né à Arras en 1789. Appelé
de 1830/31 au commandement du Bas-Rhin, il fut nommé député de
Wissembourg en 1834. En 1850, Louis-Napoléon lui confia le portefeuille de la guerre, et après le coup d'Etat, il a été nommé sénateur,
le 26 janv. 1852. Il est mort en 1884).* In-8º, buste à gauche, dans
un ovale, av. encadr. Improvisé au burin par T. C. Regnault. A
toutes marges. (Pl. des „Annales historiques, 1868").

751 **Schramm, Général Comte de.** „Schramm". In-12, buste à gauche. Rosselin, éditeur. Lith. de Grégoire et Deneux. Av. marges. (Pl. 94 d'un ouvrage).

752 — Id. „L^nt Gal Schramm". Même tête, in-fol. Belhard (?) Rosselin, éditeur, Imp. Lith. Formentin & Cie. A toutes marges.

753 **Schübler, Jean Jacques.** Natif de Strasbourg. Maitre de la Langue Françoise à Nüremberg. Né le 21 Decembre l'An de Grace 1649. In-18, buste, de face, av. armoiries. Jean Kenckel l'a peint, W. P. Kilian gravé l'A. 1723. Sans marges.

754 **Schuler, Charles-Auguste.** *(Graveur à Strasbourg, né 1804, † 1859).* In-4º, buste à droite. E. B. Kietz del., C. A. Schuler sculp^t. Epreuve sur Chine, avant la lettre. Av. marges.

755 **Schuler, Théophile,** artiste. *(Né 1821, à Strasbourg, où il est mort 1878).* Pet. in-4º, buste. Smecton-Tilly, d'après une photogr. de E. Schweitzer. Grav. sur bois. (Extrait du „Magasin pittoresque" 1879).

756 **Schultz, Philippus,** I Ct. S. R. I. Lib: Reipubl: Francofurtensis ut et Civitatumin Alsatia unitarum ad Comitia Ratisb. Legat. *(1665).* In-16, buste à gauche, en méd. octogone, av. armoiries et monogr. J V L R S C. A pet. marges.

757 — Id. „Philip Schultz I E T, Civitatum Imperialium, in Alsatia unitarum, . . .". In-16, buste à gauche, av. armoiries et monogr. P A S. A pet. marges.

758 **Schützenberger, (Georges-Frédéric).** Maire de la ville de Strasbourg. *(Prof. à la Faculté de Droit, né 1799, † 1859).* In-fol., à mi-genoux, tourné à droite. G^l Guérin del. et lith., Imp. Lith. de D. Baltzer. Sur Chine, à pet. marges.

759 **Schützenberger, Charles.** *(Frère du précédent, Prof. à la Faculté de médecine, né 1809, † 1881).* In-4º, buste. A. Rosé. Epreuve sur Chine, avant la lettre. A gr. marges.

Schwartz, Jean Michel. — voir Mulhouse.

760 **Schweighaeuser, Johannes,** .... in Acad. Argent. et in Semin. prot. Prof. *(Philologue, né 1742, à Strasb., où il est mort 1830).* Gr. in-8º, buste à droite. Engraved by Thomson. From a Drawing by Lewis. Grav. sur acier. A pet. marges.

761 — Id. „Jean Schweighaeuser". Pet. in-fol., buste à gauche. Flaxland. Lith. de E. Simon fils. (Pl. de „Sandmann, Vues des villes et bourgs etc.") Epreuve sur Chine, à gr. marges.

762 **Schwendt, (Étienne-François-Joseph).** Né à Strasbourg le 6 7bre 1748, Député de la d^te Ville à l'Assemblée Nationale de 1789. In-8º, buste, profil à dr., en méd. rond sur socle, av. armoiries. Gros del., Courbe sculp. A Paris chez le Sr Dejabin. A pet. marges.

763 **Schwilgué, (Jean-Baptiste).** Auteur de l'Horloge astronomique de la Cathédrale de Strasbourg. *(Né 1776, † 1856).* In-fol., buste à dr. Dessiné d'après nature en 1848, et gravé par Ch. Aug. Schuler, Strasbourg 1852. A gr. marges.

764 — Id. „J. B. Schwilgué". In-8º, en pied, accondé sur une colonne. Des. et Lith. par Grieshaber. Fond teinté. A gr. marges.

765 **Scotus, Laurentius,** abb. Caesariaci, ann. aet. 73: 1661. *(Abbé de Kaysersberg, né 1588).* In-12, à mi-corps, assis, tourné à gauche. Luc. Dameret pinxit, I. I. Thourneysen scul. Lég. et 2 vers lat. Sans marges.

766 **Sebitius, Melchior,** Med. Doct. et Archiater Argentinensis. Aetatis suae 74. anno 1613. *(† 1625).* In-16, buste à gauche, dans un ovale encadré. Lég. et 2 vers lat. A pet. marges.

767 — Id. „In effigiem clarissimi viri D. Melchioris Sebizii . . ." Pet. in-fol., à mi-corps, tourné à dr., en méd. ovale, avec ornements allég. Grav. sur bois, sans nom d'artiste, tirée d'un ouvrage allem. de l'époque. Sans marges.

768 **Sebizius, Melchior.** Medicinae Doctor et Professor, Comes Palatinus-Caesareus, et Reipubl. Argentoratensis Archiater, A° 1651. *(Fils du*

précédent, né à Strasbourg 1578, † 1674). In-8º, à mi-corps, tourné à droite, dans un ovale. P. Aubry excud. Lég. et 16 vers lat. A pet. marges.

769 **Seebach, Lothaire de.** *(Artiste-Peintre à Strasbourg, né à Fessenbach, dans le grand-duché de Bade, en 1853).* Pet. in-fol., à mi-corps, tourné à droite, entouré d'une guirlande de fleurs. Reprod. lith. d'un dessin à la plume de l'artiste même, 1883. Au verso, notice biogr. par Ferd. Reiber. (Tirage à part du „Mirliton"). A gr. marges.

770 **Seiblin, Marcus,** Laufenburgensis, Med. Doct. et apud Argentinenses practici ... Aet. suae 74 Aº 1629. In-8º, à mi-corps, tourné à droite, dans un ovale encadré. Isaac Brunn fecit. Lég. et 4 vers lat. Sans marges.

771 **Sellinger, Johannes Fridericus,** Argentoratensis. Aº 1640 SS. Th. Lic. In-24, à mi-corps, tourné à droite, dans un ovale encadré. Lég. et 4 vers lat. Sans marges, remonté.

772 **Sengenwald, Jules.** *(Président de la Chambre de Commerce de Strasbourg, né 1809, † 1891).* In-4º, buste, profil à gauche, en méd. rond. D'après le bas-relief de L. Stienne. (Tirage à part de „Das Elsass"). A gr. marges.

773 **Seubert, Johannes Jacobus.** Med. Doctoris et Practici apud Argentoratenses celeberrimi. Pet. in-fol., buste à dr., dans un ovale, avec encadr. orné. T. Roos del., Bartholome Kilian sculp. Aº 1676. A toutes pet. marges.

774 — Id. Même planche, sans marges.

775 **Siegrist, C.** Peintre. Pet. in-4º, buste à gauche, en méd. rond. C. Guérin ft. Dessin au crayon. Reprod. photolith. A gr. marges.

776 **Silbermann, Joh. Andreas.** Orgelbauer und Alterthums Forscher, geb. zu Strassburg den 26 Jun. 1712, gestorben den 11 Febr. 1783. In-18, buste à gauche, en méd. ovale. Daniche filius pinxit, C. Guerin sculpsit. A pet. marges.

777 **Simon, Émile.** *(Lithographe, né à Strasbourg 1805, † 1886).* Pet. in-4º, buste à droite. A. Rosé. Lith. sur Chine, avant la lettre. Av. marges.

778 **Sitzlin, M. Nicodemus,** Prediger im Münster zu Ulm / seines Alters im 49. vnd Seines Predigampts im 19. Jahrh. *(Prédicateur protestant à Beblenheim de 1603 à 1607).* Pet. in-fol., à mi-corps, tourné à gauche, av. encadr. I. L. Schaler P., L. K. sculps. Getruckt zu Augspurg ... Anno 1627. A pet. marges.

779 **Sleidan, Johannes,** utriusq. Juris Licentiati, Inclytæ Reipubl. Argentorat. Syndici meritissimi, Historiograph.... *(Jean Philippson, dit Sleidan, né à Sleiden 1506, † à Strasbourg 1556).* In-8º, à mi-corps, tête tournée à dr. Lég. et 8 vers lat., dédicace de F. Johannes Paulus Crusius P. L. Sans marges.

780 — Id. „Vere viva viri multum clarissimi et politis. Domini Ioannis Sleidani Belgæ ...." In-8º, à mi-corps, assis derrière une table, en train d'écrire. Lég. et 8 vers lat., les derniers pareils à ceux de la planche précédente et dédiés par le même F. J. P. Crusius. Sans marges.

781 — Id. „Johannes Sleidanus / Historicus. mort 1556". In-18, à mi-corps, tourné à dr. Grav. sur bois tirée d'un ouvrage anc. Sans marges.

782 **Sonnenmayer, Johann Nicolaus,** in des Heil. R. R. Statt Weissenburg am Nordgau Archidiaconus, Consistorialis und Scholarcha, gebohren 1680 ... gestorben 1735 ... In-fol., à mi-corps, tourné à gauche, en méd. ovale, av. encadr. archit. et armoiries. Georg Christoph Kilian sculps. Aug. Vind. Gravure en manière noire. Sans marges.

783 **Soultz: — Carl Ludwig Grave zu Sultz,** Landtg: Clegov. etc. K: M: Krigsrat v. Obrist *(15º/16º siècle)*. In-12, buste à dr., en méd. ovale encadré. Grav. anc. non signée. Sans marges.

784 **Spangenberg, Cyriacus,** Theologus. Aetatis suæ 70. *(Meistersänger à Strasbourg, † 1604).* In-16, buste à gauche, en méd. ovale, av. encadr. orné. Lég. et 2 vers lat. Au bas de la planche: T. 2. A pet. marges.

785 **Spaur. — Dominicus Vigilius, Liber Baro in Spaur et Valoir** ... *(Souslandvogt d'Alsace en 1628).* In-8º, fig. entière, à cheval, bataille au fond. Av. armoiries. Lég. et 4 vers lat. Sans marges, remonté.

786 **Speckle, Veyt Rudolff,** Formschneider. *(Strasbourg 1542).* In-8º, à mi-corps, tourné à gauche. Grav. anc., à gr. marges.

787 **Speckle, Daniel,** Architectus Argentinensis, nascitur Aº 1536, obyt Argentinæ Aº 1589. In-12, à mi-corps, tourné à droite, dans un ovale, av. encadr. architect. Io. Theodor de Bry fecit. Sans marges.

788 **Spener, Philippus Jacobus.** SS. Th. D. Ecclesiae evangelicae Moeno-Francofurt. Pastor et Ministerii ibidem Senior. *(Né à Ribeauvillé 1635. † à Berlin 1705).* In-fol., à mi-corps, tourné à dr., dans sa bibliothèque, en méd. ovale, av. encadr. Sans nom d'artiste. Lég. lat. Sans marges. Remonté.

789 — Id. Gr. in-8º, buste à gauche, dans un ovale. Pet. Schenck fec. et exc. Amstelod. Grav. en manière noire, teinte brune. Lég. lat. Rogné.

790 — Id. „Ex collectione Friderici Roth-Scholtzii Noriberg." In-18, buste à gauche. Knorr sc. Lég. lat. A pet. marges.

791 — Id. Pet. in-fol., buste à dr., en méd. ovale, av. encadr. archit. Grav. en manière noire. Lég. lat. Sans marges.

792 **Städel, Josias,** Reipub. Argentorat. Consul. et Tredecim-Vir. Natus Argent: Aº 1627, denatus Aº 1700. Pet. in-fol., à mi-corps, tourné à dr., av. encadr. orné et armoiries. J. A Seupel delin: et sculp: A toutes pet. marges.

793 — Id. „Josias Staedel Argentinensis". In-18, buste à droite, av. armoiries. Grav. non signée. Sans marges.

794 **Steinbach, Erwin de,** Architecte de la Cathédrale de Strasbourg, né à Steinbach, mort à Strasbourg, 1318. In-8º, à mi-corps, le plan de la cathédrale en main. Dessiné et lithographié d'après la statue de Mr A. Friedrich par S. Schuster, Lith. E. Simon fils. Avec marges.

795 — Id. Pet. in-fol., fig. entière, sur socle. Dessin orig. au crayon et à la sépia.

796 **Steinbach. — Sabine** *(fille du précédent, statuaire).* Pet. in-fol., fig. entière, sur socle. Dessin orig. au crayon et à la sépia.

797 **Steinheil, Georgius Albertus,** J. Ctus, Nobilitatis Alsatiae inferioris Syndicus. Natus 1659. Denatus 1728. Pet. in-fol., buste à gauche, en méd. ovale, av. encadr. architect. et armoiries. Peint par Seupel. Gravé par Weis, Graveur de la Ville de Strasbourg, 1751. Belle épreuve, sans marges.

798 **Steinle, Edw.** *(Jean-Edouard, peintre allemand, né à Vienne 1810). Auteur des fresques du choeur de la cathédrale de Strasbourg).* In-24, buste, épreuve sur Chine, à très grandes marges.

799 **Stimmer, Tobias,** von Schafhausen. In der Mahler-Kunst weiht berühmt: Ward geboren 1539. Ist in ledigem Stand Selig verscheiden. Aº 1582. Als er wahr in Diensten dess Durchleuchtigsten Marggrafen von Baden. In-12, buste à gauche, en méd. octog. (Sandrart). Av. marges.

800 — Id. Copie de la planche précédente, sans la légende. Au-dessous et au verso, notice biogr. par Ferd. Reiber. (Tirage à part du „Mirliton").

801 **Stirn, Georgius Christophorus,** J. U. D. Consiliarius Hanoicus, etc. Natus Norib. 26 Mart. Aº 1616. In-8º, buste à dr., en méd. ovale, av. encadr. orné, sur socle. T. F. Monori pinxit 1669, J. Sandrart sculpsit. Belle épreuve, av. marges.

802 **Stirn, Wilhelm,** Apotheker in Nürnberg, ward gebohren den 16. Octob. Aº 1628 *(à Strasbourg),* starb den 23. July Aº 1677. Gr. in-8º, à mi-corps, tourné à dr., av. armoiries. J. Sandrart sculpsit. Lég. et 6 vers allem. Av. marges.

803 **Stoeber, Ehrenfried.** *(Poète, né à Strasbourg 1777, † 1835).* In-8º, buste à droite, dans un ovale. Nach Natur gezeichnet von F. Oberthür. Lith. von M. F. Boehm. Un coin enlevé. A pet. marges.

804 **Stoeber, Ehrenfried.** In-fol., buste, profil à gauche. Nach Ohmacht, J. D. Beyer, Lith. de G. Engelmann. A toutes marges.

805 — Id. In-8º, sur pap. in-4º, buste, profil à droite. Flaxland, d'après un bas relief de Friederich. Lith. de Simon fils. A toutes marges.

806 **Stoeber, Victor.** *(Médecin, Professeur de pathologie, né à Strasbourg 1803, † 1871).* Gr. in-fol., à mi-corps, tourné à gauche. Lith. d'après nature par Ch. Auguste Schuler Août 1841. Lith. de E. Simon fils. Epreuve sur Chine, avant la lettre. A toutes marges.

807 **Stockmeyer, Martin.** Herculi Colmariensi. Batelier, Officier municipal de Colmar, dans son costume de la nuit du 3 au 4 février 1791. Gr. in-8º, en pied. Dessiné d'après nature et gravé par C. Guérin. Av. marges.

808 **Stoecklé, Joseph,** né le 21 Décembre 1799, Curé à Rouffach. *(Représentant du Haut-Rhin à l'Assemblée Nationale 1848, † 1871).* Gr. in-8º, buste à gauche. Lith. d'après nature par Leveillé, E. Desmaisons direxit, Imp. Lemercier. (Pl. de „Galerie des Représentants du Peuple. — 1848"). Fond teinté. A gr. marges.

809 **Stoltz, J(oseph) A(lexis),** Professeur d'accouchement à la faculté de médecine de Strasbourg. *(Né à Andlau 1803).* In-4º, buste à gauche. A. Rosé, Lith. E. Simon. Epreuve sur Chine. A toutes marges.

810 **Storck, Petr.** Consulis liberae et Imp. Reip. Argentoratensis . . . Scholarchae merit. Aº Christi 1627, aetatis suae 73. *(Stettmestre et créateur du jardin botanique de Strasbourg).* In-8º, à mi-corps, tourné à droite, av. armoiries. I. Heyden sculpsit. Lég. et 6 vers lat. A très pet. marges.

811 **Stösser, Gothofredus.** U. I. D. in Acad. Argentoratensi Pandectar Professor ordinarius etc., Aetat. suae aº 33 et A. C. 1668. *(Jurisconsulte, né à Strasbourg 1635, † 1675).* Gr. in-8º, buste à droite, en méd. ov. encadré. Pet. Aubry sc., Strasburg bey Johan Tscherning Auf S. Tomas l'an. Lég. et 12 vers lat. Av. marges.

812 **Straub, Joseph-Alexandre.** *(Chanoine, Professeur au Grand-Séminaire de Strasbourg, Vicaire général de l'Evêché, né 1825, † 1891).* In-4º, à mi-corps, assis, tourné à gauche, en méd. rond, av. encadr. E. Kretz 91. Lith. (Tirage à part de „Das Elsass"). A gr. marges.

813 **Streit ab Immendingen, Georgius Wilhelmus,** . . . . Consiliarius et regens citerioris Austriae . . . . *(Né vers 1576, † 1634).* In-8º, buste à gauche, en méd. ovale encadré, av. armoiries. Jac. ab Heyden fec. Lég. et 6 vers lat. A pet. marges.

814 **Struch, Ant(oine).** Né à Lutterbach — Haut-Rhin — le 25 9bre 1791, Commissaire de la République dans le Dépt du Ht-Rhin. *(Représentant du peuple, Haut-Rhin, à l'Assemblée Nationale 1848, † 1856).* In-4º, buste à gauche. Lith. d'après nature par Doveria, Imp. Lemercier, à Paris. Fond teinté. (Pl. de „Galerie des Représentants du Peuple — 1848"). A gr. marges.

815 **Stuber, Johann Georg.** Gebohren den 23ten April 1722, gestorben den 30ten Jänner 1797. *(Pasteur au Ban-de-la-Roche, prédécesseur d'Oberlin).* In-8º, buste, profil à gauche, dans un ovale. Gravé par J. G. Gerhardt. Gravure au lavis. A toutes marges.

816 **Stumpf, Petrus-Paulus,** Episcopus Argentinensis. 1887 — 1890. *(Né à Eguisheim 1822, † 1890)* In-fol., à mi-genoux, assis, dans un ovale, av. encadr. orné et armoiries. Reproduction photolith. A gr. marges.

817 **Sturm a Sturmeck, Iacobus.** inclytae Reipubl. Argent. Praetoris et Tredecem viri . . . *(Né en 1489, à Strasbourg, où il est mort 1553).* In-8º, buste, de face. Lég. et 8 vers lat. Grav. anc., sans marges.

818 — Id. „Fondateur du Gymnase et de la Bibliothèque". Gr. in-8º, statue. Dessiné et Lithographié d'après la Statue de Mº A. Friederich par Emile Haberer. Sur Chine, à toutes marges.

819 — Id. Même planche, à petites marges.

820 **Sturm, Iohannes,** Rector der hohen Schule zu Strassburg. Geboren 1507. Gestorben 1589. In-18, buste, en méd. ovale. J. R. H. f. 1792. Au haut de la planche: T. II, p. 325. Av. marges.

821 **Sturm, Leonhardus Christophorus**. Mathes. Prof. ord., anno aetat: 36, Ao. 1706. *(Architecte à Strasbourg, né à Altdorf 1669, † à Güstrow 1719)*. Pet. in-fol., buste à droite, en méd. ovale, av. ornements. B e r n i g e - r o t h sc. A pet. marges.

822 **Suède, Charles XII, Roi de.** Né le 27 Juin 1682. Mort le 11 Décemb. 1718. „C'et le vrai l'ortrait du quel Charles 12 coupa le visage avec son épée ne voulant pas être peint". *(Descendant de la maison Palatine)*. In-12, à mi-corps, tête à gauche, en méd. ovale, av. encadr. architect. C r a f t s Pinx., F i q u e t Sculp. Av. marges.

823 **Sultzer, Charles.** Docteur en philosophie et médecine . . . *(Né à Strasbourg 1770, † 1854)*. In-fol., buste à gauche. Dessiné d'après nature et lith. par Chᵉ A u g. S c h u l e r 1837, Lith. de E. Simon. A grandes marges.

824 **Tabernaemontanus, Jacobus Theodorus,** Medicinae Doctor et Archiater Palat: *(Botaniste, né à Bergzabern, † à Heidelberg 1590)*. In-18, buste à gauche, en méd. ov. Lég. et 2 vers lat. Au bas de la pl., à droite: h. h. 3. A pet. marges.

825 **Tabor, Iohannes Otto,** . . . in Acad. Argentor. Professor primari, Aetat. 50. . . . Aº Chri. 1654. *(Né 1604, † 1674)*. In-12, buste à gauche, en méd. ovale. P. A u b r y sculpsit. Lég. et 6 vers lat. A pet. marges.

826 **Tabor, Anna Elisabetha,** Filia I. L. Praschii uxor nata Argentor. A. C. 1641, denata Ratisb. A. C. 1682. In-4º, buste à gauche, dans un ovale encadré, av. armoiries. E. H a i n z e l m a n n sc. Aug. A pet. marges.

827 **Tarade, Jacobus de,** Nobilis scutatus, Militaris ordinis . . . . et Alsatiae munimentorum Praefectus. *(Préposé aux Fortifications de l'Alsace sous Louis XIV)*. In-fol., à mi-corps, en méd. ovale, av. encadr. orné de 8 écussons: plans de diverses villes: Ath, Fort Louis, Schelestat, Fribourg, Neuf-Brisack, Huningue, Beffort et Charle-Roy. Av. armoiries. J. A. S e u p e l delin. et sculp. A gr. marges. (Taches de rouille).

828 **Taufrer, Joannes,** . . . SS. Theologiae Doctoris . . . in Argentorat. Academia Profess. celeberrimi. Natus Aº C. 1584, obijt Aº C. 1617. In-12, à mi-corps, tourné à gauche, dans un carré. Monogr. J. H. (J. v o n d e r H e y d e n). Lég. et 6 vers lat. Sans marges. -

829 **Tharin, Mgr. Claude Marie Paul de.** Ancien Evêque de Strasbourg. Précepteur de S. A. R. Mgr. le Duc de Bordeaux. *(Né à Besançon 1787, † 1843)*. In-4º, buste à gauche. Hʳⁱ E c h i l l e t, Lith. Bonneville. Sur Chine. A pet. marges.

830 — Id. „Claudius-Maria-Paulus Tharin, Episcopus Argentinensis 1824—1826". Pet. in-fol., buste à gauche, en méd. ovale, av. encadr. architect. et armoiries. Reprod. photolith., à gr. marges.

831 **Thiele, (J.-Fr.)** Der Weltweisheit Magister, gebohren 1748 den 9ᵗᵉⁿ May. *(Poète. Strasbourg, 1819)*. In-24, buste à gauche, dans un ovale encadré; au-dessous, table av. encrier et livres. Sans nom d'artiste et sans marges.

832 **Thomas, Lorenz,** Ehrenkanonikus und Superior der barmherzigen Schwestern im Elsass u. u., gestorben zu Strassburg am 29. März 1844 in dem Alter von 86 Jahren. In-8º, à mi-corps, tourné à dr., dans un ovale. Sur Chine, av. marges.

833 **Touchemolin, Alfred.** Artiste-peintre. *(Né à Strasbourg 1829)*. In-16, sur feuille in-fol., buste, par lui-même. Reprod. lith. Au-dessous et au verso, notice biogr. par Ferd. Reiber. (Tirage à part du „Mirliton").

834 **Tourdes, Joseph.** *(Médecin à Strasbourg, né 1770, † 1851)*. Gr. in-4º, à mi-corps, assis dans un fauteuil, tourné à droite. Lith. d'après nature par Ch. A u g. S c h u l e r 1842. Lith. d'E. Simon fils. A pet. marges.

835 **Tourdes, Gabriel,** Professeur de Médecine légale à la faculté de médecine de Strasbourg. *(Fils du précédent, né en 1810)*. In-4º, buste à droite. A. R o s é, Lith. E. Simon. Monté sur carton, av. marges.

836 **Tragus, Hieronymus.** Anno aetatis suae 46. *(Jérôme Bock, botaniste allemand, est né à Heidesbach 1498 et mort à Hornbach 1554. Il est*

auteur de l'ouvrage: „Neues Kraeuter-Buch", paru à Strasbourg en 1539, et souvent réimprimé dans la même ville). In-8º, à mi-corps, profil à dr., dans encadr. architect. D. K(andel). Grav. sur bois. Lég. et 8 vers lat. Sans marges.

837 **Tratt, Hans von.** „Anno Domineij 1503, off dar Tag vor Simon und Jude der Aposteln starb der streng Her Hans qo. m. drot, Ritter, dem Gott genedig sy Amen". *(Chevalier, Comte Palatin, propriétaire du village d'Erlebach qu'il a acheté des Durckheim en 1490).* Pet. in-fol., fig. entière, reprod. de sa pierre tombale. Lith. de Fr. Wentzel à Wissembourg. A pet. marges.

838 **Treuttel, Johann Georg.** *(Libraire).* Gebohren in Strassburg 1744. Gestorben in Paris 1826. In-8º, buste à droite, dans un ovale. Dessiné d'après un Portrait fait de lui, âgé 72 ans, de Bein, par Carbonnier à Londres. Lith. Engelmann. Lég. et 4 vers allem. A pet. marges.

839 **Turckheim, Valentinus à,** Nobilis Rhenanus, Ictus, Imperatoris Maximiliani I. ac deinde ab A. 1502. Reipublicæ Noribergensis Consiliarius. In-16, buste à droite, dans un carré, av. armoiries. Grav. anc., sans nom d'artiste. Av. marges.

840 **Türkheim, Johann Freiherr von.** Grossherzoglich Hessischer w. Geheimerrath und Gesandter etc., geboren den 10. November 1749, gest. den 28. Januar 1824. *(Entra fort jeune dans le Magistrat de Strasbourg. Sénateur en 1775, il fut nommé ammeistre de Strasb. en 1778. En 1790 il se retira dans sa terre d'Altdorf, puis devint conseiller intime du landgrave, plus tard grand-duc de Hesse).* In-fol., à mi-corps, dans un carré. Maco pinx., Winterhalder del., Lith. v. J. Velten. Epreuve sur Chine. A grandes marges. (Déchirure.)

841 **Turckheim, Bernd-Frédéric Baron de.** Président du Directoire et du Consistoire génl de la Confession d'Augsbourg, né le 3 Novembre 1752, mort le 10 Juillet 1831. *(Elu maire de Strasbourg en 1792, il fut destitué peu après par la Convention).* In-4º, à mi-corps, tourné à droite, dans un carré. Lith. par Ch. Aug. Schuler 1831, d'après un buste par Mr Ohmacht de 1829 et un tableau peint par Dioc 1815. Imp. Lith. de Simon P. et F. Sur Chine, à grandes marges.

842 — Id. In-8º, même tête, en méd. ovale. Reprod. photolith. A gr. marges.

843 — Id. „M. le Bon de Turckheim, Député du Dépt du Bas-Rhin, élu en 1819". In-8º, buste à droite, en méd. ovale. Gravure sur acier, à gr. marges.

844 **Turckheim, Anne-Elisabeth de, née Schœnemann.** *(„Die schöne Lili" de Gœthe, née à Francfort. Epousa en 1778 le susdit Bernard-Frédéric de Turckheim et mourut en 1817).* In-8º, buste, face, en méd. ovale. Reprod. photolith. d'après un pastel. A gr. marges.

845 — (?) Plus âgée. In-fol., à mi-corps, tournée à droite, dans un ovale. Lithographié par Ch. A. Schuler 1832, d'après un tableau peint par Dioc 1816. Sur Chine, avant la lettre. A grandes marges.

846 **Turckheim, Barons de.** Les 4 fils des 2 précédents:
 1º *Jean-Frédéric, né le 12 déc. 1780, † 1850.*
 2º *Jean-Charles, né le 29 oct. 1783, † 1862.*
 3º *Frédéric-Guillaume, né le 18 oct. 1785, † 1831.*
 4º *Henri, né le 15 juillet 1789, † 1849.*
In-8º, bustes en méd. ovale oblong. Reprod. photolith. d'un tableau à l'huile de l'époque. A gr. marges.

847 **Turckheim, Frédéric-Guillaume, Baron de.** *(3e fils de Bernard-Frédéric de Turckheim. Lieutenant-colonel de cavalerie).* In-8º, buste à gauche, en uniforme, dans un ovale encadré. Reprod. photolith. d'un tableau de l'époque. A gr. marges.

848 — Id. Plus jeune, en uniforme. In-4º, buste à droite, coupé en ovale. Dessin original au crayon, monté sur carton gris in-fol.

849 **Türkheim, Ludwig, Freiherr von,** der Heilkuade Doctor, und K. K. Hofrath. In-4º, à mi-corps, assis dans un fauteuil, tourné à gauche, dans un

carré. Lith. K r i e h u b e r 1841, Gedr. bei Joh. Höfelich. Sur Chine, à très gr. marges.

850 **Tussaud-Duvernin.** — Tuss. Episc. Arathensis. Suffrag. vic. gen. et off. Diœc. Argentinensis. *(18e siècle)*. Pet. in-fol., buste à droite, en méd. ovale, av. armoiries et encadr. architect. L e f e v r e delin. Gravé par E. V e r e l s t à Mannheim. A pet. marges. (2 exempl.)

851 **Uhlmann, M. J.** Chanoine honoraire, Curé cantonal à Mulhouse. In-fol., à mi-corps, assis, tourné à gauche. J a c q u e s S e i g n e u r del. 1865, Lith. par L. V i l l e n e u v e, Imp. Lith. Ferrey. A pet. marges.

852 **Uhrich, le Général (Jean-Jacques-Alexis).** *(Général de division, défenseur de Strasbourg, né à Phalsbourg 1802, † 1886)*. In-8º, buste. Grav. découpée d'un journal illustré.

853 — Id. Gr. in-fol., buste à gauche, en méd. ovale. A droite, une Alsacienne; à gauche, la cathédrale de Strasbourg, etc. Composition de H e n r i M e y e r, E. A. T i l l y sc. Grav. sur bois. (Double feuille du „Journal illustré" du 24 oct. 1886).

854 **Ulmann S(alomon).** Grand-rabbin du consistoire central israélite de France, décédé à Paris le 5 Mai 1865, à l'âge de 59 ans. *(Né à Saverne 1806)*. Gr. in-8º, buste à droite, dans un ovale. L. K u p p e n h e i m lith. Imp. Frick frères. Sur Chine, à gr. marges.

855 **Unselt, Joh : Philippus,** Pfarrer zu St. Wilhelm in Strassburg, im Jahr 1737. Alters 65. Predigampts 40. Pfarrd. 6. Gr. in-8º, à mi-corps, tourné à droite, en méd. ovale, av. encadr. architect. et armoiries. I. M. W e i s Argent. sc. 1737. A pet. marges.

856 **Unselt, Ioann. Daniel,** Ecclesiastes Gedanensis. In-fol., à mi-corps, tourné à gauche, en méd. ov., avec encadr. architect. et armoiries. *(Les mêmes que du précédent)*. D a n i e l K l e i n pinxit, I. M. W e i s Argent. sculps. A pet. marges.

857 **Vaux, Thereze de,** née à Colmar le 13 Janvier 1727. In-16, buste, face, en méd. ovale encadré, sur socle. Lég. et 4 vers franç. J. C. G. F r i t z s c h sc. Rogné.

858 **Venningen, Otto Henricus à,** in Neidenstein. *(Noble alsacien)*. In-4º, buste à dr., en méd. rond., av. encadr. allégor. et armoiries. Sur deux colonnes, les armoiries de 16 communes, telles que Venningen, Niefern, Seinssheim, Rechberg, Rottenburg, etc. Lég. et 4 vers lat. J a c o b u s G r a n t - h o m e fecit. Sans marges.

859 **Vidal, François.** Né à Coutras (Gironde) le 17 Février 1812. Représentant du peuple à l'Assemblée Nationale, 1849. In-8º, buste à gauche. Lith. d'après nat. par P a t o u t, E. D e s m a i s o n s direxit, Imp. Lemercier. Sur Chine, à gr. marges. (Pl. de „Galerie des Représentants du Peuple. — Législative, 1849. — Bas-Rhin").

860 **Villars, Dominique.** *(Botaniste, médecin, né à Villars — Hautes-Alpes — en 1745, † à Strasbourg, où il était professeur, le 27 juin 1814)*. In-12, buste à gauche. L a g r e n é e, Lith. de G. Engelmann. A pet. marges.

861 **Vion, Jean-Jacques-Henri.** *(Chanoine, Archiprêtre de la Cathédrale de Strasbourg, né à Schlestadt, † le 4 févr. 1839)*. In-4º, buste à gauche. Lith. d'après nature par C h. A. S c h u l e r 1838, Lith. de Simon fils. Epreuve sur Chine, avant la lettre. A gr. marges.

862 **Vogtherr, Henri, père,** âgé de 47 ans, et **Vogtherr, Henri, fils,** âgé de 24 ans. *(Peintres et graveurs sur bois au 16e siècle)*. In-16 oblong sur papier in-fol., en 2 méd. ronds, av. encadr. et lég. allem., 1534. Au verso, notice biogr. par F. Reiber. (Tirage à part du „Mirliton").

863 **Voyer d'Argenson.** Député du Dépt du Haut-Rhin, élu en 1817. *(Marc-René de Voyer, comte d'Argenson est né en 1771 et mort à Paris en 1842)*. In-8º, buste, face, dans un ovale. Belle lithogr. à toutes marges.

864 — Id. In-8º, buste à gauche. F. G r e n i e r 1820. Lith. de Langlumé. A grandes marges.

865 — Id. In-8º, en pied, à la tribune. M o n d a i n sc., Imp. Frault Jne. Grav. sur acier. Av. marges.

866 **Wagner, Iohannes Iacobus,** Augustanus Pastor Hanoicus Waltenheimensis. Ministerii 64, Aetatis 88. *(17° siècle).* Pet. in-4°, à mi-corps, tourné à droite, en méd. ovale, av. encadr. architect. J. A. S e u p e l d e l i n. et sculp. Sans marges.

867 **Waldner, Chrétien - Dagobert - Frédéric Comte de,** Lieutenant - Général. *(Seigneur d'Ollwiller, Berwiller, etc., né en 1712, † 1783).* In-4°, à mi-corps, profil à gauche, en méd. ovale, av. encadr. architect. A. D e-m a r l e f t 1868. (Pl. de „Lehr, l'Alsace Noble"). A gr. marges.

868 **Waldteufel, Salomon,** mort le 3 juin 1831, à l'âge de 19 ans. *(Musicien).* In-fol., buste à droite. Lith. de Simon P° et F³ à Strasbourg. A gr. marges.

869 **Walliser, Christophorus Thomas,** Argentoratensis. Praeceptores in Gymnasio. . . . . Anno Christi 1625 aetatis suae 57. *(Auteur de musique religieuse).* In-18, buste à dr., dans un carré. Iacob. ab Heydë sculpsit ad vivum. Lég. et 4 vers lat. A gr. marges.

870 **Walter, François,** *(Graveur et dessinateur),* né à Strasbourg le 9 mars 1755. In-8°, sur papier de Hollande in-fol., buste, profil à droite, av. encadr. (Attribué à J. D. H e i m l i c h). A très gr. marges.

871 **Wangen de Geroldseck. — Friderich Ludwig Franz,** Bischoff zu Basel, des heil. römisch: Reichs-Fürst aus dem uralt: Reichs-Hoch-Frey-herrlich: Geschlecht von Wangen zu Gerolsegg am Wasichin. *(Né 1727, † 1783).* In-fol., buste à dr., en méd. ovale, av. encadr. architect. et armoiries. Grav. anc., sans nom d'artiste. Sans marges.

872 **Wangerus, Bartholomaeus,** in Ingersheim. Aetatis suae 72 . . . anno . . . 1619. Gr. in-8°, buste à dr., dans un carré, av. armoiries. P e t: I s e l-b u r g ad Vivum delin: et sculp: A toutes pet. marges.

873 **Weber, Edmond.** *(Musicien-compositeur, né 1838, † à Strasbourg 1885).* In-8°, buste à gauche, en méd. ovale, fond teinté. J. B(o r n e r t), Lith. Ed. Hubert à Strasbourg. A grandes marges.

874 **Weckerlin, Jean-Baptiste-Théodore.** *(Compositeur, ne à Guebwiller 1821; auteur des „Chansons populaires de l'Alsace" parues en 1883).* Gr. in-8°, buste, dans un ovale. Photolith., Imp. Becquet, Paris. A gr. marges.

875 **Wedekind, Dr G. Freiherr von.** *(Médecin du grand-duc de Darmstadt, publiciste pendant la Révolution, Strasbourg 1796).* In-8°, buste à dr., dans un ovale. Fr. R o l t sc. 1824. A pet. marges.

876 **Wegelin, Thomas,** August. Th. D. P. ord. Senior. praeses Conv. eccl. et Canonicus Thom. Argent. Obijt A° 1629, anno aeta. 52. In-18, buste à gauche, dans un ovale. Lég. et 10 vers lat. Monogr. J. v. H. (J. v o n d e r H e y d e n). Rogné.

877 — Id. Même portrait, fond noir, sans la date de décès. Découpé d'un ouvrage latin. Sans marges.

878 **Well, Isaac.** Grand-Rabbin *(de la Basse-Alsace),* né à Brumath le 4 Mars 1840. In-4°, à mi-corps, tourné à dr., en méd. ovale encadré. E. K r e t z 90, Lith. A. Dusch & C¹ᵉ. Fond teinté. A gr. marges.

879 **Weislinger, Ioannes Nicolaus,** Definitor Ven. Cap. Rur. Otterswirani et Parochus Capellis infra Rodeck in Brisgoia Dioecesis Argentoratensis. Anno 1749 aetat. suae 58. *(Polémiste, né à Puttelange 1691, † 1755).* In-fol., à mi-corps, assis dans sa bibliothèque. A D. D a n n e g g e r Arg. Sc., Strasburg zufinden bey A D. Dannegger am Seiffengaesel. Lég. et 6 vers lat. A pet. marges.

880 **Welperus, Eberhardus,** Mathematicus et Calendariographus Argentinensis. A° Christi 1652 aetatis 62. In-12, buste à droite, en méd. ovale, av. encadr. orné et armoiries. P. A u b r y. Lég. et 6 vers lat. Rogné.

881 **Wencker, Jacobus,** Reipublicae Argentoratensis Consul et Tredecim-Vir. Natus Argentinae a° 1633. *(† 1715).* In-fol., à mi-corps, tourné à droite, en méd. ovale, av. encadr. et armoiries. J. A. S e u p e l delin. et sculp. Belle épreuve, av. marges.

882 — Id. „L'Ammeistre Jacques Wencker". In-4°, buste à droite, en méd. ovale, av. encadr. architect. A. D e m a r l e f t 1868. (Pl. de „Lehr, l'Alsace Noble"). A. gr. marges.

883 West, (Auguste-César). Député du Haut-Rhin. (*Né à Soultz le 13 juillet 1810. Préfet du Haut-Rhin de 1848 à 1850, du Bas-Rhin de 1850 à 1855*). Photographie, format cabinet, collée sur carton blanc in-4°. A mi-genoux. Photogr. Franck.

884 Westercamp, C(harles) E(mile). Représentant du Peuple — Bas-Rhin. (*Né à Wissembourg 1799*). In-fol., à mi-corps, assis, tourné à gauche. A. Collette, Imp. Kaeppelin & Cie. A gr. marges.

885 Westermann, François-Joseph. Général au service de la France. Né en 1764 à Molsheim (Allemagne), condamné à mort le 16 Germinal an 2 (*1794*). In-18, buste, profil à gauche, en méd. ovale dans un carré. J. Porreau sc. d'après le Physionotrace Chretien. Eau-forte, à grandes marges.

886 Wieger, Frédéric. (*Professeur à la Faculté de Médecine, né à Strasbourg 1821, † 1890*). In-4°, buste, en méd. ovale, avec emblèmes. E. Kretz 91. Lith., avec marges.

887 Willm, J(oseph), Membre correspondant de l'Institut de France. Inspecteur de l'Académie du Bas-Rhin, Professeur de Philosophie au Séminaire protestant de Strasbourg, etc. Décédé le 7 Février 1853. (*Né à Heiligenstein 1792*). Pet. in-4°, buste à droite. Peint et lith. d'ap. nat. p. G. Ad. Schwalb 1850. Imp. Lith. Fasoli et Ohlman. Epreuve sur Chine, à grandes marges.

888 Winckler, Théophile Frédéric. (*Archéologue. Employé au Cabinet des Médailles de la Bibliothèque Impériale. Né à Strasbourg 1771, † à Paris 1807*). In-8°, buste, profil à droite. Mecou Sculp. Avant la lettre. A pet. marges.

889 Wissembourg. — Lotharius Fridericus Bischoff zu Speyr, erwölter Coadiutor des Ertz-Stiffts Mayntz, Probst zu Weissenburg . . . . . (*17e siècle*). In-8°, buste à droite, en méd. ova^le encadré, av. armoiries. Grav. anc., sans nom d'artiste. A toutes pet. marges.

890 Wolff, Baron (Marc François-Jérôme). Lieutenant-Général. (*Né à Strasbourg 1776, † 185. . .)* In-8°, buste. A. Maurin, Imp. par Godard. Lith. sur Chine, à pet. marges.

891 Wurmser, Conte di. Feld-Maresciallo Austriaco. (*Dagobert-Sigismond Comte de Wurmser est né en Alsace le 22 sept. 1724 et mort à Vienne le 23 août 1797*). In-8°, en pied, tourné à droite, avec camp bien assis au fond. G. B. Bosio dis. G. Zancon inc. Gravure italienne, à gr. marges.

892 Wurtemberg. — Eberhardus Dux Würtembergiae et Tecciae Comes Montisbeligardi. Dñs Haidenhaim. (*Né 1614, † 1674*). In-8°, buste à droite, dans un ovale encadré. Grav. anc., sans nom d'artiste. A pet. marg.

893 Wurtemberg. — Frédéric I, Roi de Wurtemberg. (*Le Duc Frédéric-Guillaume-Charles, né en 1754, succéda à son père en 1797 sous le nom de Frédéric II. Le 26 déc. 1805 il obtint, par le traité de Presbourg, le titre de roi, et régna sous le nom de Frédéric I^r*). In-4°, buste à gauche, en méd. ovale, av. encadr. architect. A. Demarle f^t 1868. (Pl. de „Lehr, l'Alsace Noble"). A gr. marges.

894 Würtz, Iohann Friderich. Gewesener Alter Ammaister und Dreyzehener zu Strasburg. (*Négociant, né en 1624, † 1692*). In-fol., à mi-corps, tourné à dr., devant un registre de commerce. Grav. anc., sans nom d'artiste. A pet. marges.

895 Wurtz, (Charles) Ad(olphe). (*Chimiste, né à Strasbourg 1817, fils de Jean-Jacques Wurtz, pasteur à l'église de Saint-Pierre-le-Jeune. Il est mort en 1884*). In-4°, à mi-corps, tête à droite. Schultz fecit, Pierson photog., Imp. Lemercier et Cie. Epreuve sur Chine, à gr. marges.

896 Yves, Renaud. Né à Colmar le 12 Janvier 1804. Procureur G^{al} près la Cour d'Appel de Colmar. (*Représentant du Peuple à l'Assemblée Nationale en 1848, † le 5 juillet 1884*). In-4°, buste, tête tournée à droite, fond teinté. Lith. d'après nature par Ch. Bazin, E. Desmaisons direxit, Imp. Lemercier. (Pl. de „Galerie des Représentants du Peuple, 1848. — Haut-Rhin"). A gr. marges.

897 **Zasius, Huldrichus,** Constantiensis. I. C. (*Chevalier de la Haute-Alsace*). In-18, buste à droite, en méd. ovale, av. encadr. allégor. Rogné.

898 **Zell, Mathieu.** (*Né à Kaysersberg 1477, † 1548. Réformateur, premier pasteur évangélique de Strasbourg*). In-18, à mi-corps, profil à gauche. Grav. sur bois anc., sans marges.

899 **Zentgravius, Ioh. Ioachimus.** SS. Theol. D. ejusd. in Universit. Argentor. Prof. sen., Convent. Eccles. Praeses, et Capit. Thom. Decanus. Nat. Argent. Anno salvat. 1643 . . , Denat. ib. 1707. Pet. in-fol., à mi-corps, tourné à droite, en méd. ovale, av. encadr. architect. Grav. anc., sans marges.

900 **Zimmermann, Th(iébaut).** (*Fondateur des établissements industriels à Issenheim, né vers 1762*). In-18, buste à droite, eau-forte. Imp. A. Salmon. Av. marges.

901 **Zix, Madame Benjamin.** (*Epouse du peintre, né 1772, † 1811*). Pet. in-4º, à mi-corps, tournée à gauche. Reprod. photolith. d'une peinture à l'huile de l'époque. A gr. marges.

902 **Zorn v. Bulach, Anton Joseph Freyherr,** Directorial-Rath deren freien Reichs Ritter Schafften in deren Ortenau und in dem Unter Elsas, . . . Obristen des ehmaligen Königliches Französisches Cav^rie Régt Royal Allemand . . . Ist gemahlet worden mit Ends 1815 in dem 79. Jahr seines alters. (*Né 1736, † 1817*). Pet. in-4º, buste à droite, av. encadr. Reprod. photolith. moderne. A gr. marges.

903 — **Wilhelmina Francisca,** gebohrne Freyin Zorn v. Bulach . . . Ist gemahlet worden mit ende 1815 in dem 63. Jahre ihres Alters. (*Epouse du précédent, fille de François-Guillaume Zorn de Bulach, de la ligne cadette*). Pet. in-4º, buste à gauche, av. encadr. Reprod. photolith. mod. A gr. marges.

904 — **Mademoiselle Zorn de Bulach.** (*Enfant d'une dizaine d'années*). Pet. in-4º, à mi-corps, assise dans un fauteuil et accoudée sur une table. Av. armoiries et encadr. Reprod. photolith. d'une peinture à l'huile de F. Schellen (?) 1783. A gr. marges.

905 — **Baron François(-Antoine-Philippe-Henri) Zorn de Bulach.** Vice-président de la Délégation d'Alsace-Lorraine. (*Ancien chambellan de S. M. Napoléon III, né 1828, † 1890*). In-4º, buste à gauche. P. B(éguin) d'après une photogr. de S. Gerschel. Lith. Ed. Hubert. A gr. marges.

906 **Zorn de Plobsheim. — Christina Renata Zorn Dinasta de Plopsheim,** nata Bartsch de Demuth. Nata 1692, denata 1716. (*Epouse de Frédéric-Auguste Zorn de Plobsheim, né 1664, † 1745, chambellan de l'électeur de Saxe*). In-fol., à mi-corps, de face, en méd. ovale, av. encadr. et armoiries. Chereau fecit. Sans marges.

907 **Zuber, Jean** (*Manufacturier à Rixheim, né 1773, † 1852*) et **Madame Jean Zuber, née Elisabeth Spoerlin** (*1775, † 1856*). 8 Août 1846, 50me anniversaire de Mariage. In-4º obl., bustes. Lith. de Engelmann père et fils. Av. marges.

908 — Descendants et ascendants des précédents. Groupe de 12 personnages, à mi-corps, en reproduction photogr. moderne. In-fol. oblong. — Av. calque, donnant les indications nécessaires.

909 **Zuckmantel,** Mlle, (l'aînée). In-16, à mi-corps, tête tournée à gauche, en méd. ovale. Reproduction photolith. d'un portrait à l'huile. A pet. marges.

910 **Zuckmantel,** Mlle (la cadette). In-16, à mi-corps, tête tournée à droite, en méd. ovale. Reproduction photolith. d'un portrait à l'huile. A pet. marges.

911 **Zu Rhein. — Hamman ze Rhein,** Herr-Meister dess Ritterlichen Johanniter Ordens in Teutscher nation (*de 1408 à 1444, année de sa mort*). In-32, à mi-corps, profil à gauche. Grav. sur bois tirée d'un ouvrage allem. anc., av. notice biographique.

---

912 Détenus politiques du Haut-Rhin, à la Prison de Colmar, en 1849. (*Entre autres :* **Mossmann,** *de Colmar,* **Gillet,** *d'Ingersheim,* **Mangold,** *de Colmar,* **J. Kentzinger,** *de St. Hypolite,* **Ortlieb,** *de Riquevyhr,* **Sée,** *de Colmar, etc. etc.*) In-fol. oblong. Réunion de 18 bustes, dessinés par Dantzer. Lith. de G. Eckardt, à Mulhouse. Av. marges.

Portraits d'Alsaciens inconnus.

913 Portrait in-8°, buste à dr., dans un ovale. Aug te Garnerey 1816. Lithographié par G. Engelmann. Av. marges.

914 Portrait in-8°, buste à gauche, en méd. ovale, av. encadr. „Als die Unbekannten und doch bekannt“. J. J. Karpff ad vivum delin. Colmar 1787. Christoph Andreas Pfautz sc. A. V. 1787. A pet. marges.

915 Portrait in-fol., buste à droite. *(Pasteur protestant).* A te Lecler 1839, p t par Scheffer 1818. A gr. marges.

916 Portrait in-4°, à mi-corps, tourné à gauche. *(Général français).* Lith. d'après nature par Ch. Aug. Schuler, Lith. de Simon fils. Sur Chine, av. marges.

917 Portrait in-8°, fig. entière, à pied. *(Monsieur en barbe noire, en costume de cérémonie, av. canne).* „2 Juin 1877“. Lith., av. marges

918 Portrait in-8°, à mi-corps, tourné à droite. *(Chanteuse lyrique inconnue).* Reprod. photolith. d'un vieux tableau. Av. marges.

Portraits de personnages
dont le séjour en Alsace est douteux.

(Classés par Monsieur H. M * * * * parmi les portraits alsaciens).

919 **Bourignon, Antoinette,** née à L'Isle l'an 1616, décédée à Franeker l'an 1680, ayant écrit plus de 20 Traités, publiés à Amsterd. chez H. Wetstein. Gr. in-8°, buste à dr., en méd. ov. encadré. P. P. delineavit, P. v. Gunst sculpsit. Lég. et 6 vers franç. A pet. marges.

920 **Brandenburg, Johannes Georg,** Marggraf zu / des H. Römischen Reichs Ertz Cämmerer vnd Churfürst ... So geborn den 11. Sept. 1525. Inn Gott seliglich verschieden den 8. Januarij 1598. In-fol., à mi-genoux, tourné à dr., en grand ornat. Pictor Andr. Riehl invent., Heinr. Vlrich. sculptor, Cnoltzbachij typis. Av. 8 vers latins et 8 vers allemands. Sans marges.

921 **Braun, M. Hartman,** P. G. Aetatis suae 48 Anno 1618. *(Pfarrherrn zu Grunberg in Hessen).* In-12, à mi-corps, tourné à droite, en méd. ovale, av. encadr. orné. Lég. et 2 vers lat. (Frontispice d'un ouvrage allemand publ. en 1619). Sans marges.

922 **Bullingerus. Henricus.** Natus A° 1504. Obijt A° 1576. *(Réformateur, né à Bremgarten, † à Zurich).* In-4°, buste à droite, en méd. ovale encadré. R. Houston Fecit. Grav. angl., en manière noire. Av. marges.

923 **Choiseul, Etienne François Duc de.** Pair de France, ... Colonel Général des Suisses et Grisons, ... Ministre et Secrétaire d'Etat de la Guerre et des Affaires étrangères, ... *(Né 1719, † 1785).* In-8°, buste à droite, en méd. rond, av. encadr. orné. Dessiné et Gravé par N. De Launay en 1769, d'après le Tableau peint en 1760 par L. M. Vanloo. A très pet. marges.

924 **Faber, Jacobus,** Stapulensis. *(Savant franç. refugié à Strasbourg (?) Né 1455, † 1537).* In-18, buste à gauche, dans un ovale encadré. Lég. et 4 vers lat. Sans marges.

925 **Goupy, Cornélie,** à 52 Ans. *(Poète).* Dessiné par Thomé de Gamond, 1850, gravé par A. Masson 1869. In-18, à mi-corps, profil à gauche. Epreuve sur Chine, à pet. marges.

926 **Hasselmans, Joseph,** membre du Jury. — Au verso, **Victor Elbel,** membre du Jury. Bustes à droite, in-12. Lallemand. Lévy. Bois extraits d'un journal franç.

927 **Herz, Henri.** *(Fabricant de Pianos).* Gr. in-4°, buste. H. G r e v e d o n
    1837, Lith. de Lemercier, Bernard & Cie. A toutes marges.

928 **Knoringen, Henricus de,** Episcopus Augustanus etc. *(Famille noble
    d'Alsace — ?)* In-fol., buste à droite, en méd. ov., avec encadr. allégor.
    et armoiries. Sans marges.

929 **Mercklinus, Joh. Abraham,** Med. D. Georgg. Abrahh. fil. et nep. S. R. J.
    Acad. nat. cur. Chiron II. Reip. Norimb. Phys. ord. senior . . . . *(Son
    père, Georges-Abraham-Mercklin, était natif de Wissembourg — ?).*
    Gr. in-8°, à mi-corps, tourné à gauche, av. armoiries. J. M. K r i e g e r
    Pinx, A. N u n z e r sc. 1722. A pet. marges.

930 **Monnin-Japy.** In-4°, à mi-corps, assis, tourné à gauche. L a f o s s e 1865,
    Pierre Petit photog., Imp. Lemercier & Cie. Sur Chine, à gr. marges.

931 **Orléans. — Elisabeth Charlotte** Palatine Duchesse d'Orléans, etc. *(Prin-
    cesse palatine, femme du Duc d'Orléans, frère de Louis XIV — ?)* Gr.
    in-4°, buste à gauche, en méd. ov. encadré, av. armoiries. Ex Formis
    L u d o v i c i R e n a r d. A pet. marges.

932 **Schreccefuchs, Erasmus Oswaldus.** Nascitur in Austria Anno 1511, obijt
    Friburgi An. 1579. *(Mathématicien).* In-12, à mi-corps, de face, av.
    encadr. architect. Monogr. B R. Grav. anc., à pet. marges.

B. CARTES.

---

933 **Bonne.** Gouvernements de Lorraine et d'Alsace. 1784. 1 feuille de 26/32 cm.

934 **Dubuisson.** Gouvernement d'Alsace. Grave par P. F. T a r d i e u, écrit par
    D u b u i s s o n. 1 feuille col. de 43/32 cm. (Pl. 29 d'un atlas du
    18e siècle).

935 **Fer, N. de.** Haute et Basse Alsace, Suntgaw, Brisgaw, Ortenaw, et le
    Marquisat de Bade, avec les divers Routes et Passages des Montagnes
    et Forests Noires, pour entrer en Souabe. A Paris chez G. Danet. S. d.
    1 feuille de 51/65 cm.

936 **Gouvernement et Généralité d'Alsace.** Avec les Grandes Routes. A Paris,
    rue St-Jacques au Globe, 1771. Color., 35/24 cm, avec encadr., in-f°.

937 **Hallez-Claparède.** Carte historique de l'Alsace, à l'époque de sa réunion à
    la France, et à la date des différents traités qui ont suivi la paix de
    Westphalie (24 Oct. 1648 au 20 Nov. 1815). Paris (1850). 1 grande
    feuille chromolith. de 67/92 cm. Av. armoiries col. et quelques pet.
    vues. (Raccommodages).

938 **Homann.** Alsatia tam Superior, quam Inferior una cum Sundgovia, utraque
    in suos Status provinciales divisa et ex subsidiis veteribus Specklinianis
    aeque ac recentioribus delineata. Studio Homannianorum Heredum.
    S. l. n. d., col. 112/43 cm.

939 **Homann, Ioh. Baptista.** Landgraviatus Alsatiae tam Superioris quam In-
    ferioris, cum utroque Marchionatu Badensis, etc., editore Joh. Bapt.
    Homanno, Noribergae. S. d. 1 feuille col. de 58/48 cm.

940 **d'Houdan.** Département du Haut Rhin — Département du Bas Rhin, décretés
    le 13 janv. 1790 par l'Assemblée Nationale, etc. (Atlas national de
    France). Gravé par d'Houdan. 2 feuilles col. de 51/52 et de 51/59 cm.

941 **Jaillot, Hubert.** L'Alsace divisée en ses principales parties. Paris 1707.
    2 ff. de 44/65 cm. chacune.

942 — Id. Paris 1784. 2 ff. de 44/65 cm. chacune.

943 **Koerius, Petrus.** Alsatia inferior. — Alsatia superior cum Suntgoa et Bris-
    goia. — Palatinatus Rheni. • 3 cartes de 19/25 cm, tirées d'un ouvrage
    anc., av. texte explicatif en français.

944 **Le Rouge.** L'Alsace. Dédiée à Son Alt^{se} Sere^e Monseign^r le Prince de
    Conty. 1743. 1 pl. col. de 27/20 cm.

945 **Meyer, Georg Fridericus.** Alsatiae superioris et inferioris accuratissima geographica descriptio. Basil. 1677. Correcta et aucta Basileae anno 1703. Avec encadr., écusson et cartouches ornés. 1 grande planche de 46/160 cm.

946 — Id. Planche pareille de 36/122 cm. Correcta et aucta Basileae Anno 1702 per **Iacobum de Sandrart**.

947 **Robert.** L'Alsace divisée en Haute et Basse et le Sundgau. 1754. E. H a n s s a r d (?) sculp. 2 cartes sur 1 feuille, d'ensemble 48/70 cm.

948 **Sandrart.** Karte des ganzen Rheinstroms von seinem doppelten Ursprung bis zu seinem Ausfluss. Nach dem berühmten Sandrart neu herausg. von **Joh. G. Malaflsidz** 1794. Kil. P o n h e i m e r sc. Planche I: des sources jusqu'à Mayence, avec 10 vues et plans de villes de son parcours. Wien, zu finden . . . bey Herrn Krill. 37/51 cm.

949 **Seutter, Matth.** Alsatia Landgraviatus cum utroque Marchionatu Badensi, Sundgovia, Brisgovia, etc. Augsbourg s. d. 1 feuille col. de 58/50 cm.

950 **(Tassin).** Carte de la Basse Elsace. — Carte de la Haulte Elsace. 2 planches col. de 42/56 cm chacune. En assez mauvais état, surtout la feuille de la Haulte Elsace.

951 **(Tassin).** La Haulte et Basse Elsace. 1 feuille en noir de 10,5/15,5 cm. (Pl. 42 d'un ouvrage anc.)

952 **Walther, Joh. Georgius.** Alsatia Landgraviatus, Ober und Unter Elsass, Sundgöw und Brissgöw. Anno 1675. M a r t i n u s H ä i l l e r sculps. 1 grande feuille en noir de 80/57 cm.

953 **Weis.** Alsatiae Francicae ducatus, in Pagos et Comitatus suos divisus . . . . W e i s Argent. del. et sc. 1751. 1 feuille col. de 33/73,5 cm. (Pl. d'un ouvrage anc. „ad pag. 619").

---

954 **Carte du Département du Bas-Rhin.** Strasb., chez E. Simon. 1 feuille en noir de 65/49 cm., entourée de vues et portraits. (Supplt. de „Annuaire des Adresses du Haut et du Bas Rhin").

955 **Charle.** Bas-Rhin. Dressé par C h a r l e Géographe attaché au Dépôt de la Guerre. Imp. chez L. Letronne. 1 feuille en noir de 34/25 cm. (Pl. de „Nouvel Atlas communal de la France").

956 **Laguillermie et Rainaud.** Dépt du Bas Rhin. La Statistique et la Géographie par V. Levasseur. Paris, s. d. 1 feuille de 28/42 cm, av. emblèmes et 2 portraits. (Pl. 66 de „Atlas national illustré").

957 **Mercatorem, Gerardum.** Alsatia inferior. S. l. n. d. 1 feuille en noir de 36/43 cm. (Pl. d'un ouvrage anc., en latin).

958 **Sanson.** Tribocci. Eves^chó de Strasbourg. 1659. Chez P. Mariette. S o m e r Sculp. 1 feuille col. de 41/51 cm.

---

959 **Carte du Département du Haut-Rhin.** (Alsace). Lithogr. de Engelmann et Comp^ie. Chez Reiffinger, libraire à Colmar. 1835. 1 feuille de 25/18 cm, en noir.

960 **Charle.** Haut Rhin. Dressé par C h a r l e Géographe attaché au Dépôt de la Guerre. Impr. chez L. Letronne. 1 feuille col. de 34/25,5 cm. (Pl. de „Nouvel Atlas communal de la France").

961 **Mercatorem, Gerardum.** Alsatia superior cum Suntgoia et Brisgoia. Amsterdami, apud Ioa. Janssonium, s. d. 1 feuille col. de 36/48 cm. (Pl. d'un ouvrage anc., en latin).

962 **Tardieu, P. F.** Carte du Département du Haut-Rhin. Gravé par P. F. T a r d i e u. 1 pet. feuille, en noir, de 18/20 cm.

---

963 **Dupain Triel.** Carte minéralogique d'une partie des Voges et de l'Alsace où se trouvent Ste Marie aux Mines, Schlettstat et Erstein. Dressée et executée par le S^r D u p a i n T r i e l. 1769. 1 feuille, en noir de 23,5/46 cm.

964 **Dupain Triel.** Carte minéralogique .... où se trouvent Thann, Guebwiller, Colmar et Neufbrisack. Av. vue des environs de Thann. 1769. 1 feuille de 23,5/46 cm, en noir.

965 **l'Isle, Guill. de.** Le Cours du Rhin au dessus de Strasbourg, et les Païs adjacens. A Paris chez l'Auteur. Gravé par Lieubaux le fils. 1704. 1 feuille de 48/64 cm.

966 **„Sunggoia. Sungow".** Pet. planche col. de 15/20 cm, à gr. marges. (Extrait de „Franciae, Austriasiae ... descriptio. 1594").

C. VUES ET PLANS.

967 **Altkirch.** — „Vue de la ville d'Altkirch, prise sur la route de Mülhausen". Dessiné d'après nature par Ch. Goutzwiller. Lith. de G. Brückert à Guebwiller. In-fol. obl., av. marges.

968 — „Vue d'Altkirch". Lith. par Sandmann. Lith. de Simon fils. (Pl. de l'„Album alsacien"). Gr. in-8º obl., av. marges.

969 **Andlau.** — „Vue de la vallée d'Andlau". Lith. de Fr. Wentzel à Wissembourg. Au profit des incendiés de Belmont. Gr. in-8º obl., av. marges.

970 **Bâle.** — „Eglise Ste Elisabeth à Bâle". Signé A. S. (Pl. de „Monuments d'Architecture"). Gr. in-8º, fond teinté, av. marges.

971 — „Eglise des Dominicains à Bâle". Signé A. S. (Pl. de „Monuments d'Architecture"). In-4º, fond teinté, av. marges.

972 — „Porte St Paul à Bâle". Signé A. S. (Pl. de „Monuments d'Architecture"). Gr. in-8º, fond teinté, av. marges.

973 **Barr.** — „Prospect des Fleckens Barr". In-8º obl., av. marges. Belle grav. anc. sur cuivre.

974 **Belfort.** — „Beffort, Forteresse. Située au pied des montagnes de Vauge .." Plan, gr. in-8º obl., grav. sur cuivre, av. marges.

975 — „Belfortum aspectus ab Occid." Vue panoramique in-fol. oblong. Grav. anc., av. armoiries. A pet. marges.

976 — „Vue prise du Faubourg de Lyon". Dess. d'ap. nat. par Deroy, imp. Becquet à Paris. (Pl. de la „France en miniature"). Gr. in-8º obl., av. marges. Color.

977 — „Vue de la Place". Dess. d'ap. nat. par Deroy, imp. Becquet, Paris. (Pl. de la „France en miniature"). Gr. in-8º obl., av. marges. Color.

978 — „Le Lion de Belfort". Gravure de Puyplat, d'après le plâtre de Bartholdi. Imp. Pillet et Dumoulin. (Pl. de „L'Art. — Salon de 1878"). In-fol. obl., à gr. marges.

979 **Benfeld.** — „Benfelda vetus et Benfelda nova". 2 vues sur 1 feuille in-fol. obl. Grav. anc., av. armoiries. A pet. marges.

980 **Bernstein.** — „Bernstein bei Dambach". F. Imlin 1818. Gr. in-8º obl., av. marges.

981 — „Vue du Château de Bernstein". Bichebois delt. Lith. de G. Engelmann. (Pl. de „Golbéry et Schweighaeuser, Antiq. de l'Alsace"). In-fol. obl., à gr. marges.

982 **Bilstein.** — „Burg Bilstein bei Urbeis". Von Winkler reconstr., v. Naeher gez. In-8º, av. marges

983 **Bitschwiller.** — „Haut-fourneau et fonderies de Mr Hri Stehelin à Bitschwiller (près Thann)". J. Mieg del. 1823. Lith. de G. Engelmann. (Pl. de „Manufactures du Haut-Rhin"). Pet. in-fol. obl., à pet. marges.

984 **Bouxwiller.** — „Buxovilla, versus septentr." Vue panoramique in-fol. obl. Grav. anc., av. armoiries. Weis Arg. sc. A pet. marges.

985 **Brisach.** — „Plan de Brisach et Plan de Neuf Brisach". 2 pet. plans in-24 obl., sur grande feuille in-fol., entourés de 10 médailles de Louis XIV et de deux autres grav. (Pag. 120 d'un ouvrage numismat. franç.)

986 **Brisach (Vieux).** — **Plan:** „Ville forte sur le Rhein, Capitale de la Province de Briscow.... Les françois en sont les maitres depuis l'An 1639". L. Loisel Fecit. In-fol. obl., av. marges.

987 **Brisach (Vieux).** — **Vue**: „Brisack, Ville Forte ancienne Capitalle de
Brisgaw..." A Paris chez Basset. Grav. anc., pet. in-fol. obl. A pet.
marges.

988 — „Vue de la ville de Neuf-Brisach". (Imprimé par erreur „Neuf-Brisach").
Reproduction moderne, col., de la planche précédente. Paris, chez
Hocquart. Pet. in-fol. obl., à pet. marges.

989 **Brunstatt.** — Vue du château de Brunstatt. D'après un plan déposé aux
archives de la ville de Mulhouse. (*17e siècle*). J. Gide (18)95. Lith.
in-8º obl., av. marges.

990 **Buhl.** — „Fabrique de Draperie de Mrs Martin Thyss & Cie". J. Mieg del.,
Lith. de G. Engelmann. (Pl. de „Manufactures du Haut Rhin"). Pet.
in-fol. obl., à pet. marges.

991 **Cernay.** — „Fabrique d'Indiennes de Mrs Witz, Blech & Cie". J. Mieg
del. 1824, Lith. de G. Engelmann. (Pl. de „Manufactures du Haut-
Rhin"). Pet. in-fol. obl., à pet. marges.

992 — „Fonderie et Ateliers de Construction de Mrs Risler Fres & Dixon".
J. Mieg del. 1822, Lith de G. Engelmann. (Pl. de „Manufactures du
Haut-Rhin"). Pet. in-fol. obl., à pet. marges.

993 **Colmar.** — **Vue cavalière.** „Colmar, vulgo Kolmar". (Pl. de „Bruin & Hogenberg, Civitatis orbis terrarum", édit. lat.) Gr. in-8º obl., à toutes
pet. marges.

994 — — Même planche. (Tirée du même ouvrage, édit. française). Gr. in-8º
obl., rognée.

995 — — „Die Statt Colmar contrafehtet nach aller jrer gelegenheit / sampt
vmbligender Landschafft". (Pl. de „Münster, Cosmographey"). Grav.
sur bois, in-fol. obl., av. marges.

996 — — „Colmar, Ville de la Haute Alsace, et ses environs". A Leide, chez
Pierre van der Aa. Av. armoiries, et personnages au premier plan.
(Pl. 41 d'un ouvr. anc.) In-fol. obl., sans marges. Remonté.

997 — — „Des Heiligen Römischen Freyen Reichs Stat Colmar im obern
Elsass. 1643". Grav. de Matth. Merian. (Pl. de „Merian, Topographia Alsatiae"). In-fol. obl., à très gr. marges.

998 — — Reprod., à l'encre, de la planche précédente. Jacob Geigr. Ulm
1673. Sans marges, remonté.

999 — — „Die Stadt Colmar im Ober Elsass mit ihren Befestigungswerken
und hervorragenden Gebäuden zur Zeit des XVII Jahrhts". C. Winkler 1883. Zum Andenken an Ign. Chauffour... Photolith., gr. in-fol.
obl., à toutes marges.

1000 — — *(1737).* Epreuve avant toute lettre. Av. écussons. In-8º obl., à très
grandes marges.

1001 — **Vue d'ensemble.** „Colmaria civitas imperialis". — „Gemar". 2 vues sur
1 feuille. (Pl. de „Merian, Topographia Alsatiae"). In-fol. obl., à
toutes marges.

1002 — — „Die Statt Collmar. Zufinden bey Ambrosius Müller Buchbinder 1737".
Av. écussons. In-8º obl., à très grandes marges.

1003 — — „Vue de Colmar, prise depuis le pont de la Lauch, Route de Brisac".
Dessiné d'après nature et lith. par J. Rothmüller 1840. Lith. de
E. Simon fils. Gr. in-fol. obl., épreuve sur Chine, à gr. marges.

1004 — **Vue intérieure.** „Colmar". Sandmann del. et lith. Lith. de Simon fils.
(Pl. de „Sandmann, Vues des villes et bourgs"). Pet. in-fol. obl., à gr.
marges.

1005 — — „Vue de Colmar, Dépt du haut-Rhin". Boug — d'Orchwillez
del., Baugean scul. A Paris, chez Ostervald. In-12 obl., à toutes
marges.

1006 — **Cloître des Unterlinden.** „Les Unterlinden à Colmar, reconstitués avec
les anciens plans, documents, ... Dédié à la Société Schöngauer". Vue
à vol d'oiseau, par Ch. Winkler 1883. Gr. in-fol. obl., à toutes
marges.

1007 — **Collège royal:** a) Plans de la salle d'exercice et bibliothèque; b) Elevation de la Porte d'Entrée de la Bibliothèque; c) Elevation d'un

nouvel ordre d'architecture; d) Plafond de la Bibliothèque; e) Elevation de la façade d'entrée de la salle d'exercice et bibliothèque; f) Elevation de la coupe en travers du Théâtre et de la Bibliothèque. D.'I x n a r d invenit, D u p u i s et W e i s sculp. 6 planches gr. in-fol., à toutes marges.

1008 **Colmar. — Commanderie de St. Jean.** „Bâtiments dépendants de l'ancienne Commanderie de St Jean à Colmar". C. E. T h i é r y. 1870. Eau-forte, in-12 obl., à gr. marges.

1009 — — „Chapelle de l'ancienne Commanderie de St Jean à Colmar. Vue prise de la rue de Turenne". C. E. T h i é r y. 1870. Eau-forte, in-12, à gr. marges.

1010 — — „Maison des Chevaliers de St Jean à Colmar". C. E. T h i é r y. 1870, Eau-forte, in-12, à gr. marges.

1011 — **Eglise St. Martin** à Colmar. Lith. par A. S., fond teinté. (Pl. de „Monuments d'Architecture"). In-fol., à gr. marges.

1012 — **Maison Pfister.** „Maison en bois à Colmar". C h a p u y del., V i l l e m i n lith. Imp. Lemercier. (Pl. de „Le Moyen-Age monumental et archéologique"). In-fol., à gr. marges.

1013 — **Monuments.** „Statue de l'amiral Bruat au Champ de Mars". Dessiné et gravé p. A^{te} Guillaumot 1860, d'après A. B a r t h o l d i. In-fol. obl., eau-forte, épreuve avant la lettre, à pet. marges.

1014 — — „La Statue de Pfeffel à Colmar, par A. Friederich". Dessiné et gravé par C h. G o u t z w i l l e r, Imp. F. Chardon aîné, 1859. Eau-forte, gr. in-8°, à toutes marges.

1015 — — „Gottlieb Conrad Pfeffel. Der Statt Colmar — Andreas Friederich". Publié avec autorisation de l'auteur par S. Million lith. Colmar. T h u r n e r del^t. In-8°, à gr. marges.

1016 — — „Le Monument de Martin Schongauer, à Colmar". B a r t h o l d i sculp. L. G a u c h e r e l aquaf., Imp. A. Beillet. (Pl. de „L'Art en Alsace-Lorraine"). Gr. in-8°, eau-forte, à toutes marges.

1017 **Dabo.** — „Montagne St: Leon". Dessin original, colorié, de W a l t e r 1790. In-fol. obl., monté sur papier blanc.

1018 **Dachstein.** — „Schloss Dachstein bei Molsheim". Vue et plan, fec. N a e h e r. Lith. in-8° obl., av. marges.

1019 **Dambach.** — „Danbach im Elsass". — „Landtscron im Suntgaw". 2 vues sur 1 planche in-fol., à très gr. marges. (Pl. de „Merian, Topogr. Alsatiae").

1020 **Dannemarie.** — Viaduc de la Largue. Longueur 500^m, Hauteur moyenne 17^m 50. Photogr. anc., in-fol. obl., montée sur carton blanc, av. notices manuscr.

1021 **Diersburg.** — „Die Burg Tiersberg, Diersburg, in der Ortenau". Vue et plan par J. N a e h e r. Au fond, cathédrale de Strasb. In-8° obl., à gr. marges.

1022 **Dornach.** — „Fabrique d'Indiennes et Filature de Coton de Mrs Dollfus Mieg & Cie". J. M i e g del. 1822, Lith. de G. Engelmann. (Pl. des „Manufactures du Haut-Rhin"). In-fol. obl., à toutes pet. marges.

1023 **Eguisheim,** les trois chateaux (?). Dessin orig. colorié, non signé. In-fol. obl., monté sur papier blanc.

1024 **Ensisheim.** — „Ensishemium aspectus a Septentr." Vue panoramique in-fol. obl. Grav. anc., av. armoiries. Sans marges, le coin gauche du haut manque.

1025 **Forbach au Murgthal.** — Dess. orig. colorié de F. W(alter) 1810. In-4° obl., av. marges.

1026 **Fort-Louis. — Plan des fortifications de 1688.** P e t: S c h e n k exc: Amst: C. P. Pet. in-4° obl. Lég. holl. et lat. Rogné.

1027 — — „Le Fort Louis du Rhein". A Paris, dans l'Isle du Palais. . . In-fol. obl. Lég. franç., av. marges.

1028 — — Id. Autre légende, sans nom de lieu. In-fol. obl., av. marges.

1029 — — „Fort Louis". Manuscrit. col. Gr. in-fol. obl., av. marges.

1030 **Frankenbourg.** — „Die Frankenburg im Weilerthal." Vue et plan, fec. J. Naeher. In-8º obl., av. armoiries, à pet. marges.

1031 **Gérardmer.** — „Vue de Gérardmer, (Vosges), prise du Levant". D'après une vue prise au Daguerréotype par J. B. Saulcy. Lavis-Aquateinte-Lithogr. E. Simon. Pet. in-fol. obl., à toutes marges.

1032 **Géroldseck (Grand).** — „Gros Geroldseck bei Zabern". (F. Imlin). In-8º obl. (Av. 3 taches brunes dans la marge du haut).

1033 **Girbaden.** — „Die Burg Girbaden". Vue et plan, fec: J. Naeher. Av. armoiries. In-8º obl., av. marges.

1034 **Girsberg.** — „Geyersberg bei Rappoltsweyer". F. Imlin 1817. In-8º obl., av. marges.

— voir aussi Ribaupierre (Haut-). (Nº 1120).

1035 **Gueberschwihr.** — „Chapelle souterraine à Guebersweir (Haut-Rhin)". A. Bichebois 1824, les Figes par V. Adam. Imp. Litho. de Melle Formentin. Gr. in-8º, à toutes marges.

1036 **Guebwiller.** — „Gebvilla, aspectus ab Oriente". Vue panoramique in-fol. obl. Grav. anc., av. armoiries. Sans marges.

1037 — „Vue générale de l'ancienne Eglise de Guebwiller. (Haut-Rhin)". Chapuy del. 1833. Fortier sculp. Gr. in-fol., à toutes marges.

1038 — „Cathédrale de Guebwiller". Chapuy del., Jacottet lith., Imp. de Lemercier. (Pl. de „Le Moyen Age pittoresque"). Pet. in-fol., à gr. marges.

1039 — „Cité ouvrière de MM. J. J. Bourcart & fils à Guebwiller". Lith. E. Simon à Strasb. (Pl. de „E. Muller, Cités ouvrières et agricoles etc"). In-fol. obl., fond teinté, à gr. marges.

1040 — „Filature de Mrs Nas Schlumberger & Cie à Guebwiller". J. Mieg del., Lith. de G. Engelmann. (Pl. de „Manufactures du Haut-Rhin"). Pet. in-fol. obl., à pet. marges.

Guémar. — voir Colmar. (Nº 1001).

1041 **Haguenau.** — **Plan des Fortifications.** „Hagenau, in Neder-Elsas, ... An. 1648, pace Monasteriensi, concessa". Pet. Schenk exc. Amst: C. P. Lég. holland. et lat. In-4º obl., sans marges.

1042 — — „Hagenau in de Boven Elsas .... nocturno abitu deserta a Gallis, die 5 Oct. 1705". Quelques personnages au premier plan. P. Schenk exc. Amst. C. P. Lég. holland. et lat. In-4º obl., sans marges.

1043 — — „Haguenau. Ville forte de la Basse Alsace ..." Par N. de Fer. Pet. in-fol. obl., à gr. marges.

1044 — **Vue d'ensemble.** „Haguenau en 1622 d'après une gravure de J. von der Beyden. Autographié par l'abbé A. Straub. Lith. E. Simon. In-8º obl., fond teinté, av. marges.

1045 **Haut-Barr.** — „Hohen Bar in Elsas". Grav. anc. (Nº 12), lég. et 2 vers lat. In-16 obl., sans marges.

1046 — „Prospect des Vesten Schlosses Hochen Barr". — „Elsass Zabern". (Pl. de „Merian, Topographia Alsatiae"). 2 vues sur 1 feuille, in-fol. obl., à toutes marges.

1047 — „Ruines du château du Haut-Bar. — Grotte de l'Amitié au Parc d'Hunebourg". 2 médaillons ovales, in-8º, sur 1 feuille in-fol. (Frontispice de l'„Album d'Artiste, par A. & L. d'Hastrel, 1853"). Imp. par Lemercier, Paris. A gr. marges.

1048 **Haut-Koenigsbourg.** — „Hohen Königs Burg". Auf Stein gestochen von A. Boehm. Nieder-rheinische Steindrukerei von M. F. Boehm in Strasburg. In-16 obl., à très gr. marges.

1049 **Heiligenberg.** — Dessin orig. col. de F. W(alter), 1812, des environs de Mutzig. Gr. in-fol., sans marges, remonté.

Hunebourg. — voir Haut-Barr. (Nº 1047).

1050 **Huningue.** — **Plan des Fortifications.** „Hunningen, een over sterke Vestinge ..." Pet: Schenk exc: Amst: C. P. Lég. holland. et lat. In-4º obl., à toutes pet. marges.

1051 — — „Huningue, est une Forteresse ... dans le Suntgow". H. van Loon. sculp. Pet. in-fol. obl., à gr. marges.

1052 **Huningue. — Vue d'ensemble.** „Huninga aspectus à Meridie“. B a r b i e r. del., C h o v i n sculps. In-fol. obl., av. armoiries, à pet. marges.

1053 — „Grundriss des Reins zwischen gross und klein Hüningen“. F. M e y e r f: 1686. Plan manuscrit col., in-fol. obl.

1054 **Issenheim.** — „Filature de Mrs Zimmermann Frères & Bäumlin, à Issenheim“. J. M i e g del. 1823, Lith. de G. Engelmann. (Pl. de „Manufactures du Haut-Rhin“). In-fol. obl., à toutes pet. marges.

1055 **Katzenthal.** — „Vue des restes du Fort de Katzenthal près de Colmar ...“ G o b l a i n del., B a u g e a u sculp. A Paris, chez Ostervald l'aîné. In-12 obl., à toutes marges.

1056 **Kaysersberg.** — „Kaisersberg, (Haut-Rhin)“. Lith. par S a n d m a n n. Lith. de Simon à Strasbg. (Pl. de l'„Album alsacien“). In-8º obl., à gr. marges.

1057 **Kinzheim** — „Château de Kiensheim (Haut Rhin)“. C h a p u y del., N o u r y lith., Imp. Lemercier. (Pl. de „Le Moyen-Age Monumental et Archéologique“). Sur pap. de Chine. In-fol. obl., av. marges.

1058 **Kolbsheim.** — „Das Schloss Kolbsheim bei Molsheim“. Fec: N a e h e r. Lith. in-8º obl., av. marges.

1059 **Landau. — Plan des fortifications.** „Landav, Ville au Roy de France ... sur la Rivière de la Queiche“. D. d e l a F e u i l l e Exc. In-16 obl., av. marges.

1060 — — „Plan de Landaw. Prise par le Roy des Romains le 11 Septembre 1702“. In-4º obl., av. marges.

1061 — — „Landau, Ville au Roy, et Fortifiée d'une Nouvelle Manière ...“ In-4º obl., à pet. marges.

1062 — — „Landau, Ville assiegée et Fortifiée d'une Nouvelle Manière ...“ Mêmes ornements que sur la planche précédente, le plan seul est plus détaillé. A Paris chez l'Auteur le S^r d e F e r ... 1713. A gr. marges.

1063 — **Vue panoramique.** „Landau cité imperiale, paincte selon l'effigie qu'elle a de nostre temps“. W. S. 1547. (Pl. de „Seb. Munster, Cosmographie universelle“). Lég. franç. In-fol. obl., rogné.

1064 — — „Landavia vetus“. — „Landavia nova“. B a r b i e r del., J. A. C h o v i n sculp. 2 vues sur 1 feuille, très gr. in-fol., av. armoiries. A pet. marges.

1065 — — „Landaw“. (Pl. de „Merian, Topographia Alsatiae“). In-fol. obl., av. armoiries. A très gr. marges.

Landskron. — voir Dambach.

1066 **Laroche.** — „Stein oder Laroche im Steinthal“. F. I m l i n 1819. In-8º obl., à toutes marges.

1067 **Lautenbach.** — „Chaire de l'Eglise de Lautenbach, Haut Rhin“. B a u e r del., A. C u v i l l i e r lith., Imp. Lemercier. (Pl. de , Le Moyen-Age Monumental et Archéologique“). In-fol., épreuve sur Chine, av. marges.

1068 **Lièpvre.** — „Levrau près St. Marie aux Mines“. Dessin original colorié. In-fol. obl., monté sur papier blanc.

1069 **Limbourg.** — „Schloss Limburg am Rhein bei Alt-Breisach“. J. N a e h e r reconstr. Av. armoiries. Lith. in-8º oblong, av. marges.

1070 **Logelbach.** — „Notre-Dame du Logelbach, près Colmar (Haut-Rhin)“. Par J o h a n V a n S o o l e n, architecte. D e r o y. Grav. sur bois, pet. in-fol., à pet. marges.

1071 -- „Fabrique d'Indiennes de Mrs Haussmann Frères, à Logelbach (près Colmar)“. J. M i e g del. 1822, Lith. de G. E n g e l m a n n. (Pl. des „Manufactures du Haut Rhin“). In-fol. obl., sans marges.

1072 **Lutzelbourg et Rathsamhausen.** — „Die Burgen Lützelburg und Rathsamhausen bei Ottrott“. Fec: N a e h e r. Vues et plans, av. armoiries. In-8º obl., av. marges.

1073 **Marmoutier. — Eglise St. Etienne.** „Eglise de Marmoutier (Bas-Rhin)“. C h a p u y del., C u v i l l i e r lith., Imp. Lemercier. (Pl. de „Le Moyen-Age Monumental et Archéologique“). In-fol., épreuve sur Chine, à gr. marges.

1074 **Marmoutier.** — „Marmoutiers (Bas-Rhin). Eglise St Étienne". Ch. Fichot del. et lith., Paris, imprimé par Lemercier. (Pl. de „Album des Chemins de fer de l'Est"). In-8º obl., colorié, avec marges.

1075 **Massevaux.** — „Filature, Tissage et Blanchisserie de Mrs Nas Koechlin & Frères, à Massevaux". J. Mieg del. 1823, Lith. de G. Engelmann. (Pl. de „Manufactures du Haut-Rhin"). In-fol. obl., à pet. marges.

1076 — „Vallée de Massevaux, de Oberbruck à Séven". S. Schifferdecker del., Lith. de Eckardt. (Pl. de „Balon d'Alsace"). Gr. in-8º obl., av. marges.

1077 **Mittelwihr.** — „Schloss Mittelweier bei Rappoltsweiler". Vue et plan. J. N(aeher). Av. armoiries. In-8º obl., av. marges.

1078 **Molsheim. — Vue d'ensemble.** „Moltzheim". Av. les armes de la ville. (Pl. de „Merian, Topographia Alsatiae"). In-8º double obl., sans marges.

1079 — — „Molshemivm. Versus Meridiem." Weis sc. Av. armoiries. In-fol. obl., à pet. marges.

1080 **Mulhouse. — Plan.** „Plan de la ville de Mulhouse en 1797, d'après l'original appartenant au Musée historique de Mulhouse". C. E. Thiéry sculps. Gr. in-fol. obl., av. marges.

1081 — — „Plan de la ville de Mulhouse en 1798. (D'après l'original appartenant au Musée historique de Mulhouse)". Reprod. photolith. moderne, in-fol. obl., à gr. marges. (Le même plan au recto et au verso de la feuille).

1082 — — „Plan de la ville de Mulhouse dressé d'après le plan d'alignement". Imp. L. L. Bader à Mulhouse. Très gr. in-4º, av. marges.

1083 — — „Plan der Stadt Mülhausen. Plan de la ville de Mulhouse". Holzbach fec. (18)79, C. Randegger aut. Colorié. In-4º obl., av. marges.

1084 — **Vue à vol d'oiseau.** „Mülhvsivm Alsatiae. Mühlhausen Anno 1642". Sculp: M. Merian 1642. Dédicace lat., légende allem. Av. armoiries. In-fol. obl., av. marges. Reproduction photolith. mod.

1085 — **Vue d'ensemble.** „Prospect der Stadt Mühlhausen. Vue de la ville de Muhlhouse". Grav. sur cuivre du 18e siècle. Pet. in-fol. obl., av. marges.

1086 — — „Vue de Mulhouse prise du côté du Levant". · D'après Nature par H. Luttringshausen. an: 1810. Dessin à la plume. In-fol. obl., à gr. marges.

1087 — — „Mulhausen Aº 1810". M: Mieg delint, G: Engelmann Lithographia. Gr. in-fol. obl., à pet. marges.

1088 — — „Vue de la ville de Mulhouse, 1836". Huber delt. Lith. de Engelmann père et fils. Gr. in-fol. obl., av. marges.

1089 — — (Par L. Erné 1845). Sans légende. Lith., gr. in-fol. obl., sans marges.

1090 — — „Mulhouse. — Muhlhausen". Dessiné d'après nat. et lith. par A. Maugendre, Lith. de Fr. Wentzel à Wissembourg. Lith. color., in-fol. obl., à gr. marges.

1091 — **Vue des Etablissements de MMrs Dollfus-Mieg & Cie** à Mulhouse et Dornach. Dessiné et lithog. par Eug. Cicéri et Ph. Benoist. Imp. Lemercier & Cie. (2º tirage. Juillet 1874). Fond teinté. Double gr. in-fol. obl., à gr. marges.

1092 — **Eglise de l'anc. Commanderie de Malte.** Photogr. gr. in-4º, montée sur carton gris.

1093 — **Eglise St. Étienne.** „St Etienne de Mulhouse. Souvenir historique, dédié aux protestants de cette ville". Lith. de Engelmann père et fils. Gr. in-fol. obl., à toutes marges.

1094 — — „Ein Schwörtag in Mülhausen". Lith. in-8º obl., à gr. marges.

1095 — **Hôtel de ville** de Mulhouse. Grav. sur bois mod., fond teinté. In-12 obl., av. marges.

1096 — **Hôpital.** Jean Mieg del., Hi Terry lith., Lith. de Engelmann père et fils. In-fol. obl., à pet. marges.

1097 **Mulhouse. — Nouveau Quartier.** Plan général du nouveau quartier, par MM. J. G. Stotz et Fˣ Fries, Architectes. Atelʳ de Dessin et Imp. lith. de Engelmann et Cⁱᵉ. In-4º obl., av. marges.

1098 — — „Projet du Nouveau Quartier de Mulhausen. Vue générale". Par J. G. Stotz et F. Fries architectes, Rothmüller delᵗ. Lith. de Engelmann. Gr. in-fol. obl., à toutes marges.

1099 — — — „Vue de l'Entrée de la Place". Par J. G. Stotz et F. Fries architectes, Lithog. par Rothmüller, Imp. de Engelmann. Gr. in-fol. obl., à toutes marges.

1100 **Munster. —** „Filature de Mʳ Jᵠᵘᵉˢ Hartmann, à Munster". J. Mieg del. 1822, Lith. de G. Engelmann. (Pl. de „Manufactures du Haut-Rhin"). In-fol. obl., à pet. marges.

1101 — „Papeterie de Mʳˢ Kiener Frères, à Munster". J. Mieg del. 1822, Lith. de G. Engelmann. (Pl. du même ouvrage). In-fol. obl., sans marges.

1102 — **Ecoles.** Photogr., cabinet obl., montée sur carton blanc, fond teinté autour de la photogr.

1103 — **Vallée de Munster.** Etude d'hiver. Français pinx., E. Le Roux lith., Imp. Bertauts, Paris. (Pl. de „L'Artiste"). Gr. in-8º obl., à pet. marges.

1104 **Neuviller. —** Ancienne porte. Photographié sur pierre par MM. Lemercier, Lerebours, Barresᵥᵗ et Davanne. Négatif par Lesecq. Imp. Lemercier. In-fol., à toutes marges.

1105 **Nideck. —** „Burg Nideck". Vue et plan. Fec. J. Naeher. 1890. Lith. In-8º obl., av. marges.

1106 **Niederbronn. —** „Vue prise de la promenade dite Herrenberg". Dessiné d'après nature par Ch. Th. Schmoll, Lith. E. Simon. Gr. in-fol. obl., color., av. marges.

1107 **Niederbruck. —** „Fonderie en Cuivre rouge et jaune . . . de Witz, Steffan, Osvald frères & Cⁱᵉ, à Niederbruck (près Massevaux)". J. Mieg del. 1824, Lith. de G. Engelmann. (Pl. de „Manufactures du Haut-Rhin"). In-8º obl., à pet. marges.

1108 **Oberbronn. —** „Entrée d'Oberbronn". Lith. par Sandmann, Lith. de Simon fils. (Pl. de l'„Album alsacien"). In-8º, à gr. marges.

1109 **Obernai. —** „Oberehnheim. Versus Meridiem." Vue panoramique, in-fol. obl. Grav. anc., av. armoiries. A pet. marges.

1110 — „Obernay. Alsace". Vue intérieure. Dessiné d'après nature et Lith. par Bour, Lith. de Benard & Frey. (Pl. de „L'Artiste"). In-8º, sur Chine, à gr. marges.

1111 **Ochsenstein. —** „Ochsenstein beim Haberacker hinter Maursmünster". F. Imlin 1817. Eau-forte. Gr. in-8º, à toutes marges.

1112 **Ortenberg. —** „Ortenberg und Ramstein im Weilerthal". Vue et plan. Fec. Naeher. Lith., in-8º obl., av. marges.

1113 **Ostwald. —** „Colonie agricole à Ostwald (Depᵗ du Bas-Rhin) . . Vue générale. Projet". Dressé par N. Villot et F. Fries, architectes de la ville, 1841, Th. Müller del., Lith. d'E. Simon fils. In-fol. obl., à gr. marges.

1114 **Ottmarsheim. —** „Eglise d'Othmarsheim". Lith. par A. S., fond teinté. (Pl. de „Monuments d'Architecture"). Pet. in-fol., à gr. marges.

1115 **Pfastatt. —** „Vue du château de Pfastatt au XVIIᵉ siècle". D'après un plan déposé aux archives de la ville de Mulhouse. H. Gide. Lith. In-18 obl., à gr. marges.

1116 **Phalsbourg. — Plan.** „Place fortifiée de nôtre temps, située aux Frontieres d'Alsace et de Lorraine . . ." Chez le Sʳ de Fer dans l'Isle du Palais. L. Loisel Fecit. Pet. in-fol. obl., à pet. marges.

Ramstein. — voir Ortenberg.

Rathsamhausen. — voir Lutzelbourg.

1117 **Reichenberg. —** „Burg Reichenberg, bei Bergheim im Unter-Elsass". Vue et plan. Fec: Naeher. In-8º, av. marges.

1118 **Reichshoffen. —** „Vue d'une Tour à Reichshoffen". (Aimé P. de T. 1829). Dessin original, colorié. Gr. in-8º, sans marges.

1119 Ribaupierre. — „Hoh-Rappoltstein bei Rappoltsweyer". F. Imlin 1819. Eau-forte. Gr. in-8º obl, à toutes marges.

1120 — „Hoch-Rappoltstein und Geyersberg bey Rappoltsweyer". F. Imlin 1817. Eau-forte. Gr. in-8º obl., à toutes marges.

1121 Ribeauvillé. — „Rappoltsweyer". Vue panoramique. Av. armoiries. (Pl. de „Merian, Topographia Alsatiae"). In-fol. obl., à toutes marges.

1122 — „Filature de Mrs Heilmann Frères & Cie à Ribeauvillé". J. Mieg del. 1822, Lith. de G. Engelmann. (Pl. de „Manufactures du Haut-Rhin"). In-fol. obl., à pet. marges.

1123 Rixheim. — „Fabrique de Papiers peints de Mrs Jn Zuber & Cie à Rixheim, (près de Mulhausen). J. Mieg del., Lith. de G. Engelmann. (Pl. de „Manufactures du Haut-Rhin"). In-fol. obl., à pet. marges.

1124 — Même planche, coloriée. Sans marges.

1125 Rosheim. — „Rosheim. Versus Orient". Vue panoramique in-fol. obl. Weis sculp. Av. armoiries. La marge du haut rognée.

1126 — „Eglise de Rosheim. Bas-Rhin". Chapuy del., Guesdon lith., Imp. Lemercier. (Pl. de „ Le Moyen-Age Monumental et Archéologique"). In-fol. obl., à toutes marges.

1127 — „Intérieur de l'Eglise de Rosheim". Chapuy del., Guesdon lith., Imp. par Lemercier. (Pl. de la même publication). In-fol. obl., sur Chine, à gr. marges.

1128 — „Détails de l'Eglise de Rosheim". Chapuy del., Ad Cuvillier lith., Imp. Lemercier. (Pl. de la même publication). In-fol. obl., sur Chine, à gr. marges.

1129 Rouffach. — **Vue cavalière av. le château d'Isenbourg.** „Rubeacum, vulgo Ruffach. — Isenburgum arx." (Pl. de „Braun & Hogenberg, Civitates orbis terrarum"). Gr. in-8º obl., sans marges. (2 exempl.)

1130 — — Même planche, coloriée. Sans marges.

1131 — — „Rufach — Isenburch". (Pl. de „Bertius, Comm. rer. germ.") Grav. sur cuivre, gr. in-8º obl., av. marges.

1132 — — „Rubeaquo — Rufach". Lég. franç. (Pl. de „Seb. Munster, Cosmographie"). Grav. sur bois. In-fol. obl., à pet. marges.

1133 — **Collège.** „Le Collège de Rouffach et ses environs". J. Rothmüller delt, Lith. de J. B. Jung à Guebwiller. Le collège, entouré de 11 pet. vues, sur 1 planche in-fol. obl., à toutes marges.

1134 Sarrelouis. — „Saar-Louis. Est une Ville forte, nouvellement bastie par le Roy, située sur la Rivière de la Saar ..." Gournay f., De Fer excud. Pet. in-fol. obl., à pet. marges.

1135 Sainte-Marie-aux-Mines. — „Fabrique de Siamoises de Mrs Blech Frères à Ste Marie aux mines". J. Mieg del. 1823, Lith. de G. Engelmann. (Pl. de „Manufactures du Haut-Rhin"). In-fol. obl., à pet. marges.

1136 Saverne. — „Tabernae. Versus Septentr." Vue panoramique in-fol. obl. Grav. anc, av. armoiries. A pet. marges.

1137 — „Entrée de la Forêt de Saverne (Alsace)". Ed. Hostein pinx. et lith., Imp. de Lemercier, Benard & Cie. (Pl. de „L'Artiste"). Gr. in-8º obl., av. marges.

1138 — „IIe Vue des Environs de Saverne. Dédiée à Madame la Marquise de Villette, Dame de Ferney-Voltaire". J. P. Hackaert Pinx. I. X. Verhelst Scul. Chez Fietta et Compagnie à Kriegshaber près d'Augsbourg. Pet. in-fol. obl., av. marges.

— voir aussi Haut-Barr (Nº 1046).

1139 Scharrachbergheim. — „Schloss Scharrachbergheim bei Molsheim". Fec. Naeher (18)90. Lith., in-8º, av. marges.

1140 Schlestadt. — **Plan des Fortifications.** „Schlestat une des dix villes Impériales d'Alsace au Roy située sur la Rivière d'Ill ..." (1693). Gravé par Inselin. A Paris chez de Fer ... Pet in-fol. obl., à gr. marges.

1141 — **Vue d'ensemble.** „Schletzstat. Selestad, ov Schletstad, Cité impériale, sitvée av milliev dv pays d'Alsace". (Pl. de „Seb. Münster, Cosmographie", édit. franç.) In-fol. obl., grav. sur bois, à toutes pet. marges.

1142 **Schlestadt. — Eglise Sainte Foy.** „Ste Foi à Schlettstadt". Lith. par
A. S., fond teinté. (Pl. des „Monuments d'Architecture"). Pet. in-fol., à
gr. marges.

1143 — — „Tour avec détails de l'Eglise Ste Foy à Schlestadt". Chapuy del.,
Cuvillier lith., Imp. par Lemercier. (Pl. de „Le Moyen-Age Monumental et Archéologique"). Sur Chine. In-fol., à toutes marges.

1144 — **Eglise Saint-Georges.** „St Georges à Schlettstadt". Lith. par A. S.,
fond teinté. (Pl. des „Monuments d'Architecture"). Pet. in-fol. obl., à
gr. marges.

1145 — „**Hof der von Müllenheim-Rechberg** zu Schlettstadt 1585". Fec:
Naeher. Lith., in-8º obl., av. marges.

1146 **Schlittenbach.** — „La Schlittenbach, Campagne de M^r Le Clerc, près
Saverne (Bas-Rhin)". E. Petitville, Lith. Hⁱ Muller Jⁿⁿ à Strasbg.
Fond teinté. In-fol. obl., rogné.

1147 **Schlucht.** — Vue de la Schlucht, et du Chalet bâti par MM^{rs} Hartmann,
et visité par S. M. l'Empereur Napoléon III". C. Pierrat del. et
lith., Lith. Marie, Paris. Fond teinté. Gr. in-fol. obl., à toutes marges.

1148 — Même vue, photographie, format cabinet, montée sur carton blanc
gr. in-8º.

1149 **Seltz.** — „Eglise de Seltz". Lith. par Sandmann. Lith. de Simon fils.
(Pl. de l'„Album alsacien"). Gr. in-8º, av. marges.

1150 **Soultzmatt.** — „Vue des Bains de Soultzmatt, près Soultzmatt (H^t-Rhin),
prise du côté du Jardin". J. Rothmüller, Lith. d'E. Simon. In-8º
obl., colorié, à gr. marges.

1151 **Stotzheim.** — „Schloss Grünstein in Stotzheim, bei Barr". Av. armoiries.
Lith. Fec: Naeher. 12. 4. 90. In-8º obl., av. marges.

1152 — — Südliche Front mit dem Thoreingang. Av. armoiries. Lith. Fec:
Naeher. In-8º obl., av. marges.

1153 **Strasbourg. — Plans.** „Erste Gelegenheit der Statt Strasburg, vnd wie
sie Anfangs in Ihrem Begriff gestanden". (Pl. de „Silbermann, Local-
geschichte der Stadt Strassburg"). In-fol., à très gr. marges.

1154 — — „Andere Erweiterung der Statt Strassburg, worinnen die Ersten
Christlichen Kirchen erbawet worden". (Pl. du même ouvrage). In-fol.,
à très gr. marges.

1155 — — „Argentina sub Germanis. — Argentina sub Gallis". 2 plans sur
1 feuille. Joh. Striedbeck sculps. Argent. Gr. in-4º, av. marges.

1156 — — **1819.** „Plan topographique de la Ville de Strasbourg divisée en
quatre Cantons". I. Oberst fec. In-fol. obl., à pet. marges.

1157 — — **1845.** „Strasbourg d'après le Plan général dressé par J. N. Villot,
Architecte de la ville. Strasbourg, à la Lithographie de Vve Levrault.
Tirage du 1^r Août 1846". In-fol. obl., av. marges.

1158 — — **1870.** „Strasbourg, après le Bombardement du 14 Août au 28 Sept.
1870, dressé par M. Bourrit, Architecte". Lég. franç. et allem. Lith.
E. Simon. Gr. in-fol. obl., av. marges.

1159 — **Plans avec les environs. — 1682.** „Grund-Riss der Statt und Vestung
Strassburg, nebst den Vorgelegten Citadellen wie auch die Schantzen
am - in - und überm Rhein bei Keyl, welche Anno 1682 Ultimo Au-
gusty mehrentheils verfertiget gewesen". Av. vue de la ville prise de la
citadelle et profil de cette dernière. In-fol. obl., à toutes marges.

1160 — — **1693.** „Strasbourg, Ville Fameuse située sur la petite Rivière d'Ill,
à une porté de canon de celle du Rhein en Alsace..." (Attribué à
N. de Fer, 1693). Pet. in-fol. obl., à gr. marges.

1161 — — — „Environs de Strasbourg". A Paris chez le Sr Defer. (1693?).
Pet. in-fol. obl., à gr. marges.

1162 — — **(vers 1700).** „Platte grond van Straatsburg en't Fort Keel". (Extr.
d'un ouvrage hollandais: IX. Deel, Pag. 67). Gr. in-8º obl., à pet.
marges.

1163 — — **1714.** „Plan de la Ville, Citadelle, et Forts de Strasbourg". Plan
manuscrit, colorié, très gr. in-fol. obl., à toutes pet. marges.

1164 Strasbourg. — Plans à vol d'oiseau. — 1548. „Argentoratum . . ." Plan
de 1548, copié au musée germanique de Nuremberg, par Th. Winkler,
sur l'original de Conr. Morant, reproduit en phototypie. Strasbourg
1882. 2 feuilles in-fol. réunies. Av. texte allem. et lat. A toutes
marges.

1165 — — **1598.** (Seb. Munster). Sans lég.; au verso, texte allemand. Grav. sur
bois, in-8° obl., à pet. marges.

1166 — — **(vers 1600).** „Argentoratum. Strassburg". (Pl. de „Bruin et Hogenberg, Civitates orbis terrarum"). In-fol. obl., av. armoiries. A gr. marges.

1167 — — — Même planche, av. variantes. (Nouv. fortifications au nord-est; à
la droite du bas, figures différentes). Abraham Hogenberg excudit
Coloniae. (Pl. du même ouvr., éd. franç.) In-fol. obl., à gr. marges.

1168 — **Vues d'ensemble. — 1587.** „Argentina". Daniel Specklin fecit,
M. Greuter sculpsit. 1587. Av. description allem. In-fol. obl., sans
marges.

1169 — — **1588.** „Die Statt Strassburg Anno 1588". Copiée sur la planche précédente, av. variantes, par H. I. W. (Pl. de „Seb. Münster, Cosmographey", édit. allem.) In-fol. obl., rogné.

1170 — — **1616.** „Strasburg". Grav. sur bois, (tirée de „H. Bertii, Comm. rer.
germ.") In-8° obl., av. marges. Texte latin au verso.

1171 — — **Fin du 17e siècle, ou commencement du 18e.** „Vue de Strasbourg".
Au bas: „Strasbourg, ville Imperiale d'Alemagne, avec Evêché suffra-
gant de Mayence, Capitale de l'Alsace.... Louis le grand Roy de
France la prit le 1er Octobre 1682, & elle luy fut cedée par la Tréve
de 1684, ce qui a esté confirmé par la Paix de Risvick en 1697". Fait
par A. Aveline et se vend à Paris chés Charpentier. Des 2 côtés
de la susdite légende, l'explication en 45 numéros. Gr. in-fol. obl., à
toutes marges.

1172 — — — Même planche, coloriée. Av. variante: „se vend à Paris chés
Daumont". Gr. in-fol. obl., à pet. marges.

1173 — — — „Strasbourg. Ville Capitalle d'Alsace et Evesché suffraguant de
Mayence . . .; elle a recut les erreurs de Luther mais depuis qu'elle est
soumise au Roi de France elie est rentré dans le sein de l'Eglise Romaine". Se vend chez Basset, rue St. Jacques (?). Au bas, explication
franç. des Nos 1 à 16. Gr. in-8° obl., à pet. marges.

1174 — — — „Gezigt van de Stad Straatsburg". Belle grav. sur cuivre.
(Pl. d'un ouvrage hollandais: IX. Deel, Pag. 70). Gr. in-8° obl., à
toutes marges.

1175 — — **18e siècle.** „Sie sungen ein neu Lied". Au bas, 4 vers allem. Frontispice d'un livre de Cantiques. Pet. in-4°, sans marges.

1176 — — **1630.** Vue prise hors la porte des Pêcheurs. W. Hollar fecit 1630.
In-8° obl., sans marges.

1177 — — **1827.** Vue prise hors la porte de l'Hôpital. „Strasbourg". Couché
Sculp., Civeton del. 1827. (Pl. de „France pittoresque"). In-8° obl.,
à gr. marges.

1178 — **Vues intérieures partielles.** „Vue générale de Strasbourg (Bas-Rhin),
d'après une photographie". Vue prise au-dessus de l'Eglise St. Jean.
Grav. sur bois, tirée d'un journal illustré. In-fol. obl., sans marges.

1179 — — Vue prise de l'église St. Thomas. Gezeichnet u. gestochen von
L. Schnell 1826. Grav. sur acier, épreuve sur Chine. In-fol. obl.,
av. marges.

1180 — — „Panorama de Strasbourg et de ses environs pris de la Plate forme
de la Cathédrale. (Côté Nord). 1853". Lith. par Théodore Müller
d'après le dessin de F. Piton. Lith. E. Simon. Gr. in-fol. obl., fond
teinté, à gr. marges.

1181 — — Id. „(Côté Ouest). 1852". Lith. par Théodore Müller d'après
le dessin de F. Piton. Lith. E. Simon. Gr. in-fol. obl., fond teinté,
à gr. marges.

1182 **Strasbourg. — Suite de 4 gravures: Hollar, Wenzel.** Les quatre saisons, vues de Strasbourg et environs.
    1) Ver — représentant le Schiessrain, Contades.
    2) Aestas — les Ponts couverts.
    3) Autumnus — les environs de la douane.
    4) Hyems — la Place d'Armes.
Reproduction photogr., gr. in-8º obl. Quatre planches sur carton gris, sans légendes.

Cathédrale.

1183 **Façade et Côté nord.** -- „Façade principale de la Cathédrale de Strasbourg". Chapuy del. 1832, Ransonnette sculp. Gr. in-fol., à toutes marges.

1184 — „Strasbourg. Façade de la Cathédrale". Dess. d'ap. nat. par Deroy, Lith. Becquet à Paris. (Pl. de la „France en miniature"). In-8º, col., à pet. marges.

1185 — „Strasbourg. Eglise Cathédrale". Ch. Fichot del. et lith., Imp. Frick Fres. (Pl. de l'„Album des Chemins de fer de l'Est"). Gr. in-8º, col., av. marges.

1186 — „Vue de la Cathédrale de Strasbourg, Dépt du Bas Rhin". Goblain del., Baugean sculp. Grav. sur cuivre. In-8º, à toutes marges.

1187 **Façade et Côté sud.** — „L'Eglise Cathédrale de Strasbourg". Avec les boutiques, mais sans la partie de l'horloge. (Pl. d'un ouvrage du 17e siècle, T. III, page 177). Gr. in-8º étroit, sans marges.

1188 — Avant la lettre. Lith. de M. F. Boehm. Pet. in-4º, à toutes marges.

1189 — et Horloge astronomique sur 1 feuille in-fol. étroit obl. Entre les deux, notice histor. de 70 vers allem.: „In Strassburg der vralten statt, Die man Argentorat gnand hatt...." Au-dessus de la vue de la cathédrale, dans un cartouche, légende lat. datée de 1603. Sans marges.

1190 **Côté sud.** — „Cathédrale de Strasbourg, Côté Méridional". Chapuy del., Ransonnette sculp. Gr. in-fol., à toutes marges.

1191 — „Strasbourg. Côté méridional de la Cathédrale". Dess. d'ap. nat. par Deroy, Lith. Becquet à Paris. (Pl. de la „France en miniature"). In-8º, color., à gr. marges.

1192 **Détails.** — „Grand Portail de la Cathédrale". Dieterlin scpt, chez J. J. Guttermann à Strasbourg. Gr. in-8º, av. marges.

1193 — — „Détails du Portail de la Cathédrale de Strasbourg". Chapuy del., Ch. Fichot lith., Imp. Lemercier à Paris. (Pl. de „Le Moyen-Age Monumental et Archéologique"). Sur Chine. In-fol., av. marges.

1194 — „Les deux Portails vis à vis du Palais". J. Brunn scul. Au bas: „Cum grat. et Privil. Senat. Argentin." J. J. Guttermañ à Strasbourg. (Pl. de „Schadaeus, Summum Argentor. templum"). Gr. in-8º obl., à pet. marges.

1195 — „L'ancien autel de la Cathédrale". Au bas: Isaac Brunn Argentina sculptor Aº 1617. Cum grat. et Privil. Senat. Argentin. J. J. Guttermann. (Pl. du même ouvrage). In-4º, av. marges.

1196 — „Cuve baptismale dans la cathédrale de Strasbourg". Chapuy del., Asselineau lith., Imp. par Lemercier. (Pl. de „Le Moyen-Age Monumental et Archéologique"). Sur Chine. In-fol., av. marges.

1197 — „Orgue de la Cathédrale de Strasbourg". de Sansonnetti del., Noury lith., Imp. par Lemercier. (Pl. du même ouvrage). Sur Chine. In-fol., av. marges.

1198 7 Photogravures relatives à la Cathédrale de Strasbourg, publiées en 1882 par J. Hagemann, libraire. (Pour la plupart, reproductions de gravures d'Isaac Brunn). In-fol. et in-4º, av. marges.

Rues, Places, Monuments, etc.

1199 **Château.** — „Strasbourg. Palais Impérial". Dess. d'ap. nat. par D e r o y, Lith. Becquet à Paris. (Pl. de la „France en miniature"). Gr. in-8º obl., fond teinté, av. marges.

1200 — „Der Bischoffshof zu Strassburg". Gefertigt v. C. W i n k l e r 1887, nach alten Ansichten von C o n r a d M o r a n t 1548 und B r u y n 1584. Photolithogr. Pet. in-fol. obl., av. marges.

1201 **Eglise Saint-Thomas.** — Les 5 planches tirées de „L. Schnéegans, l'Eglise de Saint-Thomas à Strasbourg". Gr. in-8º, à toutes marges.

1202 — **Vue prise de la place St-Thomas.** „Eglise St-Thomas à Strasbourg". C h a p u y del^t, A s s e l i n e a u lith., Imp. Destouches. (Pl. de „La France de nos jours"). In-fol., color., à gr. marges.

1203 — **Vue prise du Quai Finckwiller.** „Strasbourg". C h a p u y del., M a r t e n s sc., Paris, chez Rittner et Goupil. Grav. en manière noire. Gr. in-8º obl., à gr. marges.

1204 — — „Vue à Strasbourg prise des Bains de Finckwiller". C h a p u y del^t, A s s e l i n e a u lith., Imp. Destouches. (Pl. de „La France de nos jours"). In-fol. obl., color., à gr. marges.

1205 — — „Strasbourg. Eglise de St Thomas". Dess. d'ap. nat. par D e r o y, Lith. Becquet à Paris. (Pl. de la „France en miniature"). In-8º obl., fond teinté, av. marges.

1206 **Fortifications.** — „Anciennes Fortifications de Strasbourg, du côté de l'entrée de la rivière". B i c h e b o i s d'après le croquis de M^r C h a p u y, Lith. (Pl. de „Golbéry et Schweighaeuser, Antiquités de l'Alsace"). Pet. in-fol. obl., rogné.

1207 **Fossé des Etudiants.** — „Vue Prise d'un Lavoir sur la rivière d'ill à Strasbourg". G o s s e 1822, Lith. de G. Engelmann. Gr. in-8º, à toutes marges.

1208 **Maisons remarquables et Edifices publics.** — „Maison Kammerzell avant la restauration". F e r d. R e i b e r del. et sculps., Imp. R. Schultz & Cie. Fond teinté. In-fol., à toutes marges.

1209 — „Die Pfalz zu Strassburg. Mit dem Aufgang der von Müllenheim". Vue et plan. Fec. N a e h e r. Lith. in-8º obl., av. marges.

1210 — — C. W i n k l e r fec. 1883, Lith. E. Hubert & E. Haberer. Fond teinté. In-fol. obl., à toutes marges.

1211 — — „Aufgang der Zorn". Fec^t W i n k l e r 1883, Lit: Hubert & Haberer. Fond teinté. In-fol. obl., à toutes marges.

1212 — „Vue de la Préfecture à Strasbourg. Dess^é d'ap. nat. et Lith. en Coul. par A s s e l i n e a u. (Pl. de „La France des nos jours"). In-fol. obl., à gr. marges.

1213 — „Batiment contenant au rez de chaussée La Boucherie, au premier étage La Foire" *(au Marché aux Cochons de lait)* Elevation et plan manuscrits. Pet. in-fol. obl., sans marges.

1214 — „Elevation d'une tour neuve sur l'Eglise de St Pierre le jeune en 1785. — Id. de la tribu des marchands sur la grande rue et la Petitte rue en 1785, avec plans. — Façade de la maison de Mr Badre à Strasbourg. d'I x n a r d invenit, D u p u i s sculpcit. 1 planche gr. in-fol., à toutes marges.

1215 **Monuments. — Arnold, G. D.** Monument érigé à G. D. Arnold par la Société du Pfingstmontag de 1854. Photographie gr. in-8º, montée sur carton blanc.

1216 — **Blessig.** „Monument érigé à la mémoire de J. L. Blessig, dans l'Eglise du Temple neuf de Strasbourg l'an 1819". Sculpté par O m a c h t, Gravé par C: G u e r i n. In-fol., à toutes marges.

1217 — **Emmerich, F. C. T.** Monument d'Emmerich à l'Eglise Saint-Thomas. In-fol., sans marges. (J. D. B e y e r d'après M. O h m a c h t. Lith. de G. Engelmann).

1218 **Monuments. — Gutemberg.** „Bas-reliefs de la statue de Gutemberg, exécutés par M. David d'Angers". 4 grav. sur bois, in-24, sur une feuille pet. in-fol.

1219 — **Maurice de Saxe.** „Mausolée du Maréchal de Saxe, sculpté par Pigalle et érigé dans l'église St Thomas à Strasbourg en 1777". Dessiné d'après nature par J. Burck, Imp. Lith. en couleurs E. Simon. In-fol., à toutes marges.

1220 — **Reisseissen, Fr. Dan.** „Monument du Docteur Reisseissen érigé par ses amis, au Temple de St Thomas". Lith^ié d'après nature par J. Oberst, Lith. de Simon P. et F. In-fol., à toutes marges.

1221 — **Werner, Evêque.** „Statue de l'Evêque Werner, fondateur de la Cathédrale de Strasbourg, éxécutée par M. Friederich Vogel 1840, Lith. de L. Havard à Strasbg. Fond teinté. In-4º, à gr. marges.

1222 — **Zurichois.** „Fontaine commémorative de l'Entrée des Zurichois à Strasbourg en 1576. Mr Barth. Architecte". Vues et plans. 4 planches in-fol. L. Noé del. (Planches de „Le Recueil d'Architecture").

1223 **Orangerie. —** „Vue du Jardin et de l'Orangerie Josephine construits par Ordre de Monsieur Shée ... d'après les Projets de Monsieur Boudhor Père...." B. Zix. Grav. sur cuivre. In-fol. obl., à pet. marges.

1224 — „Strasbourg. Vue de l'Orangerie". Dess. d'ap. nat. par Deroy, Lith. Becquet à Paris. (Pl. de la „France en miniature"). Fond teinté. In-8º obl., av. marges.

1225 **Porte de l'Hôpital. —** „Strasbourg". Frédéric M... 1829, Imp. Lith. de Villain. In-8º, à gr. marges. Pap. foncé.

1226 **Quai. —** „Quai Saint-Jean". Paul Reiber del. et sc. L. Faessel aquafort., Impr. E. Hubert et E. Haberer. Fond teinté. In-fol. obl., à toutes marges.

1227 **Vues diverses. —** 11 vues du Vieux Strasbourg tirées du „Meiselocker". Montées sur carton blanc in-fol. obl.

1228 **Thann. —** „Vue de Thann et du château d'Engelburg". Bichebois d'après le croquis de Mr Chapuy, Lith. de Engelmann. (Pl. de Golbéry et Schweighaeuser, Antiquités de l'Alsace"). Sur Chine. In-fol. obl., av. marges.

1229 — „Eglise de Thann en Alsace". Chapuy del., M. Alophe lith., Lith. de Benard et Frey. (Pl. de „Le Moyen-Age pittoresque"). Sur Chine. In-fol., à gr. marges.

1230 — „Cathédrale de Thann". Lith. de A. S. Fond teinté. (Pl. des „Monuments d'Architecture"). In-fol., av. marges.

1231 — „Cathédrale de Thann (Alsace)". Monthelier lith., Lith. de Benard et Frey. (Pl. de „Le Moyen-Age pittoresque"). Sur Chine. In-fol., à gr. marges.

1232 — „Vue générale de l'Eglise de Thann. (Haut-Rhin)". Chapuis del. 1833, Durand sculp. Gr. in fol., à toutes marges.

1233 — „Le tombeau du Christ au vieux Thann, en Alsace". Monthelier lith., Chapuy del., Lith. de Benard et Frey. (Pl. de „Le Moyen-Age pittoresque"). In-fol., av. marges.

1234 **Trois-Epis.** „Vierge des Trois Epis. Fac Simile d'une Gravure sur bois du commenct du 16 siècle". Dessiné par A. Mentzer, lith. V. Barbier, Belfort. In-16, av. marges.

1235 **Walbourg. —** „Die Abteikirche zu Walburg (Unter Elsass)". Fec. Naeher. Lith. in-8º obl., av. marges.

1236 **Wangenbourg. —** „Wangenburg hinter Wasslenbeim". F. Imlin 1816. Grav. sur cuivre. In-8º obl., à gr. marges.

1237 **Wesserling. —** „Fabrique d'Indiennes de Mrs Gros, Davillier, Roman et Cie à Wesserling, (du Côté du Couchant)". J. Mieg del., lith. de G. Engelmann. (Pl. des „Manufactures du Haut-Rhin"). Pet. in-fol. obl., rogné.

1238 **Westhoffen. —** „Die Rosenburg in Westhofen. (16te Jahrhundert)". Reconstr. von Naeher. Fec: Naeher Vue et plan. Av. armoiries. Lith. in-8º obl., av. marges.

1239 **Wildenstein.** — Vue du Château. Gez: u. ged: v: S: Lütz. Lith. in-8°, à gr. marges.

1240 **Willer.** — „Filature de Coton de Mr Isaac Koechlin, à Willer, (près Thann)“. J. Mieg del. 1824, Lith. de G. Engelmann. (Pl. de „Manufactures du Haut Rhin“). Pet. in-fol. obl., à pet. marges.

1241 **Windstein.** — „Vue du Windstein à 1. lieu de Niederbronn (Bas-Rhin). Dessin orig. colorié par F. W. 1812. In-fol. obl., av. marges.

1242 **Wissembourg.** — **Vue panoramique.** „Wissenbvrgvm. Weissenburg“. (Extr. de „Braun & Hogenberg, Civitates orbis terrarum“). Gr. in-8° obl., à toutes pet. marges. (2 exempl.)

1243 — — „Weissenburg“. Av. armoiries. (Pl. de „Merian, Topographia Alsatiae“). In-fol. obl., à toutes marges.

1244 — — „Weyssenburg mit vmbligender Landschafft / auff das aller fleissigest nach aller gelegenheit contrafehtet“. Av. armoiries. (Pl. de „Seb. Münster's Cosmographey“). In-fol. obl., à pet. marges.

1245 — — „La Cité Imperiale de Wissembourg, située gueres loing du Rhin...“. Grav. anc. sur bois. (Tirée du même ouvrage, édit. franç.) In-fol. obl., à pet. marges.

1246 — **Vue générale.** „Weissenburgum vetus. — Weissenburgum novum“. 2 vues sur 1 feuille in-fol. obl. Chovin sculp. Av. marges.

D. ESTAMPES HISTORIQUES.

1. Evénements divers.

Dates

1247 **1292.** — „Chasse de Sainte Odile MDDXDII“. 2 planches lith., in-fol. obl., à pet. marges.

1248 **1390.** — „Un Tournoi au Marché-aux-Chevaux (Place Broglie) en .390“. E. Schweitzer. Chromolith. (Pl. de „Seyboth, Souvenirs du Vieux Strasbourg“). Pet. in-fol. obl., av. marges.

1249 **1444.** — „Plan du Combat de St Jacques, près de la Ville de Bâle. Soutenu le 26 Aoust 1444...“ Dressé par le Sieur Clermont, Ingénieur Géographe, 1779. Arrivet inv. & sculp. Ornam. Av. explication au bas. In-fol. obl., à pet. marges.

1250 **16e siècle.** — „Les Elections à Strasbourg au XVIe siècle“. („Faits hist. de l'Alsace“, pl. 3). Texte allem. et franç. Lith. A. Dusch à Strasb., A. Schneider, éditeur. In-fol. obl., av. marges.

1251 **1517.** — „Der Schuhmacher von Hagenau“. *(Pièce relative aux Lettres d'Indulgence).* Lacoste aîné, J. Gagnitt. Grav. sur bois mod., av. lég. allem. In-fol. obl., av. marges.

1252 **1553.** — „Prestation du serment civique annuel à Mulbouse (Schwörtag). Cortège officiel en l'année MDLIII“. J. Fuchs, Louis Schoen-haupt. Lith. coloriée. Gr. in-fol. obl., à toutes marges.

1253 **1576.** — „Zur Erinnerung an die Fahrt der Züricher mit dem Hirsebrei nach Strassburg. 1576 und 1884“. Lithogr. u. Druck von Ed. Hubert & E. Haberer. 4 vues sur 1 planche très gr. in-fol.

1254 **1592.** — „Der Lothringer Grausamkeit in Eroberung dess Schlosses Kochers-berg. 1592“. Grav. anc., in-8° obl., à pet. marges. Remonté.

1255 **1610.** — Vue cavalière du siége et de la prise de Molsheim, le 8 juill. 1610. Lég. en 16 vers allem. Grav. anc., in-fol. obl., av. marges. (Une partie de la marge du bas est refaite).

1256 **1625.** — Veau à deux têtes né en Alsace le 31 Janv. 1625. Grav. anc., gr. in-8° obl., av. 10 vers allem.

1257 **1632.** — (10/20 Septembre). — „Belägerung der vestung Benfeldt, in Nahmen I. K. M. zu Schweden etc., durch I. Exc. Herrn Feldmarschalck Gustav Horn den 10/20 Septemb. 1632“. Plan du siége et petite vue de la ville. Pet. in-fol. obl., av. marges.

Dates

1258 **1633.** — „Wunderliche Missgebürt, so Anno 1633 den 24 tag May alté Cal:
zwissché 4 vnd 5 vhren vor mittag, zu Moltzbeim an diese wolt geboren, von einer Soldaten Küchin oder Concubina". Grav. anc., in-8°,
rognée.

1259 — „Wahrhaffte verzeichnüss des Treffens so zwischen den Schwedischen
und Lotharingischen Armeen den 31. Julli Anno 1633 bei Pfaffenhoven
geschechen ... etc." M. M e r i a n fecit. In-fol. obl., à pet. marges.

1260 **1634.** — „Eigentliche Vorbildung der Feldschlacht so im ober Elsass den
2. Martij 1634 vorgangë, etc." (Vue panoramique de la bataille de
Wattwiller). Gr. in-4° obl, à pet. marges.

1261 **1681.** — „Carte très particulière des Environs de la Ville de Strasbourg,
avec .... les Camps et Battailles de feu Mr de Turenne ... Tirée sur
les lieux par H e n r i S e n g h e r ... Avec privilège du Roy, l'an 1681".
In-fol. obl., sans marges, remontée.

1262 **1690.** — „Plaine de Weill. Le 4me Septembre 1690, l'Armée que Commandoit Monseigneur le Dauphin arriva dans la l'laine de Weill ....
l'Armée decampa de cette Plaine le 13 Septembre après y avoir resté
8 Iours". A Paris. Chez le S^r d e F e r ... 1705. Pet. in-fol. obl., à
gr. marges.

1263 — „L'Alsace ou Conquestes du Roy, en Allemagne, ta t deçà que delà le
Rhein ..." Présentée à Sa Majesté ... par G. S a n s o n. A Paris, chez
l'Autheur ... 1690. Gr. in-fol., color., à pet. marges.

1264 **1694.** — Convoi funèbre d'Anne-Madeleine, comtesse de Hanau-Lichtenberg.
J. A. S e u p e l sculp. Très gr. in-fol. obl. Le cercueil orné d'armoiries.
A toutes pet. marges. (Sans texte).

1265 **1703.** — „Profil de la Ville de Brisac scituée sur le Rhin dans le Brisgau.
Prise par l'Armée du Roy commandée par Monseign^r le Duc de Bour-
gogne le 6e Septembre 1703". A Paris chez Aveline. Grav. de l'époque,
in-fol. obl., sans marges.

1266 **1728.** — „Portrait d'une Femme qu'elle auait un Ventre d'une grosseur
extraordinaire, la quelle après auoir trompé tout le monde pendant 39
ans, est morte le 24 Février 1728". *(Marie Salomé Erdrichlin, née à
Oberkirch)*. Fait à Strasburg par R e n n u r b. Av. 4 vers allem. In-8°,
mauvais état, remonté.

1267 **1751.** — „Représentation du Catafalque dressé à l'occasion des funérailles
de son Altesse Monseigneur le Comte Maurice de Saxe, Duc de Cour-
land etc., dans l'Eglise Neufe à Strasbourg le 8 février 1751". Lég.
franç. et allem. (A Strasbourg chez W e i s, Graveur de la ville, et chez
Perrier). Gr. in-4°, sans marges.

1268 **1786.** — „Le Prince Maximilien et les moustaches de ses grenadiers".
(„Faits hist. de l'Alsace"). Texte franç. et allem. Lith. A. D u s c h,
Strasbourg. In-fol. obl., av. marges.

1269 **1789.** — Pillage de l'Hôtel-de-Ville à Strasbourg, 22 juillet. D e v e r e
sculpsit. Lég. fr. et all., gr. in-f° obl., à toutes marges. (Déchirures
dans la marge du bas).

1270 — „Besenval conduit dans un vieux Château fort, à Brie Comte-Robert,
le 10 Aoust 1789". Av. facsimile d'une lettre de sa main à Mr Bertier,
Officier de l'Etat major, datée de Paris le 5 juillet 1789. *(Pierre-
Victor Baron de Besenval, né à Soleure en 1722, était, en 1748, aide
de camp du maréchal de Broglie)*. P r i e u r inv. et del., B e r t h a u l t
sc. In-fol. obl., av. marges.

1271 **1790.** — Election du Baron de Dietrich comme maire de Strasbourg. „Dedié
et Presenté à Monsieur le Baron de Dietrich. Elu Maire de Strasbourg.
Le 5 Février 1790". C. D u p u i s invenit et sculpsit. Reprod. photolith.
moderne. In-8° obl., à gr. marges.

1272 — Clémence du Peuple. 18 Mars 1790. Place d'armes à Strasbourg. Reprod.
photolith. de la gravure de l'époque. In-fol. obl., à gr. marges. (Tiré
à 20 exempl.)

1273 — „Ueberschwemmung von 1790 in Mülhausen". 20 Dez. J. R o t h m ü l l e r
1826, Lith. de Engelmann. Pet. in-fol. obl., av. marges.

Dates

1274 **1794.** — „Prospect des Fort Louis - samt der umliegenden gegend, Welches den 19ten Jen. 1794 von den k. k. Truppen gesprengt worden ist". Grav. col. de l'époque, pet. in-fol. obl., à pet. marges.

1275 **1796.** — „Passage du Rbin à Kehl, 24 Juin 1796". Dessiné par Girardet, Peint par Charlet, Gravé par Huot, Diagraphe et Pantographe-Gavard. (Pl. de la „Gal^{rie} hist^{que} de Versailles"). Gr. in-fol. obl., à toutes marges.

1276 — „Vue pittoresque du théâtre de la guerre sur le Haut-Rbin au-dessous de Basle, prise à la lueur du feu soutenu de l'artillerie et mousqueterie pendant l'attaque de la Tête du Pont d'Huningue, dans la nuit du 30 Novemb. au 1 Décemb. 1796". Grav. au lavis. A Basle chez Chrét. de Mechel 1797. In-fol. obl.

1277 — Id. Même planche. En partie coloriée.

1278 — „Assaut donné par les Impériaux au Fort de l'Isle près d'Huningue la nuit du 30 Novembre 1796. Mort du Colonel Eslinger". Grav. en bistre, color., non signée (B. Zix?). Pet. in-fol. obl., à pet. marges.

1279 **1797.** — „Siège de la tête de pont de Huningue en 1797". Plan. Ant. Falger gravirt. In-fol. obl., à toutes pet. marges.

1280 — „Outruiming van het brugge-hoofd van Hunningen, door de Fransche krijgsmagt, op den 23sten en 24sten van Sprokkelmaaud 1797". R. Vinkeles & D. Vrydag, sculps. Grav. holland. Gr. in-8º obl., à pet. marges.

1281 **1798.** — „Cortège officiel lors de la réunion de Mulhouse à la France. (15 Mars 1798)". A. Steinlen, Louis Schoenhaupt. Gr. in-fol. obl., en noir, à pet. marges.

1282 — Id. Même planche, coloriée, à gr. marges. Av. 4 pages de texte in-fol.

1283 — „Parade-Zug am Vereinigungs-Fest der Republik Mülbausen mit Frankreich, den 15ten März 1798. Von einem alten Mülbauser-Bürger, welcher als zehnjähriger Knabe das Réunions-Fest mit angeschen. Den 15ten März 1864, seinen Mitbürgern angeboten. Li·h. de Engelmann père et fils. Gr. in-fol., av. marges.

1284 **1802.** — „Nannette Stocker ... agée de 21. ans, représentant un enfant de 3 ans, haute de 35. pouces. Et Jean Hauptmann, natif de Ringendorf près de Bouxviller .... agé de 19. ans et haut de 36. pouces et 8. Lignes: Tous deux bien proportionnés, présentés par le Citoyen Godeluck à Strasbourg, pendant les mois de Brumaire et Frimaire de l'An dix de la République française". Grav. color., in-4º, en méd. rond. A pet. marges.

1285 **1805.** — „Napoléon Ier et les écoliers de Strasbourg". Lith. A. Dusch, A. Schneider, Editeur. (Pl. des „Faits historiques de l'Alsace"). Texte franç. et allem. In-fol. obl., à pet. marges.

1286 **1806.** — „F. J. Lefebvre, Maréchal d'Empire et Sénateur, né à Ruffach le 28 8bre 1755 ... à la bataille de Jena, 14 8bre 1806 ...." Swebach del., Couché fils scul. In-18 obl., sur papier in-4º, légende française.

1287 **1807.** — „Siège de Dantzick, par S. E. Mgr le Maréchal Le Febvre, le 24 Mai 1807". Swebach inv., Lerouge aqua f., A. Delvaux sc. In-18 obl., sur papier in-4º, lég. française.

1288 **1810.** — „Vue de la fontaine d'alliance élevée à Strasbourg en face du Palais Impérial, lors de l'arrivée de Sa Majesté Marie-Louise Archiduchesse d'Autriche ... le 22 Mars 1810, etc." Composé et dirigé par Mr Boudhors père. Gravé par F. Simon à Strasbourg. Gr. in-fol. obl., avec marges.

1289 **1815.** — „Gefecht bey Surburg den 25 Juni 1815 ...." Plan. Gez. von Quartiermeister Lieut: Schele, gest. von V. Willmaar. In-fol. obl., à toutes marges.

1290 — „Plan der Belagerung von Hüningen im Jahr 1815". Av. texte explicatif en allem. Gestochen v. C. Meichelt, zu finden in der Flick'schen Buchh. in Basel. In-4º, à toutes marges.

1291 — „Einzug des Belagerungs Corps unter Anführung Sr K. Hochheit Erzherzog Johann von Oestreich in Huningen den 28 August 1815". Grav. coloriée de l'époque (B. Zix?). In-fol. obl., sans marges, remonté.

Dates

1292 **1815.** — „Défense d'Huningue". H o r a c e V e r n e t pinx^t. (Salon d'Horace
Vernet 1822). Grav. sur acier, in-16 obl., à gr. marges.

1293 — „Reddition d'Huningue . . ." F. G r e n i e r, Litho. de Ch. Motte. In-fol.
obl., à gr. marges.

1294 — „Sortie de la Garnison de Huningue". Tableau d' E d o u a r d D e t a i l l e.
(Pl. de „L'Illustration-Salon 1892"). In-fol., à gr. marges.

1295 **1828.** — „Arrivée à Strasb. de S. M. Charles X, roi de France, et de S.
A. R. Mgr le Dauphin, le 7 Septembre 1828". Dessiné sur pierre et
composé par G u é r i n e t s e s f i l s. L'architecture d'après M. N. J.
V i l l o t. Lith. F. G. Levrault. In-fol. max., avec marges.

1296 — „Le Roi au bal de la ville de Colmar". C h a p u y d'après le croquis
de J. R o t h m ü l l e r, Lith. de Engelmann & Cie. (Pl. de „Fargès-
Méricourt, Voyage de S. M. Charles X en Alsace"). Sur Chine. Gr.
in-8º obl., av. marges.

1297 — „A Charles X, la Ville de Guebwiller". Lith., sur Chine. In-fol. obl.,
av. marges.

1298 — „Réception de S. M. Charles X à Mulhouse . . . Planche imprimée sous
les yeux de Sa Majesté . . . sur la nouvelle presse en fer de Mrs Eugel-
mann & Co, le 11 Sept. 1828". J. R o t h m ü l l e r d'après le croquis de
M^r C h a p u y. Les figures par J. d e R. K o e c h l i n. Gr. in-fol. obl.,
av. marges.

1299 — „Départ de S. M. Charles X de Mulhouse . . . . Estampe offerte à Sa
Majesté le jour de sa fête, le 4 9bre 1828 par ses très humbles et
très fidèles sujets Engelmann & Cie ". J. R o t h m ü l l e r, d'après le
croquis de M^r C h a p u y. Les figures par V. A d a m. Gr. in-fol. obl.,
av. marges.

1300 **1831.** — „Gén^l Langermann, Lieut^t Gén^l Ramorino, Gén^l Sznayde. Entrée
des G é n é r a u x à Strasbourg, le 4 Décembre". Imp. Lith. de Simon
P. et F., Lith^ié d'après nature par B e y e r. 3 portraits, 2 drapeaux et
vue de l'entrée, sur 1 feuille in-fol., à pet. marges.

1301 **1832.** — „Raffaczynski, Capitaine du 2e Régiment des Crakousses, ...
C'est pour la septième fois qu'il touche le sol de la France, où il vient
chercher, avec ses nobles compagnons d'armes, une généreuse hospi-
talité". Dessiné d'après nature à son passage à Mulhouse, le 15 Février
1832, Lithog^ie de Engelmann et Cie. Gr. in-fol., color. Av. marges.

1302 **1836.** — „Der Brand in Grendelbruch 15. August 1836. — L'incendie de
Grendelbruch, 15 Août 1836". Reprod. d'une grav. sur bois de l'époque.
(Extrait de „D'r Maikäfer un d'r Meiselocker"). Gr. in-8º obl.

1303 **1839.** — „Concert donné au Théâtre de Strasbourg le 14 Avril 1839, au
profit des Victimes du Tremblement de terre de la Martinique". Lith.
de Simon fils. (Pl. de l'„Album alsacien"). In-4º obl., av. marges.

1304 **1840.** — Fête séculaire de Gutenberg. „Cortège industriel de Strasbourg,
25 Juin 1840". Dess. de E. G l ü c k, Lith. E. Simon fils à Strasbourg.
29 Planches coloriées, in-fol. obl. (L'Album est complet en 51 planches,
Les N^os suivants manquent: 5, 6, 10, 11, 14, 15, 24, 25, 43, 48, 49
et 50).

1305 — „Der Gutenberg-Zug. 24. Juni 1840. (Küfertanz auf dem Kleberplatz).
— Le cortège de Gutenberg . . ." Reproduction de la pl. 32 de l'album
précédent, en noir. (Extr. de „D'r Maikäfer un d'r Meiselocker").
In-fol. obl.

1306 **1845.** — „D'r strossburjer Gimpelmärk". Reprod. d'une gravure de l'époque.
(Extr. de D'r Maikäfer un d'r Meiselocker"). Pet. in-4º.

1307 **1848.** — „De Strasbourg à Bâle. — Fêtes de la deuxième commémoration
séculaire de la réunion de l'Alsace à la France". Gravures d'un journal
illustré, 4 pages in-fol.

1308 — „Projet esquisse de monuments à ériger à Strasbourg, Colmar et Mulhouse, en mémoire du 2e anniversaire séculaire de la réunion de
l'Alsace à la France". Par G. Klotz, A. Weyer & F. Fries architectes.
Lith. E. Simon. In-4º, col.

ESTAMPES HISTORIQUES.

Dates

1309 **1848.** — „Fête du 16 avril 1848 à Strasbourg. Plantation des arbres de la Liberté". *(au Broglie).* Dessiné d'après nature et lithogré par P o q u e t, Lithogr° E. Simon à Strasbourg. Fond teinté. In-fol. obl., à gr. marges.

1310 **1852.** — „Liberté, Egalité, Fraternité. — Wie d'Gard-Nassionnal von Stroossburg uffgelösst wurd". Pièce de vers de L. Lehr, av. illustr. Lith. D. Baltzer. Pet. in-fol.

1311 **1856.** — „Retour de Crimée. Entrée dans Strasbourg du 6me Bon de Chasseurs à pied, le 12 Juillet 1856". A Messieurs les Officiers du 6me bataillon de chasseurs à pied. Souvenir de bonne amitié. A. T o u c h e m o l i n, 8bre 1856. Lith. É. Simon. Chromolith., gr. in-fol., à toutes marges.

1312 **1857.** — „Treille provenant d'un seul pied de vigne adossé à la maison du jardinier du Cimetière Ste Hélène, près Strasbourg . . . a produit cette année 1157 beaux raisins . . . ." Lith. E. Simon. In-8° obl., av. marges.

1313 **1860.** — „Souvenir des ravages exercés par l'incendie du 29 Juin 1860 du Collège de St. Guillaume et du Gymnase protestant à Strasbourg". Croquis d'après nature par E d. W e i s s a n d t. Lith. E. Simon. 1 feuille de texte et 9 planches. Fonds teintés, in-fol. et in-fol. obl., av. couverture.

1314 **1863.** — „7me Réunion des Sociétés chorales d'Alsace. 20, 21, 22 Juin. Strasbourg". Lith. C. Fassoli. Fond teinté, gr. in-fol., av. marges.

1315 — „Souvenir du Festival de Strasbourg, le 20, 21 et 22 Juin 1863". E. S c h w e i t z e r, lith. D. Baltzer. Gr. in-fol. obl., à gr. marges. (Taches d'eau).

1316 **1867.** — Inauguration de la Halle aux Houblons à Haguenau, 10—15 Octobre. E. S c h w e i t z e r. Lith. Groskost. Fond teinté, gr. in-fol. obl., av. marges.

1317 **1869.** — **1872.** — „Die Elsässer Recruten in Strassburg (Kleberplatz) im Jahr 1869. — Die Elsässer Rekruten in Berlin (Unter den Linden) im Jahr 1872". Texte allem. et franç. Lith. et Impr. de Ch. Helbig à Schlestadt. Verlag von A. Schneider . . . Strassburg. („Elsässer Bilderbogen" N° 1). 2 vues pet. in-fol. obl., color., sur 1 feuille in-fol.

1318 **1869.** — „Eine Degradirungs Parade in Strassburg im Jahr 1869. — Une parade d'exécution à Strasbourg en 1869". Texte allem. et franç. Lith. et Impr. de Ch. H e l b i g à Schlestadt. Verlag von A. Schneider . . . . Strassburg. („Elsässer Bilderbogen" N° 2). In-fol. obl., color., av. marges.

1319 **1870.** — „Schlestadt le 28 Février 1870. Grande Cavalcade au Profit des Pauvres". Grande affiche sur papier blanc. C e l l a r i u s lith., Lith. Ch. Helbig à Schlestadt. Av. marges.

1320 — **Siége de Strasbourg.** „A la gloire de Strasbourg. Cathédrale de Strasbourg, Porte de St. Laurent, pendant le Bombardement par le Prussien Werder, l'un des Capitaines du moderne Attila". Imp. Beittel à Paris. Eau-forte, gr. in-fol., av. encadr. allégor. A toutes marges.

1321 — — „Capitulation de Strasbourg. Départ de la garnison franç. le 28 septembre 1870". Lith. color. (Pl. des „Faits historiques de l'Alsace"). Av. description franç. et allem. In-fol. obl., av. marges.

1322 — — Statue de la ville de Strasbourg. Place de la Concorde, Paris. 2 Photogr. in-4°, sur carton blanc in-fol.

1323 — „Proclamation de Madame Friédérike Kempner (Allemande) aux Citoyens Alsaciens. — Ode à Me Friédérike Kempner, en réponse à la proclamation aux Citoyens de l'Alsace" (par un Mulhousien de 17 ans, Mulhouse le 17 Déc. 1870). In-fol., à pet. marges.

1324 **1872.** — „Lettre d'Alsace". 12. 3. 72. 1re épreuve sur papier du Japon. Imp. Cadart, A. P. M a r t i a l pinx. et sc.

1325 **1873.** — „Les Prussiens quittent Belfort par la porte de Brisach le 2 Août 1873". E u g. C i c e r i & P. H. B e n o i s t del. et lith., Impr. Veuve Bader & Cie, Mulhouse. Epreuve sur Chine. Pet. in-fol. obl., à pet. marges.

Dates
1326 **1878.** — „L'Evacuation. — Arrivée des troupes françaises à Belfort".
  Dessin de M. Lix, d'après le croquis de M. Kauffmann. (Découpé
  d'un Journal illustré). Pet. in-fol. obl., sans marges.
1327 **1879.** — „Au Maennerchor de Zurich, lors de son passage à Strasbourg, le
  14 Juin 1879. Poésie par H. Roehrich, Pasteur (de Genève). D. Baltzer
  del‍t, Lith. F. Groskost. In-fol., av. marges.
1328 **1880.** — Cavalcade de Mulhouse, au profit des pauvres, . . . le 29 Mars 1880.
  Nᵒˢ 1 et 2 du „Milhüser Narràblaettlà" et 4 feuilles volantes, poésies
  de R. Nest en dialecte mulhousien. Le tout, pet. in-fol.
1329 **1881.** — Cavalcade de Mulhouse, 18 Avril 1881. Nᵒˢ 3 et 4 du „Milhüser Narràblaettlà" et Nᵒ unique de „L'Express comique". Pet. in-fol. et in-4ᵒ.
1330 — „Noël! Noël!" Numéro exceptionnel publié par L'Alsacien-Lorrain,
  Décembre 881. In-fol., 20 p. ill.
1331 **1882.** — „Uf d'diamantene Hochzit vom Herr Jean Dollfus un d'r Frau
  Anna Catharina Bourcart. 30. Octower 1882. Dankbar g'widmet vo
  dä Pensionnäre vom Greise-Asyl z'Milhuse." Poésie en dialecte mulhousien, av. encadr. Très gr. in-fol., à toutes marges.
1332 — Adresse à Monsieur Jean Dollfus, par la ville, la Chambre de Commerce,
  la Société industrielle, etc. de Moulhouse à l'occasion du 30 oct. 1882.
  2 pages impr., gr. in-fol., à toutes marges.
1333 **1884.** — Cavalcade de Mulhouse, 14 Avril 1884. Nᵒ 5 du „Milhüser Narràblaettlà", Nᵒ unique de „Mulhouse-Amusant", et 4 feuilles volantes,
  poésies en dialecte alsacien. Pet. et gr. in-fol.
1334 **1885.** — Concours de Musique instrumentale, Mulhouse 26 Juillet 1885".
  Composition par L. Schoenhaupt, poésie de 5 vers en dialecte
  mulh., par A. L(ustig). Mulhouse, Imprimerie Brustlein & Cⁱᵉ. In-fol.,
  sur papier de soie. (3 exempl.)
1335 **1886.** — „Pour le 50ᵒ anniversaire de l'heureux retour du premier voyage
  fait par eau de Strasbourg à Paris. 27 Juin 1836". In-4ᵒ obl. (Extr. de
  „D'r Maikäfer un d'r Meiselocker").
1336 — „D'r Schilkemer Messtizug, 8. Augst 1886. — Fête de Schiltigheim.
  Cortège industriel, 8 Août 1886". In-fol. obl. (Extr. de la même publication).
1337 — „Au Polygone pendant la revue de l'Empereur, 11 Sept. 1886. — Le
  cortège des paysans devant S M. l'Empereur, le 14 Sept. 1886".
  2 vues (extraites de la même publication). In-4ᵒ obl.
1338 **1887.** — „L'affaire de Pagny". Affaire Schnaebelé Supplément à l'Illus-
  tration, 8 pages illustrées, in-fol.
1339 **1888.** — Election législative du 19 août 1888. 4 pièces relatives à l'élec-
  tion de Mʳ Alfred Koechlin, de Mulhouse, par les électeurs du Nord.
  1 feuille volante, av. portrait, et 3 grandes affiches.
1340 — „Einweihung des neuen Schlachthauses. Mülhausen, 30. September 1888".
  Imp. J. B. Grande lith. in-fol. obl., av. poésie en dialecte mulh.

2. Estampes satiriques.

1341 **1625.** — „Une caricature de 1625, contre le Magistrat de Strasbourg. *(Le
  char de l'avarice. — Der Geitzwagen)*. Lég. all. Reprod. moderne.
  Lith. de L. Havard à Strasbg. In-fol. obl., sans marges.
1342 **1632.** — „In Elsas jetz erschalt das Horn, zu stillen aller Pfaffen Zorn.
  Wer die Evangelische will vertreiben vnd plagen, Die muss man zur
  letz wohl schmieren vnd in ein Horn jagen". Grav. av. vers allem.
  In-fol. obl., à toutes pet. marges.
1343 **vers 1800.** — Juifs exposés au pilori: „O weyh, wie müssen wir
  für das Beschummlen schwitzen! . . ." Fac-simile d'une anc. grav. sur
  cuivre reproduite à 25 exemplaires. Av. 6 vers allem. In-fol., av. marges.
1344 **1801.** — „Grand Feu d'Artifice. i, i, i han's g'macht! Strabourg le 3. Thermidor An 9". Au fond, vue de Strasbourg. Grav. color., in-4ᵒ, à pet.
  marges.

1345 1815. — „Französischer Vogelfang". Grav. polit. de l'époque, pet. in-fol. obl., à pet. marges.

1346 Mulhouse. — „Les Radetz Ki, ... Les Windisch Graetz, ... Les Jellachich, ... Ces Manufacturiers, ... de cadavres, ... Brevetés d'inveution? ..." Lith. de l'année 1848. In-4° obl., rogné.

1347 — „Guerre d'Orient. Départ de volontaires pour la défense du Sérail". Lith. Hasler & Cie. In-fol. obl., av. marges.

1348 — „Faits d'Armes vus en rêve." Lith. C. Fasoli & Ohlman, Strasbg. In-fol. obl., av. marges.

1349 — Bal des Juifs donné à Mulhouse (1848?) Lith. sur Chine, in-fol. obl., av. marges.

1350 „Affaires de Rouen. Voyez-vous, le Nomand: Il fait le mort, pour ne pas répondre à Justice!!!" P. Préval (?) Paris, Lith. Deshayes. *(Planche, d'après les indications de M. H. M****, relative à Michel Ordener, Général et Sénateur, né à Huningue 1787, † 1862).* Pet. in-fol., av. marges.

1351 „E ganz klein's Krächerle". Reprod. d'une anc. gravure, av. poésie de D. H(irtz) en dialecte strasbourgeois. (Découpure de „D'r Maikäfer un d'r Meiselocker"). In-4°.

1352 Auguste Schnéegans. — „Sein Namen ist in gans Europa bekannt". — — „E ... Gänsel Spiel! Le jeu de l'oie". 2 Lithographies, in-4° et in-fol. obl., les deux avec urne électorale. Imp. Ed. Hubert & E. Haberer.

1353 „Kloster-Karl". Lith. in-8°, av. marges.

---

3. Crimes. Portraits de criminels.

_{Dates}

1354 1818. — „Jean Heinrich, Cultivateur à la Ferme de Guigersbourg, dans le val de Munster, condamné à la peine de mort... le 21 Mai 1818 pour crime de parricide et Salomé Schwartz, veuve Heinrich (sa mère), condamnée à la même peine pour fait de complicité". Portraits. Lith., gr. in-8°, à toutes marges.

1355 1819. — Portraits de 4 criminels condamnés à mort, etc. le 14 juillet 1819.
1°) Joseph Studer von Ober Hagenthal in Frankreich, 41 Jahre alt...
2°) Ferdinand Deister von Inzlingen im Badischen... 30 Jahre alt...
3°) Xavery Hermann von Colmar in Frankreich, 30 Jahre alt...
4°) Jacob Feller genannt Diebold von Sondernach in Frankreich, 24 Jahre alt... Quatre gravures au lavis, gr. in-8°, av. marges.

1356 1844. — „Affaire Blétry. Portraits des quatres accusés".
1°) Nicolas Sosthènes Bletry.
2°) Marie Françoise Lallemand.
3°) Frédéric Weidenbacher.
4°) Madeleine Denichert.
Dessiné d'après nature à l'audience par A. Sch. („Courrier du Bas-Rhin"). Lith., pet. in-fol.

1357 1844. — „Wahre Abbildung und Beschreibung der schreckensvollen, schauderhaften Mordthat, Brand und Diebstahl, welche sich in dem Dorfe Zillisheim ... in der Nacht vom 17ten Dezember 1844 zugetragen haben". Dessiné d'après nature par J. G. Kobloth, Editeur. Lith. de Muringer à Mulhouse. In-fol. obl., sans marges.

1358 1869. — Affaire Troppmann: „Victimes de Pantin", „Reconnaissance du cadavre découvert dans la forêt d'Ufholtz" et „Les Tourments de J. B. Troppmann". 3 planches.

1359 1883. — Assassinat du pharmacien Lienhardt et du soldat Adels. 3 pièces.

1360 1889. — Assassinat au Kronenburger Ring d'Emilie Kist. (N° de „Das Elsass—L'Alsace").

1361 1890. — „Der Raubmörder Michael Ems ... hingerichtet am 12. Juli in Strassburg. E. Kretz 90. (Tiré de „Das Elsass—L'Alsace").

1362 1892. — „Der Ein- und Ausbrecher Lehmann". E. Kretz 92. (N° de „Das Elsass—L'Alsace").

E. HELJE. PLANCHES COMIQUES.

1363 **Nâûelneji Strossburjer Hélje.** Lith. Oberthür fils et Baltzer. Nᵒˢ 1 à 4.
(Lächerli — un doch bedrüebt; Der Munkedrissel; Festival choral de
1863; Die grausame Geschichte vom grossen Sängerfeste 1863).
4 feuilles, gr. in-fol.
1364 — Id. Nᵒ 3, col. Gr. in-fol.
1365 **Meiselocker's Helje.** Nᵒˢ 1, 4, 5, 7, 8, 9 et 10. (E misslungener Plan;
E gfitzter Schnider; D'r ungelade Gast; Us em Räje in de Dachtrauf;
E gstrählter Kircheptlejer; Grässlichi Gschicht vum e russische Feld-
preddjer; Zur Inweihung vum neje Landesüssschusshisel). 7 planches
in-fol. autog. Typ. et Lith. A. Dusch à Strasbourg.
1366 Der Hans im Schnokeloch, von E. Schweitzer. 1862. Photolith. Ed. Stri-
beck, Strasbourg. 9 planches in-4º.

1367 **Excursion's Tyroler** vun der Harmonie militaire vum 22ᵗᵉⁿ August 1875.
Poésie par Ch. Ammann, illustrations par **F. A. Weig**, Lith. p. **Garry**,
Lith. Levy, Strasbourg. Gr. in-fol., av. marges.
1368 **D'r Nerveguschd.** Poésie ill. In-fol. obl., à pet. marges.
1369 **S'Demi-Monde vun Strosburri.** In-fol. Druck von G. Fischbach. A pet. marges.
1370 **L'Ancien Marché aux guenilles de Strasbourg,** Nᵒ 2. 2ᵉ tirage. Silhouettes
par **P. Büttner.** Aut. R. Schultz & Cⁱᵉ, Strasbourg. A pet. marges.
1371 **L'Echo électoral de 1881.** Planche in-fol., autogr., av. marges.
1372 **Silhouettes,** par **P. Büttner** et **Emile Kretz.** 4 planches. (Meiselocker's illustr. Annoncentheil; Au Café; Dans la rue; Im a Meiselocker sinn erster Baalgang). (Extraits de „D'r Meiselocker un d'r
Maikäfer).
1373 10 planches comiques, tirées de „D'r Meiselocker un d'r Maikäfer".
1374 1 liasse d'une trentaine de pièces: Poésies humoristiques en dialecte alsacien.

F. COSTUMES ALSACIENS.

1375 **Comdre, Victor.** Alsacienne. Au fond, la Cathédrale de Strasbourg. In-4º,
sur Chine, avant la lettre. A gr. marges.
1376 **Dawant, A.** En Alsace. *(Intérieur d'une église).* Glyptographie Silvestre & Cⁱᵉ.
(Pl. de „L'Art français, Salon de 1892"). Pet. in-fol., av. marges.
1377 **Devéria, A.** Alsacienne. Lith. de Fonrouge. In-fol., rogné.
1378 **Doré, Gᵛᵉ.** La messe de minuit en Alsace. Lith. Imp. Vayron, Paris.
In-fol., à pet. marges.
1379 **Duflos, Cl.** Chanoine Régulier de Marbak, en Alsace. Grav. anc. (Pl. 17
d'un recueil). In-8º, av. marges.
1380 — Chanoinesse de hombourg et de St-Etienne de Stragbourg. Grav. anc.
(Pl. 92 du même recueil). In-8º, à gr. marges.
1381 **Emrich, Chᵈ.** Jeune Paysan de Kehl (Bâde) près Strasbourg. Lith. de
M. F. Boehm à Strasbourg. Pet. in-fol., à gr. marges.
1382 — Jeune Paysanne de Kehl (Bâde) près Strasbourg. Lith. de M. F. Boehm
à Strasbourg. Pet. in-fol., à gr. marges.
1383 **Enders, J.** A la France! — en Alsace le 14 juillet. Glyptographie Silvestre & Cⁱᵉ (Pl. de „L'Art français. — Salon de 1893)". Pet. in-fol. obl.,
av. marges.
1384 **Labrousse.** Habitants d'Egelshaïm, près Strasbourg. Labrousse Del.,
St Sauveur Direx. In-8º, col., à gr. marges.
1385 — Homme et Femme de Housberg, près Strasbourg. Par les mêmes. In-8º,
col., à gr. marges.

1386 **Labrousse.** Bourgeoise de Strasbourg. — Laitière des Environs de Strasbourg. Par les mêmes. In-8º col., à gr. marges.
1387 — Revendeuse de Strasbourg. — Paysanne de Bitche près Strasbourg. Par
  les mêmes. In-8º col., à gr. marges.
1388 — Servantes de Strasbourg. Par les mêmes. In-8º col., à gr. marges.
1389 — **Lanté.** Costumes de divers pays. 4 planches. (Paysanne Alsacienne du
  Kochersberg; Paysanne des environs de Colmar; Anabaptiste des environs de Strasbourg; Paysanne des environs de Kell). Lanté delt,
  Gatine sculpt. Pet. in-fol., col., à toutes marges.
1390 **Laville, Eug., & J. Vogel.** 6 planches des „Esquisses physiologiques des
  moeurs de Strasbourg". Lith. E. Lemaitre, fond teinté, in-fol.
1391 — D'strossburjer Kaminfejer. — Les ramoneurs de Strasbourg. Reprod.
  mod. d'une planche du recueil précédent. (Extr. de „D'r Maikäfer un
  d'r Meiselocker").
1392 **Maurice, C.** Cost. des environs de Colmar. (Alsace). L. Guerdet sc. (Pl.
  du „Musée de Costumes"). In-8º, col., à gr. marges.
1393 **Mechel, Chr. de.** Paysanne de la haute Alsace aux environs de Basle.
  Grav. anc. col. In-8º, rogné.
1394 **Stop.** Costumes nationaux. 4 planches (Alsacien; Alsacienne; Jeune homme
  des environs de Freschwiller; Jeune fille de Mietesheim). Lith. color.,
  fond teinté. Imp. Becquet à Paris. In-fol, av. marges.
1395 — Jeune fille de Mietesheim. Lith. non col., fond teinté. (Pl. du même
  recueil). In-fol., rogné.
1396 **Touchemolin.** Intérieur de Paysans du Kochersberg. Composé et lithé par
  Touchemolin, Lith. D. Baltzer. (Pl. de „Piton, Strasbourg illustré").
  In-fol. obl., fond teinté, av. marges.
1397 **Voulot, Fˣ.** La Poutroie. Type sémitique vivant. (Huttes). Fˣ Voulot
  reperit. del. et lith. Imp. Vᵉ L. L. Bader à Mulhouse. In-4º, épreuve
  sur Chine, à gr. marges.

1398 **Alsace françoise.** Strasbourg 1706. Collection des 10 planches de costumes.
  In-8º, à pet. marges. (Très rare).
1399 **Musée des Costumes.** 3 planches. (Alsacien; Femme de Saverne; Cost.
  des environs de Colmar). Gr. in-8º, lith. color., av. marges.
1400 **Peuples, Les, peints par leurs costumes.** 2 planches, même genre que
  les précédentes. (Alsacien; Paysan des Environs de Neuviller). Gr.
  in-8º, col., av. marges.
1401 **Pfingstmontag, D'r.** 6 planches photolith.: Les acteurs de la dernière représentation à Strasbourg dans leurs costumes. In-8º, à gr. marges.
1402 **L'Alsace.** Lith. Destouches. In-4º, fond teinté. Av. marges.
1403 **Alsacienne.** Travestissement. Imp. Lemercier et Cⁱᵉ, Paris. Gr. in-8º, col.,
  av. marges.
1404 **Klosterfrau von Masmünster oder Molsevaux.** Grav. anc., gr. in-8º, à
  toutes marges. (Pl. 17 d'un recueil).
1405 **Photographie.** *(Costumes de la vallée de Munster).* Chr. Wieland, Phot.
  Atelier, Münster i. E. Pet. in-fol. obl., montée sur carton blanc.

G. CERTIFICATS (Gesellenbriefe) ET DIPLOMES.

Gesellenbriefe avec vues de:

1406 **Colmar.** 1780. Johannes Bapt. Haas Sculpsit Stauffen brisg. Gr. in-
  fol. obl., av. encadrement.
1407 **Mulhouse.** 18ᵉ siècle. Belle planche gravée, sans nom d'artiste. Gr. in-fol.,
  av. encadrement, à toutes marges.

1408 **Strasbourg.** 1715. In-fol. obl., parchemin, texte manuscrit, av. vue imprimée et dessins origin. coloriés.
1409 — 1766. Johannes Striedbeck delineavit et sculpsit Argentorati 1763. Gr. in-fol. obl., av. encadr. et armoiries. Rogné.
1410 — 1803. Gravé par Weis. In-fol. obl., av. encadr. allégor., à pet. marges.

Diplômes de:

1411 **Bâle.** Société de l'Ecole Française à Bâle. Diplôme de Membre Fondateur. Louis Schoenhaupt. In-fol. obl., col., à gr. marges.
1412 **Barr.** Union Chorale de Barr. 1856. Av. vues et encadr. G. Bossert, Lith. E. Simon à Strasbourg. Gr. in-fol. obl., à très gr. marges.
1413 **Bouxwiller.** Collége de Bouxwiller. Accessit de 1830. Lith. de F. G. Levrault. Pet. in-fol., av. marges.
1414 **Haut-Rhin.** Société départementale d'Agriculture du Haut-Rhin. Av. encadr. et allégor. Ch. Deess fec., Lith. de Ch. M. Hoffmann à Colmar. Pet. in-fol. obl., sans marges.
1415 **Mulhouse.** La Société Ste Cécile à Mulhouse. 1848. Comp. par Ferd. Hirn 1859 (?) Lith. E. Simon. Av. vue d. Mulhouse et encadr. allég. In-fol. obl., av. marges.
1416 **Strasbourg.** Congrégation des bourgeois érigée à Strasbourg, sous le titre de l'immaculée conception de la Sainte Vierge. Lith. A. Jung, Strasbourg. Gr. in-fol., fond teinté, à gr. marges.
1417 — Faculté de Droit. Diplôme de licencié, décerné à François Fabre de Carcassonne, délivré le 15 Sept. 1770. Très grand in-fol. obl., manuscrit sur parchemin.
1418 — Harmonie de Strasbourg. Lith. par Th. Siegfried, Lith. E. Lemaître. Av. vue de Strasbourg, armoiries et 2 bannières. Gr. in-fol. obl., à toutes marges.
1419 — Société des Amis de l'Art musical civil et militaire de Strasbourg. 1864. E. Schweitzer, Lith: Oberthur Strasbg. Av. pet. vue et armoiries de Strasbourg. Encadr. allég. Gr. in-fol. obl., fond teinté, à pet. marges.
1420 — Société des Amis des Arts de Strasbourg. Vers 1840. Pet. in-fol. obl., av. encadr., à gr. marges. (2 exempl.)
1421 — Société Chorale de Strasbourg. Lith. E. Simon. In-fol. obl., av. encadr. allég., à très gr. marges.
1422 — Union Musicale de Strasbourg. G. Bossert, Lith. E. Simon. Av. pet. vue et armoiries de Strasbg., encadr. allégor. In-fol. obl., à très gr. marges.

1423 **Légion d'Honneur.** Brevet de Chevalier décerné, en 1824, au Sieur Schwartz, Aloys, né à Strasbourg le 20 févr. 1771, Chirurgien major au 36e régiment d'infanterie de ligne. In-4º obl., sur parchemin.

H. PLANCHES COMMÉMORATIVES.

Année.
1424 **1825.** — „Au Mânes du Général Foy". Planche calligraphique. Fait par J. B. Krafft. Se trouve à Mulhouse chez l'auteur. Gr. in-fol. obl., à toutes marges. (Petites déchirures).
1425 **1830.** — „Au Général Lafayette . . . Honneur et Reconnaissance. 27, 28 et 29 Juillet". Planche calligraphique. Par J. B. Krafft, calligraphe, Lith. de Engelmann & Cie. Gr. in-fol. obl., à pet. marges. Remonté.

Année,
1426 **1848.** — „Liberté, Egalité, Fraternité. 1789, 1830, 1848 ... Dédié aux
héros des 23, 24 et 25 Février 1848 ...“ Planche calligraphique. Composé et exécuté à la plume par T. L i s c h dit B a u r, Calligraphe à
Mulhouse. Lithographié par H. M a u r e r, Lith. de Engelmann père
et fils. Très gr. in-fol., av. marges.
1427 — „Couplet supplémentaire de la Marseillaise chanté ... en 1790. Souvenir
de la fête célébrée à Strasbourg, le 16 Avril 1848, à l'occasion de la
plantation de 5 arbres de liberté“. Lith. E. Simon à Strasbourg. Sur
Chine. Gr. in-8°, à pet. marges.
1428 **1852.** — „Andenken an die Vorstellungen des Pfingstmontags von Joh. Georg
Daniel Arnold ... gegeben Anno 1852“. Planche coloriée, Lith. E. Lemaître à Strasbourg. Gr. in-fol., à toutes marges.
1429 **1858.** — „Charte. L'Association des Sociétés Chorales d'Alsace a l'honneur
d'offrir aux Sociétés Chorales de Zurich, à l'occasion de la Fête fédé-
rale célébrée en cette ville, le 17 juillet 1858, un Trinkhorn ...“
Strasbourg, Imprimerie de G. Silbermann. Gr. in-fol., av. armoiries
color., à pet. marges.
1430 **1860.** — „Historique de la ville de Mulhouse, d'après une inscription qui
existe sur l'un des murs de la grande salle de l'Hôtel de ville“. Lég.
allem. et franc Planche calligraphique. Ecrit par Th. L i s c h 1860,
Lith. de Engelmann père et fils à Mulhouse. Gr. in-fol., av. marges.
1431 **1863.** — „Souvenir de Barr. 9 Août 1863“. 5 vues et fig. allég., en bistre.
I. P a i l l a r d, Lith. E. Simon. In-fol. obl., à gr. marges.
1432 **1864.** — „D'r Pfingstmondaas-G'sellschaft von 1864 zuem früendliche-n An-
denke gewidmet“. E. S c h w e i t z e r, Lith. D. Baltzer, à Strasbourg.
Fond teinté. Très gr. in-fol., av. marges. (Petites déchirures).
1433 — „Souvenir de l'Inauguration du Chemin de fer vicinal de Niederbronn à
Haguenau. 18 Déc. 1864“. G. B o s s e r t, Lith. E. Simon. Vue, pet.
carte et fig. allégor. Pet. in-fol., av. marges.
1434 **1870.** — **18 . .** — „Retour de l'Alsace-Lorraine à la France“. Vitrail exécuté
par MM. Charles Champigneulle & Cⁱᵉ, d'après le carton de J. W a g r e z.
Photogr. in-4° obl., montée sur carton gris.
1435 **1874.** — „Charte. Les Membres Associés de la Fanfare Sellenick ont l'honneur d'offrir à la société un Drapeau ...“ Composition en couleurs, av.
armoiries de Strasbourg. Lith. Spitzmüller. Gr. in-fol., à toutes marges.
1436 **1876.** — „Fête de Gymnastique à Kœnigshoffen ... 9 Juillet 1876“. P a u l
R e i b e r del. et lith., Lith. à vapeur F. Grokost, Strasbg. Fond teinté.
In-fol. obl., à gr. marges.

J. Archéologie. Monuments funèbres.

1437 **Bergheim.** — Mosaïque gallo-romaine découverte à Bergheim en 1848“.
Restituée et dessinée en 1850 par MM. B o l t z et G e i g e r. Lithographié et imprimé en couleurs à la Lithographie E. Simon — 1851.
Gr. in-fol. obl., fond teinté, à pet. marges.
1438 **Brumath.** — „Inscription d'une Colonne de Pierre rouge, trouvée dans le
Bourg de Brumt ...“ Grav. sur cuivre. (Pl. d'un ouvrage). In-8°, à
toutes marges.
1439 **Guengenbach.** — „Monnoyes Bracteates d'Argent trouvées dans un Pot
de Terre à l'Abbaye de Guenguenbac en 1736“. Grav. sur cuivre. (Pl.
du même ouvrage). In-8°, av. marges.
1440 **Lorentzen.** — „Cimetière franc de Lorentzen. Groupe de tombes découvertes en 1862“. Photogr. d'après un plan en relief de M. le Pasteur
Ringel. Av. pet. carte. Strasbourg, typogr. de G. Silbermann. Pet. in-
fol. obl., av. marges.

1441 **Rheinzabern.** — „Bas-relief en terre cuite trouvé à Rheinzabern". De la
  Collection de Mr le Professeur Schweighæuser. S c h ü t z del., Lith.
  E. Simon. Gr. in-fol. obl., fond teinté, à gr. marges.
1442 **Sainte-Odile.** — „Détails de la Chapelle de Ste Odile, Dépt du Bas-
  Rhin". A s s e l i n e a u lith., C h a p u y del., Imp. par Lemercier. (Pl.
  de „Le Moyen Age Monumental et Archéologique"). In-fol., sur Chine,
  av. marges.
1443 **Strasbourg.** — Quatre bustes sculptés en bois et polychromés de la fin du
  15e siècle, se trouvant à St-Marc à Strasbourg. 4 planches en photolith., in-8º, à gr. marges.
1444 **Trois-Epis.** — „Trésor découvert le 4 Mai 1864 devant la chapelle du
  pélerinage de Notre Dame des Trois Epis. . ." Photogr. gr. in-8º,
  montée sur carton blanc.

1445 **Andrieux.** — „Andrieux, 10 Mai 1835". Monument au Père Lachaise.
  C. L a s s a l l e, Lith. de Lemercier. In-4º, sur Chine, à gr. marges.
1446 **Berckeim.** — „Monument du Général Berckeim et des familles Muller et
  Sœhnée". Grav. sur cuivre, en manière noire. In-8º, à toutes marges.
1447 **Gérard, Conrad Alexandre.** — Epitaphe: „Viro perillustri Conrado Alexandro
  Gerard, Consiliario status . . . Argentoratensis . . ." *(Né à Massevaux 1730. † 1790. Dernier prêteur de Strasbourg).* W e i s sc.
  In-8º, rogné.
1448 **Kellermann.** — Monument de la famille Kellermann, au Père Lachaise.
  1840. Lith. color. Imp. d'Aubert & Cie. Av. 2 pages de notices biogr.
  Gr. in-8º obl., av. marges.
1449 **Lefebvre.** — „Mal Lefebvre, 14 Sept. 1820". Monument au Père Lachaise.
  C. L a s s a l l e, Lith. de Kœppelin. In-4º, sur Chine, à gr. marges.
1450 **Mullenheim.** — „Grabstein. (Aus dem Bethaus Allerheiligen, jetzt in
  Grünstein)". J. N(a e h e r). Lith., gr. in-8º, à toutes marges.

K. Armoiries. Bannières. Sceaux.

Armoiries et Bannières.

1451 **Alsace.** — „Wappen des Reichslandes Elsass, her. von Max Gritzner".
  (Pl. des „Heraldisch-Decorative Musterblätter"). Très gr. in-4º, col., à
  pet. marges.
1452 — Der Statt Strasburg Wappen u. der 10 Reichsstädte. J. E l i a s N e s -
  s e n t h a l e r Argent. sculp. Encadr. découpé d'une grande planche
  in-fol. et collé sur carton blanc.
1453 **Alsace-Lorraine.** — „Das Wappen der Reichslande". Gez. von Prof.
  A d. M. H i l d e b r a n d t. Photolith. color. In-4º, av. marges.
1454 **Mulhouse.** — Armoiries de la ville. Très gr. in-fol., en 2 planches. Av.
  marges.
1455 — „Les Drapeaux". L o u i s S c h o e n h a u p t. Lith. en couleurs. Av. marges.
1456 — „Tertulianus Ruch. — 1581 — Simon Gyssler". Armoiries, en reprod.
  photolith. Gr. in-4º, av. marges.
1457 **Mutzig.** — „Allianzwappen im ehemaligen Hof der freiherrlichen Familie
  von Müllenheim-Rosenburg in Mutzig. 1546". Fec: N a e h e r. Lith.,
  in-8º, av. marges.
1458 **Strasbourg.** — Armes de la Ville de Strasbourg. Grav. sur bois. In-4º, à
  pet. marges.
1459 — „Wappen der Stadt Strassburg (Elsass), her. von M a x G r i t z n e r".
  (Pl. des „Heraldisch-Decorat. Musterblätter"). Très gr. in-4º, col., à
  pet. marges.

1460 **Strasbourg.** — „Les Evêques de Strasbourg de 1592 à 1890". Leurs armoi-
      ries. Reprod. photolith. Av. encadr. allégor. In-fol., à gr. marges.
1461 — Armes du Prêteur de Klinglin. Av. fig. allég. Grav. n. s. Réimpression
      moderne (à 5 ex.) d'une pl. de l'époque. (Le coin inf. de droite manque).
      In-16 obl., à gr. marges.

Sceaux.

1462 **1284.** — Reproduction d'un parchemin de 1284, au sceau de Strasb., faisant
      mention de l'architecte Erwin. (Tiré de „F. X. Kraus, Kunst und Alter-
      thum, etc."). Photoglyptie Ch. Winter. In-fol. obl., sur carton blanc.
1463 **1293.** — „Diplôme de l'Empereur Adolphe de Nassau. Bâle, 7 janv. 1293".
      Av. sceau. Reprod. photolith. mod. In-fol. obl., av. marges.
1464 **1306.** — Reproduction d'un parchemin de 1306, av. 9 sceaux. Photoglyptie
      Ch. Winter. In-4° obl., sur carton blanc.
1465 **1512.** — „Petite Bulle du Pape Jules II. Rome, 20 décbr. 1512". Av. sceau.
      Reprod. photolith. mod. In-fol. obl., à gr. marges.
1466 **1515.** — „Pacte fédéral conclu entre les treize cantons et Mulhouse. (Zurich
      19 Janvier 1515"). Av. 14 sceaux des parties contractantes. Reprod.
      photolith. mod. In-fol. obl., à gr. marges.
1467 **Divers sur 1 planche.** — 5 sceaux, entre autres ceux de la ville de Colmar
      en 1214, du Chapitre de Murbach en 1456, du Couvent des Unterlinden,
      en 1269. Dess. et gravé par Ch. Goutzwiller, Imp. F. Chardon
      aîné. In-8°, épreuve sur Chine, av. marges.

L. CARTES D'ADRESSES.

1468 „**D'r Wirth zum Kischtlewy.** N° 17 z'Mülhüsc". 1873. Poésie en dialecte
      mulhousien. Mulhouse, Imp. Brustlein et Cie. In-fol., à pet. marges.
1469 „**Chez Fuchs, forêt de la Robertsau".** A. Ch(uquet). Lithogr., av.
      2 portr. et vue. In-4° obl., à pet. marges.
1470 „**Magasin Bernard, Simon & Cie,** Place Gutenberg, Hôtel du Commerce,
      Strasbourg". Imp. Lith. en couleurs d'E. Simon. Av. encadr. Pet. in-fol.,
      à pet. marges.
1471 „**Imprimerie lithographique E. Simon fils,** rue du Dôme, à Strasbourg".
      Spécimens d'imprimés sur 1 pl. in-fol. obl., à toutes marges.

M. DIVERS.
(classés d'après les noms des artistes).

1472 **Burgmann, G.** „Summer". — „Winter". Grav. color. 2 planches pet. in-
      fol., rognés.
1473 **Callot.** Les Bohémiens. 3 planches: l'avant-garde, la voiture principale,
      les apprêts du festin. IIe état. Gr. in-8° obl.
1474 **Chapuy.** „Oberwesel sur le Rhin". Chapuy del., Jacottet lith. (Pl.
      de „Le Moyen-Age Monumental et Archéologique"). In-fol. obl., sur
      Chine, av. marges.
1475 **Goutzwiller, Charles.** Composition de l'Oraison dominicale. Av. encadr.
      Altkirch 1851. Planche gravée, gr. in-fol., à gr. marges.
1476 **Heilmann, J. C.** Monument érigé à „Pio H. P. M. Acad. Basil. Fundatori
      opt. mer." J: C: Heilmann Helvet: Mühlhausinus delineabat,
      Christ: a Mechel sculps. . . . 1760. Av. vue au fond (Bâle?). Gr.
      in-fol., à pet. marges.

1477 **Imlin, F.** 5 gravures à l'eau-forte: „Haupt-Eingang der alten Burg Baden; Rittersaal in der Burg Baden; Ortenberg im Kinziger-thal; Alt-Windek beim Hub-Baade; Neu-Windek bei Lauffen onweit der Hub". F. Imlin 1818. A toutes marges.

1478 **Lips, Ch.** Die zehn Gebote. Planche calligr. Gravé sur Pierre par Ch l e s Lips. In-fol., av. marges.

1479 **Löffler Iunior.** Une apparition de Ste-Odile. L'encadrement est composé de 15 grav. relatives à la vie de cette Sainte. I. Schott figus, Löffler Iunior fecit. Gr. in-fol., à toutes petites marges.

1480 **Mörlen, David.** Cahier in-fol. de 6 feuillets: Poésie pour la passion. Composition ill. et color. sur le 1er feuillet, la poésie en écriture courante sur les feuillets 2 à 5, une seocnde composition ill. et col. sur le dernier feuillet. David Mörlen in Barr. 1788. Broché.

1481 **Schuler, K. Aug.** „Zwölf Stahlstiche zum Elsässischen Sagenbuch, herausg. von August Stœber. Strassburg 1842". Composition v. J. Klein, Stich v. K. Aug. Schuler Sohn. Pet. in-fol. Sous couverture. (Seulement 9 planches sur 12).

1482 **Schuler, Théophile.** „Le Pénitent de Kaisersberg. Dessin de Théophile Schuler, Piaud sc. Grav. sur bois. Gr. in-8º, av. marges.

1483 **Weis.** Monument av. 5 figures représent.: Rhenvs, Nordgovia, Stratebvrgvs, Svndgovia et Alsa. Au fond, les Vosges. Weis Chalcogr. Senat. Arg. del. et sc. 1751. In-18 obl., à pet. marges.

1484 **Frontispice** d'un ouvrage de Johannes Limnaeus: „Notitia regni Franciae. Argentorati, typis et sumptibus Friderici Spoor 1655". Pet. in-4º, sans marges.

1485 — d'un ouvrage latin: „Provincia Argentinensis. Beatus Tertericus ... Beatus Jacobvs de Porta". Deux saints, av. encadr. orné. Pet. in-fol., sans marges.

1486 **Taille de la Vigne** en Alsace, en Mars. Lith. non signée, gr. in-8º obl.. à gr. marges.

1487 **Type de Mulhouse.** Lith., avant la lettre. In-fol., à gr. marges.

N. PIÈCES NON ALSATIQUES.

1488 **Portraits:** 1 lot de 7 planches.
1489 **Vues:** 1 lot de 18 planches.
1490 **Costumes:** 1 lot de 7 planches.
1491 **Archéologie:** 1 lot de 36 planches,
1492 **Armoiries:** 1 lot de 25 planches.
1493 **Sceaux:** 1 lot de 13 planches.
1494 **Timbres d'Actes:** 1 Collection des années 1675 à 1804.
1495 **Oeuvres d'artistes:** 1 lot de 31 planches.
1496 **Fleurs:** 1 lot de 5 planches.
1497 **Peintures originales:** 2 planches de Ch. Colonière, pet. in-fol. obl.

Bibliothèque alsatique

de feu

Monsieur Auguste Saum

anc. Bibliothécaire de la ville de Strasbourg.

Notice biographique.

Monsieur Auguste Saum, de Strasbourg, est entré en 1845 aux Archives départementales du Bas-Rhin et y est resté comme Archiviste-adjoint jusqu'en 1851. De 1851 à 1865 il fut employé à la Préfecture du Bas-Rhin, en dernier lieu comme sous-chef de division et Inspecteur vérificateur de la librairie étrangère. Nommé Bibliothécaire de la ville de Strasbourg le 16 octobre 1865, tout en restant Inspecteur de la librairie, il a rempli ces deux fonctions jusqu'à l'époque du siège de Strasbourg. Après la guerre il quitta l'Alsace et mourut à Chambéry en 1874.

BIBLIOTHÈQUE ALSATIQUE.
de feu Monsieur Auguste Saum.

1498 **Agen de Lacontrie, d'**. Ancien statuaire d'Alsace, ou recueil des actes de notoriété fournis en 1738 et 1739 à M. de Corberon sur les statuts, us et coutumes locales de cette province. Colmar 1825, in-18, XXI—201 p., cart.

1499 **Album alsacien.** Revue de l'Alsace littér., histor. et artistique. Du 18 mars 1838 au 6 octobre 1839. (Le début, du 17 déc. 1837 au 11 mars 1838, manque). 2 vol. de texte. — Gravures de l'Album alsacien, collection complète (pl. 42 manque). 1 vol. de 91 planches. — En tout, 3 vol. in-4°, cart. (Quelques taches d'eau).

1500 **Alsace-Lorraine (L') après 1870.** — *Tissot, Victor.* Voyage aux pays annexés. Paris 1876, in-16, 489 p., br.

1501 **Alsaciens illustres (Les).** 24 portraits en photographies (p. Ch. Winter), avec notices biographiques (p. Ch. Schmidt). (Strasbourg 1864—1866), in-8°, demi-rel. veau. Epuisé et rare. (La collection comprend tout ce qui a été publié).

1502 **Annuaire du Bas-Rhin** publié ... par Etienne Huault. Année 1870. Strasbourg 1870, in-18, 528 p., cart. perc. orig. (Dernier annuaire publié du temps français).

1503 **Augst (près de Bâle).** — *Spach, Louis.* Augusta Rauracorum (Augst), son fondateur et ses ruines. (Extr. du „Bull. de la Soc ... des Mon. hist.") Strasbourg 1867, gr. in-8°, 12 p., br.

1504 **Badenwiller.** — *Spach, Louis.* Les Thermes de Badenweiler. (Extr. du „Bulletin de la Soc ... des Mon. hist.") Strasbourg 1870, gr. in-8°, 8 p., br.

1505 **Baquol et P. Ristelhuber.** L'Alsace ancienne et moderne, ou Dictionnaire topogr., hist. et statistique du Haut- et du Bas-Rhin. 3° édition ent. refondue. Strasbourg 1865, in-8°, 642 p., demi-rel. chagr. Av. 15 pl. et 5 cartes.

1506 **Barotteaux.** — *Bielski, Paul.* Discours prononcé au nom des réfugiés polonais, samedi le 11 octobre 1851, sur la tombe de M. Barotteaux, ... chef du bureau des réfugiés au dép. du Bas-Rhin, mort jeudi le 9 oct. 1851. Strasbourg s. d., in-12, 4 p., non rel.

1507 **(Barthélemy, A. de.)** Armorial de la généralité d'Alsace. Recueil officiel dressé par les ordres de Louis XIV et publié pour la première fois. Paris 1861, in-8°, XI—449 p., demi-rel. chagr. (Epuisé et rare).

1508 **Bary, Famille de.** — *Bary, Alfred de.* Notice généalogique et historique sur la famille de Bary, originaire de Tournay, en Hainaut, établie depuis 1806 à Guebwiller, en Alsace. Colmar 1877, gr. in-8°, 160 p., br. Av. 1 pl. col. (Armoiries).

1509 **Bauer, Jean-Louis.** — *Discours* prononcés le 21 mars 1863 aux funérailles de M. Jean-Louis Bauer, chef de division à la préfecture du Bas-Rhin. Strasbourg 1863, in-8°, 16 p., br.

1510 **Beatus Rhenanus.** Rerum germanicarum libri III. Quibus praemissa est Vita Beati Rhenani, à Joanne Sturmio. Basileæ 1551. 1. vol. in-fol., XLVIII—206 p., cart.

1511 **Benoit, Arth.** Liste des gardes d'honneur du départ. du Bas-Rhin. Mulhouse 1869, in-8°, 19 p., br.

1512 **Bergmann, F. G.** Poëmes islandais . . . tirés de l'Edda de Sæmund, publ.
    avec une traduction, des notes et un glossaire. Paris 1838, in-8°,
    XVI—475 p., br. (dos cassé).
1513 — Les Aventures de Thor dans l'enceinte extérieure, racontées par Snorri,
    fils de Sturla; morceau tiré de l'Edda en prose, trad. littéralement du
    texte norrain et accompagné d'un commentaire. Colmar 1853, in-8°,
    30 p., br.
1514 — Les Chants de Sôl (Sôlar liôd). Poëme tiré de l'Edda de Sæmund,
    publié avec une traduction et un commentaire. Strasbourg 1858, in-8°,
    XII—190 p., br.
1515 — La Fascination de Gulfi (Gylfa Ginning). Traité de mythologie scan-
    dinave composé par Snorri, fils de Sturla. Traduit du texte norrain en
    franç . . . Strasbourg 1861, in-8°, XII—343 p., br.
1516 **Bernstein.** — *Spach, Louis.* Le Château de Bernstein. (Extr. du „Bull.
    de la Soc. des mon. hist. d'Alsace"). Strasbourg 1870, gr. in-8°, 7 p., br.
1517 **Bibliographe alsacien (Le).** Gazette littéraire, historique, artistique. (Publié
    p. Ch. Mehl). 1862 à 1869. (Collection complète). Strasbourg, 4 vol.
    in-8°, demi-rel. chagr.
1518 **(Billing S.)** Geschichte und Beschreibung des Elsasses und seiner Be-
    wohner von den ältesten bis in die neuesten Zeiten. Basel 1782. 1 vol.
    in-8°, rel. anc. de l'époque. (Sans la carte d'Alsace).
1519 **Billy, Edouard de.** — *Chabaud La Tour, B*on *de.* Notice sur M. Edouard
    de Billy, Inspecteur général au corps de mines . . . Paris 1874, in-12.
    22 p., br.
1520 **Bischwiller.** — *Culmann, F. W.* Geschichte von Bischweiler, nebst einer
    statist. Darstellung des heutigen Zustandes dieses Ortes. Strasb. 1826,
    in-8°, 152 p., br. Av. vue et plan. (Sans couverture).
1521 **Blotzheim.** — *Sabourin de Nanton.* Blotzheim. Son passé, son présent.
    Etude historique et archéologique. Strasbourg, 1867, in-18, 92 p., br.
1522 **Bœckel, Théodore.** — *Spach, L.* Théodore Bœckel. (Extr. de „l'Impartial
    du Rhin"). Strasbourg (1869), in-8°, 16 p., br.
1523 **Bonvalot, Ed.** Le droit du Juveigneur en Alsace. (Extr. de la „Rev. cath.
    d'Alsace"). Strasb. 1865, gr. in-8°, 16 p., br. (Rare).
1524 **Bouxwiller.** — *Klein, Theodor.* Das Städtchen Buchsweiler und die Berg-
    veste Lützelstein. Topographisch-historische Schilderungen. Mülhausen
    1858, in-18, 71 p., br.
1525 — *Rapport* à Monsieur C. West, Préfet du Départ. du Bas-Rhin, de la
    Commission admin. de l'hospice civil de Bouxwiller, sur le litige entre
    l'hospice civil de Bouxwiller et le Consistoire de la Confession d'Augs-
    bourg à Bouxwiller . . . Bouxwiller le 28 Avril 1854. Autogr., in-4°,
    96 p., br.
1526 **Brant, Sebastian.** Das Narrenschiff, nebst Brants Freiheitstafel. Neue
    Ausg . . . mit Anmerkungen versehen von A. W. Strobel. Quedlinburg
    1839, in-8°, XIV—312 p., br.
1527 **Bresch, Johann.** Vogesenklänge. Gedichte. Mit einem biograph. Vorwort
    von Th. Klein. Colmar 1851, in-8°, XV—142 p., cart. orig.
1528 **Brunck, Richard.** — *(Mehl, Ch.)* La bibliothèque de Richard Brunck.
    Strasbourg 1870, in-8°, 24 p., br. (Extr. de l'„Impartial du Rhin").
    Brion, Frédérique. — voir nos 1608 et 1672.
1529 **Bulletin** de la Société pour la conservation des monuments historiques
    d'Alsace :
    1re série, T. I à IV. Strasb. 1857 à 1861. 4 vol. in-8°, demi-rel. chagr.
    2e   „   T. I à VII. Strasb. 1863 à 1870. 7 vol gr. in-8°, demi-rel. chagr.
    Av. nombr. pl. et fig.
1530 **Busch, Frédéric.** — *(Busch, F.)* Découvertes d'un bibliophile, ou Lettres
    sur différents points de morale enseignés dans quelques séminaires de
    France. 2e éd. Strasb. 1843, 41 p., br.
1531 **Calendriers.** — *Welpern, Eberhard:* Neugestellter Stadt- und Land-
    Calender, samt der Astrologischen Practica . . . . . auf das Jahr Christi
    1762. Strassburg, in-4°, 52 p., cart.

1532 **Cartes.** — *Carte topogr. du départ. du Bas-Rhin.* Strasbourg, Lith. de Vve Berger-Levrault et fils. 1854. 2e édit. augm. Très gr. in-fol., collée sur toile et pliée in-18. Dans un étui.

1533 — *Notice explicative* hist. et géogr. accompagnant la carte des excursions dans la chaîne des Vosges et la Forêt-Noire. Strasb., Fietta, s. d., in-18, 86 p., cart. Av. 8 vues d'Alsace et du pays de Bade. Texte et 2 cartes.

1534 — *Reymann, G. D.* Specialkarte der Vogesen. N^{os} I & II. Glogau 1868, 2 cartes in-fol. pliées in-18, sous couvertures impr.

1535 — *Sohr-Berghaus.* Elsass-Lothringen. Neu bearbeitet v. F. Handtke. 8. verm. & verb. Aufl. Glogau, s. d., in-fol., pliée in-8°, sous couverture impr.

1536 — *Strassburger Strassenbahnen.* Linien in der Stadt u. den Vororten. — Linien in der weiteren Umgebung. 2 planches pet. in-fol., sur toiles, pliées in-8°.

1537 **Charles X.** — *Fargès-Méricourt, P. J.* Relation du voyage de S. M. Charles X en Alsace. Strasbourg 1829, in-4°, 184 p., cart. orig., non rogné. Av. 12 pl. lith. et 1 carte. (Taches de rousseur).

1538 **(Chauffour, Jean-Baptiste, l'aîné).** Histoire d'Alsace selon S c h o e p f l i n. Colmar & Strasb., 1825—1829. 4 volumes in-16, demi-rel. veau.

1539 **Chemins de fer. — De Strasbourg à Molsheim.** — *Migneret.* Discours prononcé à Wasselonne à l'inauguration des chemins de fer de Strasbourg à Molsheim, Barr et Wasselonne, le 25 Sept. 1864. Strasbourg 1864, gr. in-8°, 11 p., br. Av. carte in-12.

1540 **Choléra de 1832.** Intendance sanitaire. Broch. in-8° et affiches. (8 pièces).

1541 **Chroniques.** — *Hertzog, Bernhart.* Chronicon Alsatiae. Edelsasser Chronick unnd ausführliche beschreibung des vntern Elsasses am Rheinstrom | auch desselben fürnemer Stätt | als Strassburg , Schletstatt | Hagenaw | Weissenburg | vnd anderer . . . . Stätt | Schlösser | Clöster | Stifft . . . . . Strassb., B. Jobin, 1592. 1 vol. in-fol., rel. parch. anc.

    (Exemplaire auquel on a ajouté un grand nombre de portraits et de vues qui ne font pas partie de l'ouvrage même).

1542 — *Kœnigshoven, Jacob von.* Die Alteste Teutsche so wol Allgemeine als insonderheit Elsassische u. Strassburgische Chronicke. Von Anfang der Welt biss ins Jahr nach Christi Geburth 1386 beschrieben. An jetzo zum ersten mal heraus und mit historischen Anmerckungen in Truck gegeben von D. J o h a n n S c h i l t e r n. Strassb. 1698. 1 vol. pet. in-4°, rel. anc., dos parch.

    Avec figures et frontispice. — A la fin du vol.: „Chronicke der Stadt Freyburg im Breisgow. 54 pages".

1543 **Collet von Guibert, Franz Georg.** Poetische Versuche. Strassburg 1846, in-12, 144 p., demi-rel. veau.

1544 **Colmar.** — *Gérard, Ch., et J. Liblin.* Les Annales et la Chronique des Dominicains de Colmar. Colmar 1854, in-8°, XIX—367 p., demi-rel. chagrin rouge.

1545 — *Hunkler, Th. F. X.* Geschichte der Stadt Colmar und der umliegenden Gegend. Colmar 1838, in-18, 527 p., cart. Avec grande vue de la ville.

1546 **Coste A.** L'Alsace romaine. Etudes archéologiques. Mulhouse 1859, in-8°, 135 p., demi-rel. chagr. Av. 2 cartes.

1547 **Dabo.** — *Beaulieu, Dugas de.* Le Comté de Dagsbourg aujourd'hui Dabo (ancienne Alsace). Archéologie et histoire. 2e édition. Paris 1858. 1 vol. in-8°, demi-rel. veau. Av. 7 planches.

1548 **Dansin, Hippolyte.** Etude sur le gouvernement de Charles VII. Strasbourg 1856, gr. in-8°, VII—208 p., demi-rel. veau.

1549 **Dialecte alsacien.** — *Baumüller.* Der lustige Sängerschmaus, nächtlich zelebrirt in einem niederrheinischen, zwischen Schlettstadt und Weissenburg gelegenen Rebenweiler. In gemeiner Bauernsprache niedergeschrieben zum freundl. Neujahrsgrusse. Strassburg 1861, in-8°, 8 p., non rel.

1550 Dialecte alsacien. — *Schneegans, Heinrich.* Der Pfingschtmondâa vun hitt ze Dâa. Dramat. Culturbild aus d. Elsass am Ende des 19. Jahrh. Strassburg 1899, in-16, VII—143 p., br.

1551 — *Stöber, Ehrenfr.* Daniel oder der Strassburger auf der Probe. Lustspiel mit Gesängen in 2 Aufzügen. Zum Theil in elsässischer Mundart. (1. Aufl.) Strassburg 1823, in-8°, IV—56 p., cart. (Pages raccommodées).

1552 Dietrich, Dominique et Frédéric de. — *Spach, Louis.* Dominique Dietrich, ammeistre de Strasbourg. Strasb. 1857, in-8°, 66 p. — Frédéric de Dietrich, Premier maire de Strasbourg. Strasb. 1857, in-8°, 142 p. Av. portr. par C. Guérin. Les 2 reliés en 1 vol. demi-veau.

1553 Dietrich, Frédéric de. — *Noisette, Gaspard, et Claude Champy.* Discours prononcé à la barre de l'Assemblée Nationale, à la séance du 23 juin 1792. (Eloge de Fréd. Dietrich). Paris, s. d., in-8°, 20 p., br.

1554 Dietz, Benjamin. Gedichte. 2te verm. & verbess. Aufl. Strassburg 1830, in-18, VII—156 p., br.

1555 — Kurzer Abriss der Geschichte des Elsasses, aus dem Franz. übertragen. Strassb. 1831, in-18, VIII—240 p., br. Avec taches de rousseur.

1556 Dugied, Pierre-Henri. — Procès du sieur Pierre-Henri Dugied, ancien Préfet, ... et dame Wilhelmine Lotzbeck, son épouse, contre le Sieur Sander, sujet badois, se disant fils adoptif de feu le Sieur Frédéric-Guillaume Lotzbeck. Strasb. 1820 à 1824, 10 pièces in-4°, br.

1557 Ehrmann, Albert. — *Gross, Dr F.* Notice biographique sur Albert Ehrmann, médecin principal de 1re classe, etc. (Extr. de la „Gazette médicale"). Strasbourg 1871, in-8°, 8 p., br.

1558 Ehrmann, Charles-Henri. — *Fischbach, Gustave.* Notice nécrologique sur le Professeur Ehrmann, Doyen honor. de l'anc. Faculté de médecine de Strasbourg. (Extr. du „Journal d'Alsace"). Strasbourg 1878, in-8°, 12 p., br.

1559 — *Gerold, Ch. Th.* Discours prononcé aux funérailles de M. Charles-Henri Ehrmann, Doyen honoraire ... Strasbourg 1878, in-8°, 11 p., br.

1560 Elections. — *Elections diverses* de 1844 à 1869. Une forte liasse d'environ 50 pièces.

1561 Ensisheim. — *Merklen.* Ensisheim, jadis ville libre-impériale et ancien siège de la Régence archiducale des pays antérieurs d'Autriche, ou Histoire de la ville d'Ensisheim. Colmar 1840. 2 vol. in-8°, cart.
— voir aussi N° 1578.

1562 Ensmingen, Godefroi de. — *Benoit, A.* Recherche sur le lieu de naissance du chroniqueur strasbourgeois Godefroi d'Ensmingen. (Extr. de la „Revue d'Alsace"). Mulhouse 1870, in-8°, 13 p., br. (Tiré à très peu d'exempl. — Rare).

1563 — *Liblin, Jos.* Chronique de Godefroi d'Ensmingen, notaire épiscopal à Strasbourg. 1132—1372. Tirée des Chronicalia de P. A. Grandidier. Strasbourg 1868, in-8°, XV—54 p., demi-rel. chagr.

1564 Fanjat, Napoléon. — *Eissen, Ed.* Réponse au citoyen N^{on} Fanjat, ex-commissaire général dans les départements du Haut- et du Bas-Rhin. Strasbourg 1848, in-8°, 16 p., br.

1565 Ferrette (Comté de). — *Bonvalot, Ed.* Coutumes de la Haute-Alsace, dites de Ferrette. Colmar 1870, in-8°, XXXI—296 p., br. (Ouvrage épuisé).

1566 — *Goutzwiller, Charles.* Le comté de Ferrette. Esquisses historiques. 2e éd. Altkirch 1868, in-12, VIII—114 p., br. (Dos cassé).

1567 Frantz, Louise-Sophie. — *Erinnerung* an Luise Sophie Frantz, geborene Herrenschneider, in's bessere Leben abgerufen, Sonntag, den 26. Wintermonat 1865. Reden bei der Bestattung .... Strassburg 1865, in-8°, 16 p., br.

1568 Gérard, Ch. L'ancienne Alsace à table. Etude historique et archéologique. 2e édit. Paris et Nancy 1877, in-8°, VI—362 p., br.

1569 Geroldseck, Walther de. — *Roth von Schreckenstein, C. H. Frhrn.* Herr Walther von Geroldseck, Bischof von Strassburg (1261—1263). Tübingen 1857, in-8°, 76 p., demi-rel. veau.

1570 **Geroldseck (la Maison de).** — *Lehr, Ern.* Les dynastes de Geroldseck-ès-Vosges. Etude historique et généalogique. (Extr. du „Bull. de la Soc. des Mon. hist.") Strasbourg 1870, gr. in-8º, 48 p. Av. carte et tableau généalog. — *Lehr, Ern.* La Seigneurie de Hohengeroldseck et ses possesseurs successifs. Etude hist. et généalog. (Extr. du même Bulletin). Strasbourg 1869, gr. in-8º, 39 p. Av. carte et tableau généalog. Les deux ouvrages reliés en 1 vol., demi-veau.

1571 **Glaser, Josias.** — *Reuss, Rodolphe.* Josias Glaser et son projet d'annexer l'Alsace à la France en 1639. (Extr. de la „Revue d'Alsace"). Mulh. 1869, in-8º, 23 p., br.

1572 **Golbéry, de, et J. G. Schweighæuser.** Antiquités de l'Alsace, ou Châteaux, Eglises et autres Monumens des départemens du Haut- et du Bas-Rhin. Mulhouse 1828. 2 sections en 2 vol. in-fol., en feuilles. Av. supplt: Monumens romains. — Le tout av. 88 planches. (Ouvrage très recherché, légèrement taché de rousseur).

1573 **Gottfrieds von Strassburg** Werke, aus den bessten Handschriften mit Einleitung u. Wörterbuch herausgegeben durch *Friedr. Heinr. von der Hagen.* Breslau 1823, 2 vol. in-8º, br.

1574 **Grandidier, Ph. Andr.** Oeuvres historiques inédites (publ. par J. Liblin). Colmar 1865—68. 6 vol. in-8º, br. Av. portr. en photographie.

1575 **Guebwiller.** — *(Mossmann, X.)* Chronique des Dominicains de Guebwiller, publiée avec des pièces justificatives. Guebwiller 1844, in-8º, XV—LIX—493 p., demi-rel. veau.

1576 **Guerre de 1870.** — *Lichtenberger, F.* L'Alsace en Deuil. Sermon prononcé à l'Eglise de Saint-Nicolas le 26 novbr. 1871. 6º édit. Strasb 1872, in-8º, 15 p., br.

1577 **Haguenau.** — *Nied, E.* Die Einweihung der evangelisch-protestantischen Kirche in Hagenau am 18. März 1860. Strassb., s. d., in-8º, 56 p., br. Av. 1 lithogr.

1578 — *Spach, L.* Rapport à M. le préfet du Bas-Rhin sur le fonds de la préfecture de Haguenau et de la régence d'Ensisheim. Strasb. 1856, in-18, 131 p, demi-rel. veau.

1579 **Hartmann, C. F.** Alsatische Saitenklänge. Strassb. 1840—1843. 2 vol. in-8º, br.

1580 **Hartmannswiller.** — *Straub, l'abbé A.* A propos de cloches. Une curiosité épigraphique publiée par la Revue d'Alsace. (Extr.) S. l. n. d. (Strasbourg 1869), in-8º, 4 p., br.

Haslach. — voir Nº 1704.

1581 **Heitz, Fr. C.** — *Bibliothèque alsatique.* Catalogue des livres, manuscrits, dessins, gravures, cartes, autographes, etc. de feu Mr F. C. Heitz. Avec notice préliminaire par Rod. Reuss. (5372 Nos). Strasbourg 1868, in-8º, XIII—335 p., demi-rel. veau.

1582 **Herrade de Landsberg.** — *Engelhardt, C. M.* Herrad von Landsperg Aebtissin zu Hohenburg, oder St. Odilien, im Elsass, im XII. Jahrhundert; und ihr Werk: Hortus deliciarum. Stuttgart 1818. Atlas de 12 pl. en noir, in-fol., non rel. — (Sans le vol. de texte).

1583 **Hohwald.** — *Didier, Paul.* Sites des Vosges. — Le Hohwald et ses environs. Strasb. 1866, in-18, V—83 p., rel. toile. Av. 1 carte et 2 lith.

1584 **Hornig, Carl Wilh.** Elsässische Gedichte. Strassburg 1840, in-8º, VII—183 p., br.

1585 **Humann, Georges.** — *(Spach, L.)* Mr Georges Humann, ministre des finances. (Extr. de l'„Impartial du Rhin"). Strasbourg, s. d. (1870), in-8º, 79 p., br.

1586 **Industrie et Commerce.** — Une liasse de 11 brochures des années 1794 à 1868.

1587 **Kastner, Jean-Georges.** — *Lefuel et Taylor.* Discours prononcés aux funérailles de M. Kastner. Le lundi 23 décembre 1867. Paris, s. d., in-4º, 7 p., br.

1588 **Kentzinger, A. de.** Documens historiques relatifs à l'histoire de France, tirés des archives de la ville de Strasbourg. Strasbourg 1818—19. 2 vol. in-8º. Le T. I en demi-rel. chagr., le T. II br.

1589 **Kerner, Justin.** — *Reinhard, Aimé.* Justinus Kerner und das Kernerhaus zu Weinsberg. Gedenkblätter aus des Dichters Leben. Mit drei artist. Beilagen. Tübingen 1862, in-16, demi-rel. veau.

1590 **Kirschleger, Fréd.** Flore d'Alsace et des contrées limitrophes. T. III seul. Strasb. 1862. 1 vol. in-18, demi-rel. chagr.

1591 **Kneiff, Edouard.** Hinterlassene poetische Schriften. Strassb. 1837, in-18, XII—240 p., br. Av. portr.

1592 **Kochersberg.** — *Stœber, Aug.* Der Kochersberg, ein landschaftliches Bild aus dem Unter-Elsass. Mülhausen 1857, in-18, 66 p., br.

1593 **Kraus, Dr. F. X.** Kunst und Altertum in Elsass-Lothringen. Bd. I. (Unter-Elsass). Strassburg 1876—1877. 1 vol. in-8º, en 2 fasc. br. (Rare et recherché).

1594 **Küss, Emile.** — *Discours* prononcés le 8 mars 1871 aux funérailles de M. Emile Küss. Strasb. 1871, in-8º, 38 p., br.

1595 **Lafitte, Edouard.** Gedichte. Erste, zweite und dritte Sammlung. 3. Aufl. Strassb. 1847, in-8º, 94 p., br. (Sans couverture).

1596 **Laguille, R. P. Louis.** Histoire de la province d'Alsace depuis Jules César jusqu'au mariage de Louis XV. Avec des figures en taille-douce, des plans, des cartes géographiques et un recueil de pièces, qui peuvent servir de preuves aux faits importants. 2 parties en 1 vol. Strasbourg 1727, in-fol., demi-rel. veau. (Bel exempl.)

1597 **Lambs, Jean-Philippe.** — *Ein Wort* über den lieben heimgegangenen Pfarrer Lambs. (Aus dem „Missionsfreund"). Strassburg (1854), in-8º, 8 p., non rel.

1598 **Lamey, August.** Gedichte. 2 Theile. Strassb. 1856. En 1 vol. in-24, cart.

1599 — Gedichte. Strassburg 1860, in-16, XII—452 p., br.

1600 **Lamey, Charles.** — *Delacourt, J.,* Quelques fables à son jeune neveu Charles Lamey. Commercy 1823, in-4º, 52 p., cart.

1601 **Lamp, Jean-Frédéric.** Tables synchronistiques de l'histoire ancienne et moderne. Strasb., Paris 1825, in-4º, cart.

1602 — Même ouvrage. 2e édit. revue et continuée par H. Engelhard. Strasbourg 1839, in-4º, XL tables, cart.

1603 **Landau.** — *Levrault, L.* Landau. Etude historique. (Villes libres impér. de l'anc. Alsace). Strasb. et Colmar 1859, gr. in-8º, 124 p., br.

1604 **Landsberg.** — *Spach, L.* Le Château et la Famille de Landsberg. (Extr. du „Bull. de la Soc... des Mon. hist.") (Strasb. 1869), gr. in-8º, 7 p., br.

1605 **Légendes d'Alsace.** — *Stœber, Aug.* Die Sagen des Elsasses, zum ersten Male getreu nach der Volksüberlieferung, den Chroniken u. s. w. gesammelt und erläutert. St. Gallen 1852, in-8º, XXIII—522 p., demi-rel. chagr. Av. 1 carte. (Epuisé).

1606 **Lehr, Ernest.** L'Alsace Noble. Suivie de „Le Livre d'Or du patriciat de Strasbourg". D'après des documents authentiques et en grande partie inédits. Paris 1870. 3 vol. in-4º, rel. orig. toile brune, fers spéciaux. Av. grand nombre de planches et de gravures dans le texte. (Exempl. bien complet. — Très rare).

1607 — Mélanges de littérature et d'histoire alsatiques. Strasbourg 1870, in-8º, VI—248 p., demi-rel. chagr. (Tiré à 160 ex. sur papier de Hollande).

1608 **Lenz, Jacques-Michel-Reinhold.** — *Stœber, Aug.* Der Dichter Lenz und Friedericke von Sesenheim. Aus Briefen und gleichzeitigen Quellen. Basel 1842, in-8º, VII—116 p., br. Av. fig.

1609 **Léon IX.** — *Spach, Louis.* Saint-Léon IX le Pape alsacien. (Extr. du „Bull. de la Soc... des Mon. hist.") Strasbourg 1864, gr. in-8º, 27 p., br.

1610 **Leser, J.** Gedichte, nebst literarischen u. historischen Notizen. Strassburg, s. d., in-16, 113 p., br.

1611 **Lézay-Marnésia, Adrien Comte de.** — *Migneret*. Discours prononcé lors de l'inauguration de la statue de Mr de Lézay-Marnésia, le 27 Août 1857. — Suivi de la Cantate exécutée par les soc. chor. de Strasb. Strasbourg 1857, gr. in-8°, 7 p. et 3 p., br.

1612 — *Notice* sur Mr Adrien de Lezay-Marnésia, Préfet du département du Bas-Rhin, mort le 9 Octobre 1814. S. l., Nov. 1814, in-8°, 13 p., br.

1613 — *Spach, Louis*. Adrien Comte de Lezay-Marnésia, Préfet du Bas-Rhin. Notice biographique. (Extr. de „l'Alsacien"). Strasbourg 1854, in-24, 88 p. — A la suite: *Spach, Louis*. M. Louis Sers, Préfet du Bas-Rhin. Notice biograph. Strasb. 1865, in-24, 39 p. — Les deux réunis en 1 vol. demi-rel. veau.

1614 **Mackwiller.** — *Morlet, Colonel de*. Les Cromlech's de Mackwiller (Bas-Rhin, Arrondissement de Saverne). (Extr. du „Bull. de la Soc. . . . des Mon. hist.") Strasbourg 1865, gr. in-8°, 14 p., br. Av. 2 planches.

1615 **Manuscrits. — Dis sint d. altte Recht vo. Strasbg. 1270. 1 vol. pet. in-18 de 146 p. Belle écriture sur parchemin, les lettres majuscules en rouge. Demi-rel. chagr.**

1616 — *Cours de Géologie de M^r le Prof. Daubrée*, 1860—1861: Manuscrit de 148 p. in-4°, plus 1 cahier autogr. de 48 p. — *Cours de Géologie continué par Mr Schimper*. 1861, 2e semestre: Manuscrit de 40 p. in-4°. — Divers traités manuscrits sur la géologie, av. illustr.

1617 — *Archéologie:* Mémoires et notes diverses. 1 forte liasse. — On y a joint quelques mémoires imprimés de Mr A. Saum.

1618 — *Histoire d'Alsace:* Notes diverses historiques. 1 forte liasse.

1619 — *Tournées archéologiques:* 8 cahiers in-4° d'épaisseurs diverses: Pays de Dabo — Niederbronn et ses environs — Palatinat — Canton de Sarreunion et environs — Saverne et ses environs — Arrondissement de Saverne — Wissembourg et Vallée de Steinbach — Etat chronologique.

1620 — — 8 cahiers in-4° d'épaisseurs diverses: Pays de Bade — Environs de Colmar et Haut-Rhin — Donon et Vallée de la Brusche — Hohkœnigsbourg et Châteaux environnants — Sainte-Odile et Châteaux environnants — Arrondissement de Schlestadt — Strasbourg — Arrondissement de Strasbourg.

1621 **Morlet, le Colonel de.** Topographie des Gaules. Notice sur les voies romaines du Département du Bas-Rhin. Strasbourg 1861, in-8°, 71 p., br. Av. grande carte coloriée. (Rare).

1622 — Notice sur les cimetières gaulois et germaniques découverts dans les environs de Strasbourg. (Extr. du „Bull. de la Soc... des Mon. hist."). Strasbourg 1864, gr. in-8°, 14 p., br. Av. 2 planches.

1623 **Morpain, Ad.** L'Alsace à l'Exposition des beaux-arts de Paris de 1865. Strasbourg 1866. 1 broch. in-8° de 46 p.

1624 — Un Pâté. Origine du pâté de foie gras de Strasbourg. Le Marquis de Contades. Anectode gastronomique. Strasbourg 1867, in-16, 6 p., br.

1625 **Mühl, Gustav.** Zwei Gedichte. Strassburg, s. d., in-8°, 12 p., br.

1626 **Mulhouse.** — *Graf, Matthias*. Geschichte der Stadt Mühlhausen und der Dörfer Illzach u. Modenheim im obern Elsasse. Mühlhausen 1819—1826. 4 Theile en 2 vol. in-18, cart. (Très rare et recherché).

1627 — *Mossmann, X.* La Guerre des six deniers (Sechs Plappert-Krieg) à Mulhouse. Strasb. 1868, gr. in-8°, 28 p., br. (Extr.)

1628 — *Stœber, Aug.* Notice historique sur le Klapperstein, ou la Pierre des Mauvaises Langues. Suivie de quelques mots sur le supplice de la lapidation. Colmar 1856, in-8°, 13 p., br. Av. 1 planche.

1629 **Müllenheim (Famille de).** — *Müllenheim von Rechberg, Herm. Freiherr von*. Das Geschöll der von Müllenheim und Zorn, 1332. Ein Beitrag zur Localgeschichte von Strassburg. Strassb. 1893, in-4°, 48 p., broché. Av. 6 pl. par J. Naeher.

1630 **Musen-Almanach (Elsässischer).** Herausg. von August Jäger. I. Jahrg. Strassb. 1873, in-16, VII—259 p., cart.

1631 Obernai. — *Dorlan, A.* Mémoire à consulter pour la ville d'Obernai . . . . contre la commune de Bernardswiller. Avec 1 plan et 2 reproductions de sceaux d'Obernai. Strasbourg 1853, in-4°, 120 p., demi-rel. veau.

1632 Obrecht, Ulr. Alsaticarum rerum prodomus. Argentor. 1681. 1 vol. in-4°, XII—346 p., cart. parch.

1633 Otfrid de Wissembourg. — *Spach, Louis.* Otfrit, le moine de Wissembourg. (Extr. du „Bull. de la Soc . . . . des Mon. hist.“). Strasb. 1865, gr. in-8°, 16 p., br.

1634 Ott, Eugène-Daniel. — *Schirmer, Henri.* L'indemnité Ott — ne pas lire Pritchard. Dialogue de deux Alsaciens sur l'affaire Ott-Eulenbourg. Paris 1866. gr. in-8°, 31 p., br. 2e édit.

Petit-Gérard, Baptiste. — voir N° 1704.

1635 Pfeffel, Gottlieb Conrad. Poetische Versuche. 4te Aufl. 10 Theile en 5 vol. cart. Tübingen 1802—1810, in-16.

1636 — Fables et Poésies choisies, traduites en vers français et précédées d'une notice biogr. par Mr Paul Lehr. Strasbourg 1840, gr. in-8°, 364 p., cart. Av. 2 portr., 1 front. et 4 pl. color., plus quelques planches en noir.

1637 Poésies érotiques et autres, dédiées aux âmes sensibles, amoureuses et joyeuses, par *Un Anonyme.* Strasbourg 1847, in-16, 164 p., br.

1638 Réformation. — *Röhrich, Tim. Wilh.* Geschichte der Reformation im Elsass und besonders in Strassburg. Strassb. 1830—1832. 3 Theile en 2 vol., in-12, cart. Av. 4 portr. (Rare).

1639 Reichenau. — *Spach, L.* L'Ile de Reichenau. (Extr. du „Bull. de la Soc . . . des Mon. hist.“). Strasb. 1868, gr. in-8°, 35 p., broché. Avec 1 vue lith. de Reichenau.

1640 Reuss, Rodolphe. La destruction du protestantisme en Bohème. Episode de la guerre de trente ans. (Extr. de la „Revue de Théologie“). Strasbourg 1867, gr. in-8°, 67 p., br.

1641 Révolution française. — *Heitz, Fr.-Ch.* L'Alsace en 1789. Tableaux des divisions territoriales et des différentes seigneuries de l'Alsace existant à l'époque de l'incorporation de cette province à la France. Strasbourg 1860, in-4°, 32 p., cart. orig.

1642 — *Unterricht* der königlichen Kommissärs, über die Zusammenberufung der Ur-Versammlungen, in welchen die Wahl der Wahlmänner (Elekteurs), ... vorgenommen werden soll. Strassburg (1790), in-4°, 74 p., br.

1643 Revue d'Alsace (publ. par *Reiner*). T. I et II. Strasb. 1834 et 1835. 2 vol. gr. in-8°, demi-rel. chagr.

1644 — (dirigée p. *Ch. Bœrsch*). 2° série, T. I à IV. Strasb. 1836 à 1837. 4 vol. in-8°, demi-rel. chagr.

1645 Revue nouvelle d'Alsace-Lorraine (la). Années 4 et 5. 1884—1886. Colmar. 2 vol. in-8°, en livr. (N° 3 de la 5e année manque).

1646 Rheinzabern. — *Schweighæuser, J.-G.* Antiquités de Rheinzabern. Strasb., s. d., in-4°, couv. ill. Av. 14 planches. (La 13e planche n'existe pas). Demi-rel. veau.

1647 Ribeaupierre, Bruno de. — *Spach, L.* Bruno (Braun) de Ribeaupierre et les délégués de Strasbourg, prisonniers à Schwanberg. (Extr. du „Bull. de la Soc . . . . des Mon. hist.“) Strasb. 1865, gr. in-8°, 47 p., br.

1648 Ribeauvillé. — *Trois-Ponts, C. des* (Pseud. de *A. Morpain*). Le Pfeiffertag, Episode de la fête des Ménétriers d'Alsace du quinzième siècle. Strasbourg, s. d., in-18, 20 p., br.

1649 Ring, Men de. Essai sur la Rigsmaal-Saga et sur les trois classes de la société germanique. Paris 1854, in-16, III—120 p., br.

1650 Ristelhuber, Paul. Un Napolitain du dernier siècle. Contes, lettres et pensées de l'abbé Galiani. Avec Introduction et Notes. Paris 1866, in-18, XI—144 p., demi-rel. veau.

1651 Rixheim. — *Stœber, August.* Der Hünerhubel, ein gallisches Hügelgrab bei Rixheim. — Der Weiler Ell, das gallo-römische Hellelus. Mülhausen 1859, in-24, 75 p., br.

1652 **Rosen (la famille de).** — *Lehr, Ernest.* Notice sur la famille de Rosen. (Extr. du „Bull. de la Soc.... des Mon. hist.“) Strasb. 1865, gr. in-8°, 23 p., br. Sur Hollande. Av. 3 pl. hors texte. (Très rare).

1653 **Rothmüller, J.** Vues pittoresques des Châteaux, Monumens et Sites remarquables de l'Alsace, dessinées d'après nature et lithograph. Avec texte de R. Yves. Colmar 1839, in-4°, en feuilles. Av. 124 pl. lith.

1654 **Sainte-Odile.** — *Levrault, L.* Sainte-Odile et le Heidenmauer. Traditions, monuments et histoire. Colmar 1855, gr. in-8°, XVI—154 p., br. Av. 1 plan.

1655 — — Même ouvrage. Demi-rel. chagr.

1656 — *Pfeffinger, Joh.* Hohenburg oder der Odilien-Berg, sammt seinen Umgebungen in topographischer und geschichtlicher Hinsicht geschildert. Strassburg 1812, in-8°, VII—104 p., demi-rel. chagr. Mit 15 Plänen und Abbildungen.

1657 — *Schweighæuser, J. G.* Plan topographique de l'enceinte antique, dite Mur Payen, située autour de la Montagne de Sainte-Odile.... Strasbourg 1825, in-fol. obl., sur toile, plié in-24.

1658 **Salzmann, Jean-Daniel.** — *Stöber, August.* Der Aktuar Salzmann, Gœthe's Freund und Tischgenosse in Strassburg. Eine Lebensskizze, nebst Briefen von Goethe, Lenz, L. Wagner,.... Mülhausen 1855, in-8°, 138 p., broché. Sans couverture.

Sander, Chrétien-Frédéric. — voir N° 1556.

1659 **Saum, Aug.** Un bas-relief de Mithra découvert à Strasbourg et acquis par la Bibliothèque de cette ville (Extrait de la „Revue d'Alsace“). Colmar, s. d., in-8°, 7 p., br. (Plusieurs exempl.)

1660 **Saum, Jean-Daniel.** — *Zur Gedächtnissfeyer* der 50 jährigen Vermählung von Johann Daniel Saum und Maria Barbara Demuth, von Kindern, Enkeln und Urenkeln. S. l. n. d., in-8°, 4 p., non rel.

1661 **Saverne.** — *Klein, Ch. G.* Saverne et ses environs, illustrés par Eug. Laville, avec dessins d'architecture par Maestlé. Strasb. 1849, in-8°, 227 p., demi-rel. veau. Av. planches lithogr. (Rare).

1662 — *Morlet, de (le Colonel).* Notice sur quelques monuments de l'époque gallo-romaine trouvés sur les sommités des Vosges près de Saverne. (Extr. du „Bull. de la Soc... des Mon. hist.“) Strasbourg 1863, gr. in-8°, 12 p., br. Avec figures et 3 planches. (Très rare).

1663 **Schach, Sébastien.** Analyse de la relation manuscrite d'un pélerinage à Jérusalem et au Mont Sinaï, entrepris en 1604. Colmar 1846, in-18, 31 p., demi-rel. veau.

1664 **Schlestadt.** — *Dorlan, A.* Notices historiques sur l'Alsace et principalement sur la ville de Schlestadt. Colmar 1843. 2 parties en 1 vol. in-8°, demi-rel. cuir. (Taches de rousseur).

1665 **Schmidt, Charles.** Histoire littéraire de l'Alsace à la fin du XV° et au commencement du XVI° siècle. Paris 1879. 2 vol. gr. in-8°, br.

1666 **Schneider, Eulogius.** Gedichte. Mit dem Portrait des Verfassers. (Manque!) Frankfurt 1790. 1 vol. in-18, XXXII—328 p., cart.

1667 **Schneider, Euloge.** — *Heitz, F. C.* Notes sur la vie et les écrits d'Euloge Schneider, accusateur public du départ. du Bas-Rhin. Strasb. 1862, in-8°, IV—167 p., br. (Taches d'eau).

1668 **Schœpflin, J. D.** L'Alsace illustrée, ou recherches sur l'Alsace pendant la domination des Celtes, des Romains, des Francs, des Allemands et des Français. — Traduction de L. W. Ravenèz. Mulhouse 1849—1852. 5 vol. in-8°, dem.-rel. chagr., tranches jaspées. Av. nombr. pl. (Rare).

1669 **Schœpflin, Jean-Daniel.** — *Oberlin, J. J.* Museum Schœpflini. 3 parties en 1 vol. (Pars I: Lapidarium. II: Marmorarium. III: Vasarium). Argentor. 1773, pet. in-4°, VIII—184 p., demi-rel. anc. Av. fig. et 17 planches.

1670 **Schweighaeuser, Jean et Geoffroy.** — *Spach, L.* Les deux Schweighaeuser. (Extr. du „Bull. de la Soc... des Mon. hist.“) Strasb. 1868, gr. in-8°, 10 p., br.

1671 **Seltz.** — *Spach, L.* Le Péage de Seltz. (Extr. du „Bull. de la Soc ...
des Mon. hist.") Strasb. (1869), gr. in-8º, 8 p., br.
Sers, Louis. — voir Nº 1613.
1672 **Sesenheim.** — *Grün, Albert.* Friedrike. Schauspiel. Mit einem Facsimile
der Titelheldin. Strassb. 1859, in-12, XXXIV—290 p., cart., couv. ill.
— voir aussi Nº 1608.
1673 **Siffer, Jér. Ans.** Antiquités du moyen âge et de l'époque gallo-romaine.
(Extr. du „Bull. de la Soc ... des Mon. hist.") Strasbourg 1867, gr.
in-8º, 16 p., br.
1674 **(Spach, L.)** — *Lavater, L.* Gedichte. Strassburg 1839, in-12, X—182 p.,
demi-rel. chagr.
1675 **Spach, Louis.** Etudes sur quelques poëtes alsaciens du moyen-âge, du 16ᵉ
et du 17ᵉ siècle. Strasbourg 1862, in-18, 169 p., demi-rel. chagr.
1676 — Mélanges d'histoire et de critique littéraire. Séries 1 à 4. (Extr. des
feuilletons du „Courrier du Bas-Rhin" et de l'„Impartial du Rhin").
Strasbourg 1864—1869. 4 vol. in-18, T. I à III en demi-rel. chagr.,
T. IV br.
1677 — Varia. **Archives départementales.** Réunion de 9 brochures diverses en
1 vol. gr. in-8º, demi-rel. veau.
1678 — — **Biographies.** Réunion de 10 brochures diverses en 1 vol. in-8º,
demi-rel. veau.
1679 — — **Histoire et Archéologie.** Réunion de 8 brochures diverses en 1 vol.
in-8º, demi-rel veau.
1680 — — **Littérature.** Réunion de 11 brochures diverses en 2 vol. in-8º,
demi-rel. veau.
1681 — — 8 brochures diverses, pour la plupart extraites de la „Revue d'Alsace" et du „Bull. des Mon. hist." In-8º et gr. in-8º.
1682 **Stauffenberg, Peter Dlemringer von.** — *Engelhardt, Chr. Mor.* Der
Ritter von Stauffenberg, ein Altdeutsches Gedicht, herausg. nach der
Handschrift der öffentl. Bibliothek zu Strassburg. Strassb. 1823, in-8º,
X—153 p., br. (Sans l'atlas).
1683 **Stöber, August.** Gedichte. Neue durchgesehene & vermehrte Auflage.
Mülh. 1867, in-8º, XII—258 p., demi-rel. chagr.
1684 **Stöber, Ehrenfried.** Sämmtliche Gedichte und kleine prosaische Schriften.
Strassburg 1835—1856. 3 vol. in-12, cart.
1685 **(Stoffel, G.)** Dictionnaire biographique d'Alsace. Liste préparatoire. Mulhouse 1869, in-4º, 111 p., broché.
1686 **Strasbourg.** — **Archives.** — *Brucker, J. C.* Les Archives de la Ville de
Strasbourg antérieures à 1790. Aperçu sommaire. Strasbourg 1873,
gr. in-8º, 163 p., br.
1687 — — *(Ristelhuber P.)* Lettre sur les archives de la ville de Strasbourg.
Strasbourg 1866. gr. in-8º, 49 p., demi-rel. chagr.
1688 — — *Spach, Louis.* Lettres sur les Archives départementa'es du Bas-
Rhin. Strasb 1861. 1ʳᵉ édit. in-16, 436 p., demi-rel. veau.
1689 — **Bernhard, J.** Saint-Marc et ses alentours à Strasbourg. Av. 1 plan et
2 photolith. Strasb. 1878, gr. in-8º, 11 p., br.
1690 — **Beschreibung (Aktenmässige)** der Feyerlichkeiten bei Einsetzung der
Municipalität zu Strasburg und Sammlung der dabey gehaltenen Reden.
Strasb. 1790, in-8º, 130 p., br.
1691 — **Bibliothèques.** — *(Jung, André).* Notice sur l'Origine des Bibliothèques
publiques dans la ville de Strasbourg. Strasb. 1844, in-8º, 46 pages,
demi-rel. chagr.
1692 — — *Relevés des ouvrages nouveaux* reçus à la Bibliothèque de la ville de
Strasbourg, depuis le 1ʳ Janvier 1838, au 31 Décbr. 1867. Relevés 1 à
13. Strasb. 1839—1868. 13 brochures in-8º, en 1 vol. demi-rel. veau.
1693 — — 4 brochures diverses, in-8º, relatives à ce sujet.
— — voir aussi Nº 1755.
1694 — **Boersch, Ch.** Essai sur la mortalité à Strasbourg. (Partie rétrospective).
Strasb. 1836, in-4º, 204 p., demi-rel. chagr. (Thèse).
1695 — **Bulletin de la dixième session** du congrès scientifique de France, tenue
à Strasbourg. Nᵒˢ 1 à 16 complet. 1 vol. in-4º, demi-rel. veau.

1696 **Strasbourg**. — **Chroniques.** — *Die Chroniken der oberrheinischen Städte :* Strassburg. Leipzig 1870—1871, 2 vol. in-8°, demi-rel. chagr.

1697 — — *Closener, Fritsche.* Strassburgische Chronik. Stuttg. 1842, in-8°, XV—127 p., demi-rel. chagr. (Pas en librairie).

1698 — — *Code historique et diplomatique* de la ville de Strasbourg. (Rédigé par L. Schnéegans et A. Strobel). Avec introduction par G. F. Schützenberger, et notice sur Closener et Koenigshoven et leurs chroniques, par L. Schnéegans. Parties I et II. Strasb. 1843 à 1848. 2 vol. in-4°, cart. (Ces 2 parties forment ensemble le T. I, et en même temps tout ce qui a paru. — Texte encadré).

1699 — — *Kleinlawel, Mich.* Strassburgische Chronick / oder Kurtze Beschreibung von ankunfft / Erbaw: vnd Erweiterung der Statt Strassburg / wie auch vom Leben / Regierung / vnd Absterben der Bischoffen, etc. Durch einen Liebhaber der Teutschen Poeterey. Strassburg 1625, pet. in-4°, XVI—198 p., demi-rel. chagr. anc. (Rare).

1700 — **Congrès scientifique de France.** Dixième session tenue à Strasbourg en Septembre et Octobre 1842. Strasbourg 1843. 2 vol. in-8°, demi-rel. chagr. Av. quelques planches lith.

1701 — **Description (Nouvelle) de Strasbourg,** contenant des détails sur tous ses édifices publics et ses curiosités. . . . Orné d'un plan de la ville et de 6 belles vignettes dessinées par Sandmann et gravées sur acier. Nouvelle édit. revue et augm. Strasbourg 1838, in-18, 274 p., demi-rel. chagr.

1702 — **Dialecte strasbourgeois.** — *Greber, Julius.* E Hochzitter im Kleiderkaschte. Schwank in 1 Aufzug in Strassburger Mundart. 2. Aufl. Strassburg 1900, in-12, 45 p., br.

1703 — **Eglises.** — **Cathédrale.** — *Grandidier, l'abbé.* Essais historiques et topographiques sur l'église cathédrale de Strasbourg. Strasb. 1782. — Suppl. et Appendice. Paris 1868. 2 vol. in-12, XVI—436 p. et IV—127 p., cart. et br.

1704 — — — *Guerber, l'abbé V.* Essai sur les vitraux de la cathédrale de Strasbourg. Avec 4 pl. lithochromiées, dessinées par Mr Baptiste Petit-Gérard. Strasbourg 1848, in-8°, VII—124 p. — *Straub, l'abbé.* Analyse des vitraux de l'ancienne collégiale de Haslach et de l'anc. abbaye de Walbourg. (Extr. du „Compte-rendu des séances archéolog. à Strasb., en 1859“). Caen 1860, in-8°, 68 p. — *Petit-Gérard, B.* Quelques études sur l'art verrier et les vitraux d'Alsace. Av. 2 planches. Strasb. 1861, in-8°, 31 p. — Les 3 ouvrages réunis en 1 vol. demi-rel. chagr.

1705 — — — *Klotz, E.* Cathédrale de Strasbourg. Projet de couronnement à établir sur la coupole du choeur. 1r et 2e rapports. Strasb. 1875 et 1878. 2 brochures de 7 et 14 p. Av. 9 planches phot.

1706 — — — — Recherches sur un bas-relief en bronze attribué aux anciennes portes de la Cathédrale, faites à l'occasion de l'établissement des nouveaux vantaux. Strasb. 1876, gr. in-8°, 35 p., br. Avec 2 pl.

1707 — — — *Schuler, Th.* Description historique de la Cathédrale de Strasbourg. 2e édit. revue et ornée de figures. Strasb. s. d., in-8°, XII—115 p., cart. Av. 6 planches lith.

1708 — — **Saint-Guillaume.** — *Huber, Johann.* Christliche Danck- und Denck-Predigt, Bey glücklich vollbrachter Erweitterung vnd Vernewerung der Pfarr-Kirch zu St. Wilhelm in Strassburg (1656). Strasb. 1657. 1 vol. pet. in-4°, cart. Av. 3 pl. gravées par Isaac Brunn.

1709 — — **Saint-Pierre-le-Jeune.** — *Lambs, Johann Philipp.* Die Jung St. Peter-Kirche in Strassburg. Eine geschichtl. Darstellung. Strassb. 1854, in-8°, IV—108 p., demi-rel. chagr.

1710 — — **Saint-Pierre-le-Vieux.** — *Strobel, Ad. Walther.* Geschichte der Kirche zum alten St. Peter. Strassburg 1824, in-12, IV—60 p., br. Av. vue et 2 portr. (Fortement rogné).

1711 **Strasbourg.** — **Eglises.** — **Saint-Thomas**. — *Schmidt, Ch.* Histoire du Chapitre de Saint-Thomas de Strasbourg pendant le moyen-âge; suivie d'un recueil de chartes. Strasbourg 1860, in-4º, VIII—480 p., demi-rel. chagr. Av. 2 pl.

1712 — — — *Schnéegans, L.* L'église de Saint-Thomas à Strasbourg et ses monuments. Strasb. 1842, in-8º, XVI—318 p., demi-rel. chagr. Orné de 5 planches.

1713 — — **Sainte-Aurélie.** — *Heinemann, J. G.* Die Kirche Sanct-Aurelien in Strassburg. Strassb. 1865, in-8º, IV—118 p., br. Av. vue de l'Eglise.

1714 — **Evêché.** — *Wimpheling, Jacobus.* Catalogus episcoporum Argentinensium, restituit Johannes Michael Moscherosch. Argentoratum 1660. 1 vol. pet. in-4º, demi-rel. veau anc.

1715 - **Evénements et Fêtes.** — **1810.** — *Programme* de la fête du 15 Août 1810. *(Fête de la St. Napoléon).* Affiche très gr. in-fol. Strasb., impr. Ph. J. Dannbach.

1716 — **Friese, Joh.** Neue Vaterländische Geschichte der Stadt Strassburg und des ehemaligen Elsasses. Strassburg 1792—1801. 5 vol. in-8º, demi-rel. veau anc., tranches rouges. Avec grav.

1717 — **Gutemberg.** — *Saum, Aug.* La famille Gensefleisch à Strasbourg. (Extr. du „Bibliographe alsacien"). Strasb. s. d., in-8º, 4 p., non rel. (Plusieurs exempl.)

1718 — **Heitz, Fr. Carl.** Das Zunftwesen in Strassburg. Mit Vorwort von L. Spach. Strassb. 1856, in-8º, VIII—188 p., br. Av. 22 armoiries dans le texte.

1719 — **Hermann, Jean-Fréd.** Notices historiques, statistiques et littéraires sur la ville de Strasbourg. Strasb. 1817—1819. 2 vol. in-8º, cart.

1720 — **Hôpitaux.** — *Kentzinger, Ant. de.* Des hospices civils de Strasbourg et de l'hôpital en particulier. Strasbourg 1823, in-8º, 103 p., demi-rel. veau.

1721 — **Hugueny, F.** Le coup de foudre de l'île du Rhin (13 juillet 1869). (Extr.) Strasb. 1869, in-4º, 40 p., br. Av. 1 carte et 3 plans.

1722 — **Kentzinger, de.** Strasbourg et l'Alsace, ou Choses mémorables des vieux temps. Strasbourg 1824, in-8º, 201 p., demi-rel. chagr. (Taches de rousseur).

1723 - **Levrault, Louis.** Essai sur l'ancienne monnaie de Strasbourg, et sur ses rapports avec l'histoire de la ville et de l'évêché. Strasb. 1842, in-8º, XII—462 p., cart.

1724 — **Morlet, le Colonel de.** Notice sur l'enceinte d'Argentoratum. Strasbourg 1861, in-8º, 25 p., br. Av. 1 pl. lith. et 2 plans.

1725 — — Notice sur les anciens aqueducs de Strasbourg. (Extr. d'un travail inédit sur la topographie de l'arrondissement de Strasbourg à l'époque gallo-romaine). Strasbourg 1860, in-8º, 10 p., br. Av. 1 carte.

1726 — **Müller, E.** Le Magistrat de la ville de Strasbourg, les Stettmeisters et Ammeisters de 1674 à 1790, les Préteurs royaux et Notices généalogiques etc. Strasbourg 1862, in-12, VIII—270 p., demi-rel. chagr.

1727 — **Musique.** — *Lobstein, J. F.* Beiträge zur Geschichte der Musik im Elsass und besonders in Strassburg, von der ältesten bis auf die neueste Zeit. Strassb. 1840, in-8º, VIII—147 p. Av. 3 pl. lith. — *Berg, Conrad.* Aperçu histor. sur l'état de la musique à Strasbourg, pendant les cinquante dernières années. Strasb. 1840, in-8º, IV—86 p. — Les deux ouvrages réunis en 1 vol. demi-rel. chagr.

1728 — **Octroi.** — 6 plaquettes in-4º des années IX à 1811.

1729 — **Ordonnances.** — *Revidirte Ordnung* derer Beambten im Zoll-Keller. (Strassb. 1736), in-fol., 16—4 p., cart.

1730 — — *Ordnungen und Mandate* von 1691 biss 1715. Réunion d'**environ 250 pièces** en 1 vol. in-fol., demi-rel. parch.

1731 — **Piton, Fréd.** Strasbourg illustré, ou Panorama pittor., histor. et stat. de Strasbourg et de ses environs. Strasb. 1855. 2 vol. gr. in-4º, demi-rel. chagr. Av. nombr. planches color. et noires et 1 plan de la ville. (Les 4 grands panoramas manquent. — Grandes taches d'eau à la fin du T. I).

1732 **Strasbourg. — Police.** — *Recueil des arrêtés* et autres actes relatifs à la police de la ville de Strasbourg. Strasb. 1861, in-8°, IX—581 p., demi-rel. veau anc.

1733 — **Poellnitz, von.** Die Befestigungen von Strassburg von den ältesten Zeiten bis zur Besitzergreifung durch die Franzosen 1681. Mit 2 Plänen. (Extr. de „Kraus, Kunst u. Alterthum in Els.-Lothr.“). Strasb. 1876, gr. in-8°, 35 p., br.

1734 — **Révolution.** — *Beschreibung, Aktenmässige,* des Rheinischen Bundes. Strasburg 1790, in-8°, 100 p., br.

1735 — — *Champy,* Correspondance et conversation avec M. Roland, ex-ministre de l'Intérieur. (Strasb. 1792), in-8°, 23 p., br.

1736 — — *Garde nationale :* 1 liasse de 25 pièces des années 1789 à 1806. In-8°, in-4° et in-fol.

1737 — — *Munizipal-Beamten, Die,* der Gemeinde von Strassburg an ihre Mitbürger. S. l. 1792, in-12, 58 p., br.

1738 — — *Metz, Fr. Ign.* Rapport sur la situation des finances de la commune de Strasbourg au 15 novbr. 1791. Strasbourg 1792, in-4°, 48 p., br.

1739 — — *Recueil de pièces authentiques* servant à l'histoire de la révolution à Strasbourg, ou les Actes des représentants du peuple en mission dans le Département du Bas-Rhin sous le règne de la tyrannie.... Strasb. An II & III. 2 vol. in-8°, demi-rel. veau. (Ouvrage rare et recherché, généralement connu sous le nom de „Livre bleu“).

1740 — — *Weber.* Etat de la situation des finances de la ville de Strasbourg à la fin de l'année 1789. S. l. 1790, in-4°, 27 p., br.

1741 — — **1 Lot de 394 pièces:** Procès-verbaux, Arrêts Déclarations, Discours, Chants patriotiques, etc. etc. des années 1789 à 1808. Classés par ordre chronologique et réunis en 4 cartons.

1742 — **Saint-Thomas (Affaires de).** — *Notice sur les Fondations* admin. par le Séminaire prot. de Strasbourg. Strasbourg 1854, in-4°, 88—XC p., br.

1743 — **Schmidt, Ch.** Notice sur la ville de Strasbourg. Strasb. 1842, in-12, IV—302 p., cart. Ornée de 8 planches, d'un plan de la ville et d'une carte du chemin de fer de Strasb. à Bâle.

1744 — **Schützenberger, G.-F.** Esquisse historique de la constitution de Strasbourg. Strasb. 1843, in-4°, 30 p., broché.

1745 — **Séjour de Princes. — 1414.** — *Spach, Ludwig.* Kaiser Sigismund in Strassburg. Ein historisches Singspiel in fünf Aufzügen. Strassburg 1866, in-18, 88 p., demi-rel. veau.

1746 — — **1770.** — *Müller, E.* L'Archiduchesse Marie Antoinette à Strasbourg, le 7 et le 8 Mai 1770. Strasbourg 1802, in-18, 68 p., demi-rel. chagr.

1747 — — **1810.** — *Chant lyrique* pour la fête donnée à Sa Majesté ... Marie Louise, par la ville de Strasbourg, le 23 mars 1810. S. l. n. d., in-4°, 6 p., br.

1748 — — — *Réception* de S. M. l'Impératrice-Reine, Marie-Louise d'Autriche, à Strasbourg. — Ordre dans lequel les différentes corporations défileront sur la terrasse du Palais impérial. — Ordre de marche. Strasbourg 1810, in-4° et in 8°, 10—6—3 p., br.

1749 — **Siéges de 1814 et 1815.** — *Heitz, F. C.* Strasbourg pendant ses deux blocus et les cent jours. Recueil de pièces officielles et relation succincte des faits arrivés pendant les années 1813, 1814 et 1815. Strasb. 1861, in-8°, VII—272 p., br. Avec plan du blocus de 1815.

1750 — **Siége de 1870.** — *Brunner, Moriz.* Die Vertheidigung von Strassburg im Jahre 1870. Mit zwei Tafeln und einem Holzschnitte. Wien 1871, in-8°, 72 p., demi-rel. chagr.

1751 — — *Fischbach, G.* Guerre de 1870. — Le siége et le bombardement de Strasbourg. 1re édit. Strasbourg 1870, in-12, IV—175 p., br.

1752 — — — Même ouvrage. 5e édition revue et augm. Ornée de 2 portr., de 8 vues et du plan de la ville. Strasb. 1871, in-8°, 263 p., demi-rel. chagr.

1753 — — *Flach, Jacques.* Strasbourg après le bombardement. 2 octobre 1870 — 30 sept. 1872. Rapport sur les travaux du Comité de secours strasbourgeois. Strasbourg 1873, gr. in-8°, VIII—160 p., demi-rel. chagr.

1754 Strasbourg. — Siége de 1870. — *Klotz, G.* 1870. — Cathédrale de Strasbourg. Réparations des dégâts causés au sommet de la flèche par le bombardement. Strasbourg 1871, gr. in-8°, 23 p., br. Av. 4 pl. grav.

1755 — — *Reuss, Rod.* Les Bibliothèques publiques de Strasbourg, incendiées dans la nuit du 24 août 1870. („Chronique du Journal général de l'Impr. et de la Librairie" 1872, N°s 1 à 6 et 9). Paris 1872, in-8°, demi-rel. veau.

1756 — — *Schnéegans, A.* Quarante jours de Bombardement. — Strasbourg. — Par un Réfugié strasbourgeois. Neuchâtel 1871, in-8°, 71 p., demi-rel. chagr.

1757 — **Silbermann, Joh. Andr.** Local-Geschichte der Stadt Strassburg. Strassb. 1775, in-fol., XII—245 p., demi-rel. chagr. Av. 16 pl. gr. par Weis. (Ouvrage recherché).

1758 — — Même ouvrage. Demi-rel. veau anc., tr. rouges.

1759 — **Spach, Louis.** Strasbourg pendant l'hiver de 1781 à 1782. Extr. de la correspondance d'un notable zuriquois. (Feuilleton de „l'Impartial du Rhin" du 19 avril 1870). 12 colonnes in-8° étroit.

1760 — — Un Salon à Strasbourg sous la Restauration. (Extr. de „l'Impartial du Rhin"). Strasb. (1869), in-8°, 16 pages, broché.

1761 — — Une maison à Strasbourg avec cinq annexes. (Extr. du „Bull. de la Soc... des Mon. hist.") Strasb. (1870), gr. in-8°, 11 p., broché.

1762 — **Théâtre municipal.** — *Dienst-Regeln* für das Strassburger Stadttheater. Strassb. 1890, in-8°, 60 p., cart.

1763 — *Wencker, Jac.* Dissertatio de Pfalburgeris..... accesserunt Disquisitiones duae de Usburgeris et Glevenburgeris. Argentorati 1698. 1 fort vol. pet. in-4°, cart. (Ouvrage recherché).

1764 **Strobel, Adam Walther.** Vaterländische Geschichte des Elsasses... fortgesetzt von der Revolution 1789 bis 1815 von Dr L. H. Engelhardt. Strassburg 1851, 2te Ausg. 6 vol. in-8°, demi-rel. chagr.

1765 **Strobel, Adam - Walther.** — *Discours prononcés aux obsèques* de Mr A.-W. Strobel, Professeur au Gymnase protestant de Strasbourg, décédé le 28 Juillet 1850. Strasb. 1850, in-8°, 28 p., br. (Texte allem. et franç.)

1766 **Sturm, Jean.** — *Schmidt, Charles.* La vie et les travaux de Jean Sturm, premier recteur du Gymnase et de l'Académie de Strasbourg. Strasbourg 1855, in-8°, VIII—335 p., demi-rel. veau. Av. portr.

1767 **Thann.** — *(Tschamser, Malachias).* Kleine Thanner Chronik, oder Jahr-Büchlein von dem wunderbarlichen Ursprung ... der Stadt Thann. In drey Theilen vorgestellt, von einem P. Franciscaner in dem Obern Closter allda. Mülhausen 1855, in-8°, V—97 p., br.

1768 **Turckheim, Bon Alfred de.** Fragments politiques. 3 lettres des années 1856, 1858 et 1859. Deuxième édit. Paris 1859, in-8°, 46 p., br.

1769 **Varia.** — 8 brochures in-12 réunies en 1 vol. demi-rel. chagr. (1° *d'Eggs.* De l'état actuel des prisons civiles de Strasbourg. Strasb. 1866. — — 2° *Reuss, Rud.* Beiträge zur Gesch. des Elsasses im 30 jähr. Kriege. Mülh. 1868. — 3° *Schmidt, C.* Notice hist. sur l'horloge astron. de la cathédrale de Strasbourg. Strasb. 1842. — 4° *Jung.* Inscriptions du monastère de Saint-Etienne à Strasbourg. (Extr.) — 5° *Nicklès, N.* Das röm. Ehl, Hohenburg u. Hohengeroldseck. Mülh. 1866. — 6° *Fée.* Note extraite de l'histoire du Jardin botan. de Strasb. Autogr. 1858. — 7° *Schauenburg, de.* Le Château de Jungholtz. Strasb. 1861. 8° *Schauenburg, de.* Note sur la Sénégambie. Strasb. 1868).

1770 — 9 brochures in-8° réunies en 1 vol. demi-rel. chagr. (1° *Coste.* Notice sur le château de Trifels près Landau. (Extr.) S. l. n. d. — 2° *Bavelaër, Ed.* De la restauration des édifices historiques, à propos de l'église de Soultz. (Extr.) S. l. n. d. — 3° *Treitt & Rogron.* La Trésorerie angl. contre M. le Baron de Bode. Paris 1862. — 4° *Giraud, Ch.* Eloge de Schilter. Strasb. 1845. — 5° *Migneret, S.* Discours prononcé à la séance générale de la Soc. pour la conservation des mon. hist. Strasb. 1857. — 6° *Chéruel, A.* L'Anc. Université et l'Académie mod. de Strasbourg. Strasb. 1866. — 7° *Ring, de.* Notice sur des antiquités celtiques de l'âge de pierre, trouvées à ... Schiltigheim. Paris 1866. — 8° *Müller, Ch.* Notice sur le mouvement des arts aux bords du Rhin. Paris 1843. — 9° *Schauenburg, P. R. de.* La Peinture sur verre. Strasb. 1865).

1771 **Veilleur de Nuit (Le).** Album d'Alsace et de Lorraine. Année I (seule parue). Strasbourg 1857, in-4°, IV—96 p., cart. Avec 25 illustrations.

1772 **Verny, Edouard.** Sermon pour l'ouverture solennelle de la session du Consistoire supérieur de l'Eglise de la Confession d'Augsbourg, prononcé jusqu'à la péroraison le 19 oct. 1854, à l'Eglise de St-Thomas, à Strasbourg, et interrompu par la mort de l'orateur, en chaire. Strasbourg 1854, in-8°, 28 p., br.

1773 **Véron-Réville.** Essai sur les anciennes juridictions d'Alsace. Colmar 1857, gr. in-8°, XV—248 p., demi-rel. chagr.

1774 **Vosges.** — *Documents rares ou inédits* de l'histoire des Vosges, rassemblés et publiés au nom du Comité d'histoire vosgienne. T. I et II. Epinal 1868—1869. 2 vol. in-8°, demi-rel. veau.

1775 — *Imlin, Emanuel Friedrich.* Vogesische Ruinen und Naturschönheiten. Mit 14 Abbild. Strassburg 1821, in-8°, VI—103 p., dem.-rel. chagr.

1776 **Waddington, Charles.** — *Installation* de M. Charles Waddington, Professeur de philosophie au Séminaire de la Confession d'Augsbourg. Paris et Strasbourg 1857, in-8°, 28 p., br.

1777 **Wassersnoth, Die, im Nieder-Rhein,** im September 1852. Strassb. 1852, in-18, 24 p., br.

1778 **Windeck (Maison de).** — *Beust, Freiherr Karl von.* Die Ritter von Windeck. Ein Führer beim Besuche der Stadt Bühl u. deren Umgebung... verbunden mit einer geschichtl. Darstellung des Geschlechtes von Windeck u. dessen Fehden mit der Stadt Strassburg. Rastatt 1857, in-12, VIII—83 p., demi-rel. chagr.

1779 **Wissembourg (Canton de).** — *Rigaut, A.* Description et statistique agricole du canton de Wissembourg. Topographie et aperçu historique de chaque commune. Usages locaux qui y sont en vigueur. Strasbourg 1860, gr. in-8°, VII—391 p., demi-rel. chagr.

1780 **Yxem.** *Myrtille.* (Poésies). Strasbourg 1865, in-18, 24 p., br.

Zorn (Famille de). — voir *Müllenheim (Famille de).*

TABLEAUX ENCADRÉS.

Les notices qu'on trouvera dans la liste suivante n'ont été portées dans le catalogue qu'à titre de simple indication; il n'est donné aucune garantie aux acquéreurs pour leur authenticité.

BOUCHER, FRANÇOIS.

Célèbre peintre français, né à Paris 1703, † 1770.

1781 **Femme richement vêtue, entourée d'esclaves et assise vis-à-vis d'un temple, près d'une colonnade brisée.**

Toile ronde de 0,33 de diamètre.

GESSNER, C.

1782 La Sortie de l'Abreuvoir. Paysage avec pont et château en ruines.

Signé C. Gessner. F. 1813.
Aquarelle. Larg. 0,43 ; haut. 0,30.

POELEMBURG, CORN.

Peintre hollandais, né à Utrecht 1586, † 1660.

1783 Campagne de Flandre.

Corn. Poelemburg pinx., Colibert sculp.
Grav. sur cuivre. Larg. 0,33 ; haut. 0,24.

1784 Ruines d'une ville d'Italie.

Corn. Poelemburg pinx., Daudet sculp.
Gravure sur cuivre. Larg. 0,32, haut 0,26.

REMBRANDT.

Peintre et graveur hollandais, né à Leyde 1608, † à Amsterdam 1669.

1785 Résurrection de la Fille de Jaïrus.

Rembrand p., Schmid gravé à l'eau-forte.
Larg. 0,28 ; haut. 0,22.

1786 Présentation de l'enfant Jésus à Siméon dans le Temple de Jérusalem.

Non signé. Gravé à l'eau-forte.
Larg. 0,28 ; haut. 0,22.

SCHULER, THEOPHILE.

Peintre alsacien, né à Strasbourg 1821, † 1878.

1787 Toilette de la Mariée, 17ᵉ siècle.

Signé Th. Schuler, Strasbourg.
Esquisse à l'huile. Larg. 0,57 ; haut. 0,40.

WAUVERMANS, PH.

1788 La Blanchisseuse flamande.

Ph. Wauvermans Pinxit, Le Veau Sculpsit.
Gravure sur cuivre. Larg. 0,32 ; haut. 0,25.

INCONNU.

1789/1790 Deux Paysages avec Arbres et Cours d'eau. (Pendants).
Sépias. Larg. 0,30 ; haut. 0,22.

1791 Intérieur de Village.
Sépia. Larg. 0,50 ; haut. 0,36.

1792 Laveuses. Paysage avec source et rochers.
Sépia. Larg. 0,50 ; haut. 0,36.

1793 Château en ruines sur une hauteur, entouré d'arbres.
Sépia. Larg. 0,26 ; haut. 0,37.

Notice biographique.

Monsieur J. Ed. Ohl naquit à Strasbourg le 6 Juillet 1842. Il y fit ses études au Gymnase protestant et quitta, à l'âge de quinze ans, sa ville natale pour se rendre à St-Pétersbourg où son père était établi tanneur. Il s'y maria et ne revint en France qu'en 1884 pour s'établir à St-Dié où il mourut le 17 Juin 1904. Il s'intéressait beaucoup à tout ce qui concernait l'Alsace; il faisait partie de la Société Philomatique Vosgienne de St-Dié et était Secrétaire-Bibliothécaire de la Société Chorale de cette ville.

BIBLIOTHEQUE ALSATIQUE
de feu Monsieur J. Ed. Ohl.

1794 **Adam (L'abbé)** et Monseigneur Raess. 2º édit. Genève, Août 1883, in-8º, 77 p., br.

1795 **Alsace-Lorraine (L') après 1870.** — *Deschamps, Philippe.* A travers les Pays encore annexés! Paris (1901), in-8º, 115 p., br. Titre ill.

1796 — *Lichtenberger, F.* L'Alsace en deuil. Sermon prononcé à l'église de St-Nicolas, le 26 Novbr. 1871. 9me édition. Strasb. 1872, in-8º, 15 p., br.

1797 — *Michiels, Alfred.* Les droits de la France sur l'Alsace et la Lorraine. 1re édit. Bruxelles 1871, in-8º, 80 p., br.

1798 — *Schoebel, Charles.* La Question d'Alsace au point de vue ethnographique. Paris 1872, in-16, 54 p., br.

1799 **Baquol et P. Ristelhuber,** L'Alsace ancienne et moderne, ou Dictionnaire topogr., hist. et statistique du Haut- et du Bas-Rhin. 3e édition ent. refondue. Strasbourg 1865, in-8º, 642 p., demi-rel. chagr., plats percal. Avec 15 planches et 5 cartes.

1800 — L'Alsace ancienne et moderne. Supplément à la 1re édition du Dictionnaire: Atlas de 12 pl. Strasbourg 1853, in-4º oblong, br.

1801 **Belfort.** — *Bardy, Henri.* Le Comte de la Suze et la Seigneurie de Belfort de 1636 à 1654. (Extr. du „Bull. de la Soc. philom. vosg.") Saint-Dié 1884—85, gr. in-8º, 40 p., br.

1802 **Bibliographe Alsacien (Le).** Gazette litt., hist., artist. Fondé et publié par Ch. Mehl. Strasb. 1862—65. 3 vol. in-8º, br.

1803 **Boureulle, de.** L'Alsace du moyen-âge. — L'Alsace de la Réforme. — L'Alsace du siècle de Louis XIV. (Extraits du „Bull. de la Soc. Philom. Vosgienne"). Saint-Dié 1884—1887. 3 brochures in-8º, 38, 37 et 45 p.

1804 **Brant, Sebastian.** Das Narrenschiff, nebst Brants Freiheitstafel. Neue Ausg... mit Anmerkungen versehen von A. W. Strobel. Quedlinburg 1839, in-8º, XIV—312 p., demi-rel. toile.

1805 **Cerfberr de Médelsheim, A.** Biographie alsacienne-lorraine. Paris 1879, in-12, 327 p., br. Tirage sur papier non collé, très léger.

1806 **Charles X.** — *Fargès-Méricourt, P. J.* Relation du voyage de Sa Majesté Charles X en Alsace. Strasbourg 1829. 1 vol. in-4º, demi-rel. veau. Av. 1 carte et 12 planches lith. (Incomplet des pages 67 à 70, 177 à 178 et de la pl. 2. Taches de rousseur et pages raccommodées. Rel. endommagée).

1807 **Chemins de fer.** — *Grosseteste, M. W.* Chemin de fer de Mulhouse à Thann, inauguré le 1er septbr. 1839. Notes et documents présentés à la Société Industrielle de Mulhouse. Mulh. 1889. 1 vol. gr. in-8º, br. Av. planches lith.

1808 **Colmar.** — *Foltz, Ch.* Souvenirs historiques du vieux Colmar; suivis d'une courte notice biographique des hommes distingués de cette ville. Colmar 1887, gr. in-8º, IV—423—VII p., demi-rel. chagr. Av. nombr. planches.

1809 — *Ursteis.* Annales des Dominicains de Colmar, publiées en MDXXCIV, trad., comm. et augm. par L. W. Ravenèz. Colmar 1846—1847, in-8º, 82 p., br.

1810 **Curiosités d'Alsace,** publ. par Ch. Bartholdi. 1re et 2e années. Colmar 1861—1863. 2 vol. gr. in-8º, en 8 livr. br. Av. planches. (Tout ce qui a paru). Av. dédicace signée de l'auteur.

1811 **Dialecte alsacien.** — *Schatzkästel (Elsässer).* Sammlung von Gedichten und prosaischen Aufsätzen in Strassburger Mundart, nebst einigen Versstücken in andern Idiomen des Elsasses. Mit einem „Schlüssele zuem Schatzkästel" von Ad. Stoeber. Strassburg 1877, in-8º, XX—512 p., rel. orig., toile rouge. Av. titre-frontisp. de C. E. Matthis.

1812 — *(Stœber, Ehrenfried).* Neujahrsbüchlein in Elsässer Mundart, vom Vetter Daniel, 1818. Strassb. 1818, in-8º, 40 p., br. Av. petite vue gravée sur le titre.

1813 — — Gedichte und kleine prosaische Aufsätze in Elsässer Mundart. Zum Besten der Abgebrannten von Gertweiler. 3. Auflage. Strasburg 1829, in-16, VI—68 p., br. Avec petite vue grav. sur le titre: „Si kumme von Schilke".

1814 **Dietrich, Dominique.** — *Duval, Louis.* Un épisode de la révocation de l'édit de Nantes. Exil à Guéret du premier magistrat de Strasbourg en 1685. (Extr. de l'„Almanach limousin"). Limoges 1873, in-8º, 11 p., br.

1815 **Farcy, Camille.** Le Rhin français. Paris 1880, in-8º, III—299 p., demi-rel. chagr. (Pet. taches de rousseur).

1816 **Geiler, Jean, dit de Kaysersberg.** — *Dacheux, L.* Un réformateur catholique à la fin du XVe siècle. Jean Geiler de Kaysersberg 1478—1510. Etude sur sa vie et son temps. Paris et Strasb. 1876, gr. in-8º, IV—583—XCVI p., br. Av. 1 portr. et 1 pl.

1817 **Gérard, Charles.** L'ancienne Alsace à table. Etude historique et archéologique. Colmar 1862, in-8º, X—301 p., demi-rel. veau brun, coins chagr. rouge.

1818 **Grad, Ch.** L'Alsace, le pays et ses habitants. Ouvrage contenant 386 grav. et 17 cartes. Paris 1889, gr. in-4º, VII—1016 p., br. Expl. non rogné, de première fraîcheur.)

1819 **Guerre de 1870.** — *(Benoît, A.)* Lichtemberg, la Petite-Pierre, Phalsbourg. Par un Passant. Strasb. 1872, in-18, 76 p., demi-rel. chagr. Titre frontispice colorié et 3 lithographies. (Epuisé et rare).

1820 — *Delaforest, Guy.* L'Alsace. Souvenirs de la guerre de 1870—1871. Tours 1893, gr. in-8º, 239 p., br. Av. gravures.

1821 — *Lichtenberger, F.* Le Protestantisme et la Guerre de 1870. 3e édit., augmentée d'une Préface. Strasb. 1872, gr. in-8º, VII—52 p., br.

1822 **Herrade de Landsberg.** — *Lasteyrie, R. de.* Miniatures inédites de l'Hortus deliciarum de Herrade de Landsberg. (XIIe siècle). (Extr. de la „Gazette archéologique"). Paris 1885, in-4º, 37 p., br. Av. 6 pl. en héliograv.

1823 **Hirn, G.-A.** La vie future et la science moderne. Lettre à M. le Pasteur ***. (Extr. de la „Revue d'Alsace"). Colmar 1882, in-8º, 72 p., br.

1824 **Horning, Frédéric-Théodore.** — *Horning, Wilhelm.* Friedrich Theodor Horning, Pfarrer an der Jung St. Peterkirche. Lebensbild eines Strassburger evangelisch-lutherischen Bekenners im 19. Jahrhundert. 3. Aufl. Würzburg 1884, gr. in-8º, 370 p., cart. orig. Avec portr. en photolith.

1825 **Jousset, P.** L'Allemagne contemporaine illustrée. 22 Cartes dont 8 en couleurs, 588 Reproductions photographiques. (Description de l'Alsace: p. 99 à 122, de la Lorraine: p. 141 à 149). Paris (1902), in-4º, VI—282 p., rel. orig., fers spéciaux.

1826 **Keutzinger, Ant. de.** Documens historiques relatifs à l'Histoire de France, tirés des Archives de la ville de Strasbourg. Strasb. 1818—1819. 2 vol. in-8º, demi-rel. toile.

1827 **Lambs, A.** Ueber den Aberglauben im Elsass. Nach einem in Strassburg gehalt. Vortrage dargestellt. Strassburg 1880, in-18, 105 p., br.

1828 **Lebert, Henri (père).** Souvenirs de 1813 et 1814. Extraits d'un journal. (Extr. de la „Revue d'Alsace"). Colmar (1856), in-8º, 31 p., demi-rel. chagr.

1829 **Le Roy de Sainte-Croix.** L'Alsace en fête ou histoire et description des fêtes, cérémonies, etc. de l'Alsace. Tome I (seul paru). Strasbourg 1880, gr. in-8°, LXXI—738 p., br.

1830 — L'Alsacien qui rit, boit, chante et danse. („Petite collection alsacienne"). Strasbourg 1880, in-18, XII—272 p., rel. toile orig.

1831 — Les Dames d'Alsace devant l'histoire, la légende, la religion et la patrie. („Petite Collection alsacienne"). Strasb. 1880, in-18, XII—256 p., br.

1832 — Encore les Dames d'Alsace devant l'Histoire, la Légende, la Religion, la Patrie et l'Art. Strasb. 1881, in-18, X—438 p., br.

1833 **(L'Hermine, H. de).** Mémoires de deux voyages et séjours en Alsace, 1674—76 et 1681. Avec un itinéraire descriptif de Paris à Basle et les vues d'Altkirch et de Belfort dessinées par l'auteur LDLSDL'HP. Publié pour la première fois d'après le manuscrit original par LBJCM. Mulhouse 1886, gr. in-8°, III—264 p., demi-rel. toile rouge.

Lichtemberg. — voir N° 1819.

1834 **Lièpvre (Vallée de).** — *Risler, D.* Histoire de la Vallée de Ste-Marie-aux-Mines, anciennement Vallée de Lièpvre (Alsace). Avec le portrait de l'auteur. Ste-Marie-a.-M. 1873, in-8°, VIII—224 p., br., couv. ill.

Marseillaise (La). — voir N° 1850.

1835 **Mettetal, A.** L'Eglise de la Confession d'Augsbourg de Paris et le radicalisme protestant de Strasbourg. Paris 1865, in-8°, 40 p., br.

1836 **Metz.** — *Hérisson, Comte d'.* La légende de Metz. 15e édit. Paris 1888, in-18, VIII—316 p., demi-rel. chagr.

1837 **Mulhouse.** — *Bulletin du Musée historique* de Mulhouse. T. VII à X, XII et XIII. Mulhouse 1882 à 1889. 6 vol. gr. in-8°, br. Av. fig. et planches.

1838 **Neuf-Brisach.** — *Risler, Ch., et G. Laurent-Atthalin.* La Guerre en Alsace. Neuf-Brisach. Souvenirs de siège et de captivité. 2e édit. Paris 1881, in-16, V—125 p., br. Av. carte.

1839 **Numismatique.** — *Engel, Arthur.* Documents pour servir à la Numismatique de l'Alsace. N°s 2, 4 et 6. (Extr. de la „Revue d'Alsace"). Mulhouse 1876—1878. 3 brochures in-8°. Av. planches.

1840 — *Leitzmann, J.* Wegweiser auf dem Gebiete der deutschen Münzkunde (incl. Oesterreich, Schweiz, Luxemburg und Elsass) oder geschichtl. Nachrichten über das Münzwesen Deutschlands. Weissensee 1869, in-8°, VIII—782 p., br.

1841 — *Münzsammlungen E. Brion in Strassburg i. E. etc. etc.* Antike, Mittelalter u. Moderne.... (Auctionscatalog 2. April 1894). Frankfurt a. M. 1894, gr. in-8°, IV—100 p., br. Av. 2 pl.

1842 **Pack, J. D.** 13 Poésies différentes, en allemand. In-16, de 2, 4 et 8 p., (Très rares).

Petite-Pierre (La). — voir N° 1819.

1843 **Pfeffel, Gottl. Conrad.** Gedichte. 8 Theile. Wien und Prag 1809—1810. 4 vol. in-18, rel. veau anc. Av. frontispice et titre gravés pour chaque partie.

Phalsbourg. — voir N° 1819.

Ræss (Mgr.) — voir N° 1794.

1844 **Révolution française.** — *Heitz, F. C.* La Contre-Révolution en Alsace de 1789 à 1793. Pieces et documents relatifs à cette époque. Strasb. 1865, in-8°, IV—332 p., br.

1845 **Revue d'Alsace** (sous la direction de M. J. Liblin). Années 1872 à 1880. Colmar et Belfort. 9 vol. gr. in-8°, en livr.

1846 **Revue alsacienne.** Littérature, Histoire, Sciences, Poésies, Beaux-Arts. **Années 1 à 13.** Paris et Nancy 1877—1890. 13 vol. in-8°, demi-rel. chagr. Av. grav. (Collection complète).

1847 **Revue Alsacienne illustrée. — Illustr. Elsässische Rundschau.** 1re à 5e années. Strasbourg 1898—1903. En 20 livraisons pet. in-fol. (Les 2 premières années sont épuisées et fort rares).

1848 **Ribeauvillé.** — *Piton, F.* Promenades en Alsace. Monographies histor., archéolog. et statistiques. — Ribeauvillé et ses environs. Strasb. 1856, in-18, 76 p., broché. Av. la carte des environs de Ribeauvillé.

1849 **Rothmüller, J.** Vues pittoresques des Châteaux, Monumens et Sites remarquables de l'Alsace, dessinées d'après nature et lithographiées par l'auteur. Avec texte historique et descriptif. Colmar 1839. 1 vol. in-4°, demi-rel. veau. Av. 123 lithographies. (Pet. taches de rousseur, autrement bel exempl.

1850 **Rouget de Lisle.** — *Le Roy de Sainte-Croix.* Le Chant de guerre pour l'armée du Rhin, ou la Marseillaise. (De la „Grande Collection alsacienne"). Strasb. 1880, gr. in-8°, 211 p., br. Av. portr. et pièces de musique.

1851 **Rouvrois, Th. de M. de.** (Pseud. de M. de Morville). Voyage pittoresque en Alsace par le chemin de fer de Strasbourg à Bâle. Mulhouse 1844, gr. in-8°, VII—278 p., cart. Av. illustr. et 1 carte. (Taches de rousseur).

1852 **Ruinart, Thierri.** — *Euting, Julius.* Ein gelehrter Benediktiner als Tourist auf dem Donon (1696). (Extr. de la „Gemeinde-Zeitung f. Els.-Lothr.") Strassburg 1882, in-8°, 8 p., br. Av. 1 planche.

1853 **Sainte-Croix-aux-Mines.** — *Jaeger, Alphonse.* Précis historique de la commune de Sainte-Croix-aux-Mines, suivi des notices sur les administrations municipales, les institutions de bienfaisance, etc. Strasb. 1866, in-8°, 64 p., br.

1854 **Sainte-Odile.** — *Silbermann, J. A.* Beschreibung von Hohenburg oder dem Sanct-Odilienberg sammt umliegender Gegend. Neue Auflage besorgt von A d a m W a l t h e r S t r o b e l. Strassb. 1835, in-8°, IV—120 p., demi-rel. chagr. Avec atlas pet. in-fol. oblong de 19 planches gravées. Bel exemplaire.

    Saxe, Maurice de. — voir N° 1872.

1855 **Schaeffer, Ad.** Tempi passati, 1840 à 1858. Nouv. édit., revue et considérablement augmentée (av. le portr. de l'auteur). Lausanne et Paris 1894, in-12, 347 p., br.

1856 **Schneider, Euloge.** — *Rathgeber, Julius.* Eulogius Schneider. Strassburger Revolutionserinnerungen. Strassburg 1891. in-8°, 34 p., br. Avec portr.

1857 **Schoen, Henri.** Le Théâtre alsacien. Bibliographie complète du Théâtre alsacien. Biographie des auteurs. Strasbourg 1903, in-12, 330—XLI p., br., couverture illustrée. Av. 60 gravures.

1858 **Schoepflin, J. D.** L'Alsace illustrée, ou recherches sur l'Alsace pendant la domination des Celtes, des Romains, des Francs, des Allemands et des Français. Traduction de L. W. R a v e n è z. Mulhouse 1849—1852. 5 vol. gr. in-8°. demi-rel. chagr. Avec nombreuses planches et cartes. (Ouvrage recherché).

1859 **Strasbourg.** — **Capitulation de 1681.** — *Legrelle, A.* Louis XIV et Strasbourg. Essai sur la politique de la France en Alsace Nouv. édit. Paris 1881, in-8°, XIV—424 p., demi-rel. chagr. (Quelques feuillets tachetés de rousseur).

1860 — **Dialecte strasbourgeois.** — *(Arnold J. D. G.)* Der Pfingstmontag. Lustspiel in Strassburger Mundart in fünf Aufzügen und in Versen. Nebst einem die eigenthümlichen einheimischen Ausdrücke erklärenden Wörterbuche. Strassburg 1816, in-8°, VIII—199 p. — A la suite: Goethe's Beurtheilung des Lustspiels in Strassb. Mundart, der Pfingstmontag. Strassb. 1820, 19 p. — 1 vol. cart.

1861 — — *Froelich, Jules.* Strosburjer Holzhauerfawle, mit Titelkupfer un zwanzig Bildle fum Joseph Lindebluest. (H. Ganier). Nancy 1885, in-16, VI—73 p., pleine rel. chagr., tranches rouges. (Exempl. sur papier chamois, N° 130).

1862 — — *Hans im Schnôkeloch (Der),* herausgegeben von K. B e r n h a r d und L. F ü h r e r, illustriert von F. M a t h i s. N°s 0, 1 à 25. Strasb. 1860, in-fol., 100 p., cart., av. couv. ill. (Le recueil est incomplet des p. 101 à 124, ou des N°s 26 à 30 et 1000).

1863 — — *Hirtz, Daniel.* Fufzig Fawle frei nooch'm Lafontaine. In Strossburrjer Mundart. Strassb. 1880, in-8°, V—140 p., cart. orig. Av. couv. ill.

1864 — — *Pick, A.* Anno 1873. — S'ys're Mann's Büchel. Strosburry 1873, in-18, 60 p., br. Av. nombr. fig.

1865 **Strasbourg. — Eglises. — Cathédrale.** — *Album* de douze photogravures relatives à la Cathédrale de Strasbourg. Strasb. 1882, in-fol., cart. orig.

1866 — — — *Description nouvelle* de la Cathédrale de Strasbourg et de sa fameuse Tour. 3e éd. par J o s. S c h w e i g h e u s e r. Strasb. 1770, in-18, 164 p., cart. Av. 8 fig. hors texte.

1867 — — — *Dumont, Alb.* La Cathédrale de Strasbourg. Remarques archéologiques. Paris 1871, in-8o, 32 p., br.

1868 — — — *Näher, J.* Panorama von der Plattform des Strassburger Münsters. Strassb. 1890. 2. Aufl. Plié in-8o, sous couverture. (Ce panorama est long de 1,40 m.)

1869 — — — *Spach, Louis.* Der Münsterbau. Oratorio en quatre parties. Musique de M. Victor Elbel. Strasbourg 1865, in-8o, IV—35 p., br.

1870 — — **St-Pierre-le-Jeune.** - - *Horning, Wilhelm.* Die Jung-Sanct-Peterkirche und ihre Kapellen (mit besonderer Berücksichtigung der restaurirten Zornkapelle). Eine archäologische Studie. Festschrift zur 600 jährigen Feier der Grundsteinlegung der Kirche (1290). Strassburg 1890, in-8o, VII—60 p., br. Avec 11 planches.

1871 — — — Das Stift von Jung-Sankt-Peter in Strassburg. Urkundl. Beiträge z. Gesch. desselben aus sechs Jahrhunderten (1200—1700). Strassburg 1891, in-8o, XII—83 p., br.

1872 — — **St. Thomas.** — *Description du mausolée* du Maréchal Comte de Saxe, érigé dans l'Eglise de Saint-Thomas à Strasbourg, par ordre de S. M. le Roi Louis XV, de glorieuse mémoire, en 1777. Suivi de la Description de quelques autres monumens qui se trouvent dans la même église. Strasbourg, Impr. Schuler, s. d., in-8o, 7 p., br.

1873 — — — *Schmidt, Charles.* Histoire du chapitre de Saint-Thomas de Strasbourg pendant le moyen-âge; suivie d'un recueil de chartes. Strasb. 1860, in-4o, VIII—480 p., demi-rel. veau. Avec 2 planches.

1874 — — — *Schnéegans, L.* L'Eglise de Saint-Thomas à Strasbourg, et ses monuments. Strasb. 1842, in-8o, XVI—318 p., demi-rel. veau. Av. 5 grav. hors texte. (Taches de rousseur).

1875 — **Euting, Dr Julius.** Beschreibung der Stadt Strassburg und des Münsters. Mit Plan, Panorama, Karte u. 46 Holzschnitten. 6. Aufl. Strassb. 1890, in-16, XII—96 p., br.

1876 — **Heitz, Friedr. Carl.** Das Zunftwesen in Strassburg. Geschichtliche Darstellung begleitet von Urkunden und Aktenstücken. Mit einem Vorworte von L. S p a c h. Strassb. 1856, in-8o, VIII—188 p., demi-rel. veau. Avec 22 petites armoiries dans le texte.

1877 — **Hermann, Jean-Fréd.** Notices histor., statist. et littér. sur la ville de Strasb. Strasb. 1817—1819. 2 vol. in-8o, demi-rel. chagr.

1878 — **Holl, Paul.** Souvenirs du Vieux Strasbourg. Avec 15 planches dont 7 en couleurs. Strasb. 1901, pet. in-fol. obl., 40 p., br.

1879 — **Kentzinger, Cher de).** Strasbourg et l'Alsace, ou Choses mémorables des vieux temps. Strasb. 1824, in-8o, 201 p., demi-rel. chagr.

1880 — **(Klœckler), Madame la Baronne de.** La Société de Strasbourg. — Etude suivie du Carnet mondain strasbourgeois qui la complète. Colmar 1888, in-8o, 186—71 p., br.

1881 — **Morlet, le Colonel de.** Notice sur l'Enceinte d'Argentoratum. Strasb. 1861, in-8o, 25 p., br. Av. 1 planche et 2 plans.

1882 — **Noms (Vieux) et rues nouvelles** de Strasbourg. Causeries biographiques d'un flâneur avec une préface par R o d. R e u s s. Strasb. 1883, in-18, XIV—442 p., br.

1883 — **Piton, Fréd.** Strasbourg illustré, ou Panorama pittoresque, historique et statistique de Strasbourg et de ses environs. Strasb. 1855, gr. in-4o, demi-rel. perc. 2 vol. Av. beaucoup de planches col. et noires. (Sans le Panorama de Strasbourg en 4 feuilles). Av. Supplt de M a u r i c e T h i é b a u l t de 1884. 8 p. de texte et 6 planches, non reliées.

1884 — **Révolution.** — *Heitz, F. C.* Les Sociétés politiques de Strasbourg pendant les années 1790 à 1795. Extraits de leurs procès-verbaux. Strasb. 1863, in-8o, VIII—400 p., br.

1885 **Strasbourg. — Révolution.** — *Recueil de pièces authentiques* servant à l'histoire de la révolution à Strasbourg, ou les Actes des représentans du peuple en mission dans le Département du Bas-Rhin sous le règne de la tyrannie. . . Strasb. An II. T. I (sans le T. II), demi-rel. chagr.

1886 — — *Seinguerlet, E.* L'Alsace française. — Strasbourg pendant la Révolution. Paris 1881, in-8°, XII—364 p., demi-rel. chagr.

1887 — **(Schmidt, Ch.)** Strassburger Gassen- und Häuser-Namen im Mittelalter. Strassburg 1871, in-8°, VII—192 p., br. (Tiré à 250 exempl.).

1888 — **Séjour de Princes. — 1777-1789.** — *Rathgeber, Julius.* Erinnerungen an den Prinzen Max und an die schöne Strassburger Zeit. Strassburg 1892, in-12, 46 p., br.

1889 — **S(eyboth), Ad.** Souvenirs du vieux Strasbourg. Cinquante planches avec texte explicatif de XII p. Strasbourg s. d., in-fol., en portefeuille.

1890 — — Strasbourg historique et pittoresque depuis son origine jusqu'en 1870. Aquarelles et Dessins par E. Schweitzer et A. Koerttgé. Strasbourg 1894, in-fol., XII—704 p., rel. toile orig., fers spéciaux.

1891 — **Siége de 1870.** — *Fischbach, Gustave.* Guerre de 1870. — Le Siége et le Bombardement de Strasbourg. Strasbourg 1871, in-18, XI—311 p., demi-rel. chagr. 5e édit. av. 2 portr., 8 vues et 1 plan.

1892 — — — Guerre de 1870. — Le Siége de Strasbourg. Strasbourg avant, pendant et après le siége. Aquarelles et dessins par E. Schweitzer. Strasbourg 1897, in-fol., XI—532 p., rel. toile orig., fers spéciaux.

1893 — — *Ilex, F.* Vor Strassburg. Erinnerungen aus dem Jahre 1870. Strassb. 1895, in-8°, 129 p., br.

1894 — — *Piton, Frédéric.* Siége de Strasbourg. Journal d'un assiégé. Notes et Dessins par Alfred Touchemolin. Paris 1904, pet. in-4°, XV—271 p., br.

1895 — — *Schnéegans, A.* La Guerre en Alsace. 1re Partie: Strasbourg. Neuchâtel 1871, in-8°, VIII—331 et LVI p., demi-rel. chagr. Av. plan.

1896 — — *Uhrich (le Général).* Documents relatifs au Siége de Strasbourg. Paris 1872, in-8°, V—207 p., demi-rel. chagr. Avec le plan du siége.

1897 — **Silbermann, Johann Andreas.** Local-Geschichte der Stadt Strassburg. Strassb. 1775. 1 vol. in-fol., rel. veau pleine. Av. 16 plans.

1898 — **Staehling, Charles.** Histoire contemporaine de Strasbourg et de l'Alsace. (1830 - 1872). Nice et Nancy 1884—1887. 2 vol. in-8°, demi-rel. chagr.

1899 — **Strasbourg, ses monumens et ses curiosités,** ou Description de sa Cathédrale et de ses autres édifices publics, musées, arsenaux, bibliothèques, promenades, etc. Strasbourg 1835, in-24, XXVI—234 p., pleine rel. chagr. Av. 5 lithogr. et 1 plan.

1900 — **Touchemolin, A.** Strasbourg militaire. Avec nombreuses compositions de l'auteur. Paris 1895, in-fol., VII—150 p., br. (Exempl. N° 29, sur papier vélin).

1901 — — Quelques souvenirs du Vieux Strasbourg. Strasbourg 1903, in-fol., 15 p. de texte et 21 planches, br.

1902 — **(Zenker, Josef).** Lustiger Führer durch Strassburg. In Reimen von Max und Moritz. Illustriert. Strassb. 1895, in-18, 88 p., br.

1903 **Strobel, A. W.** Sammlung kleiner für Kirche und Schule bestimmter Musikstücke. 2te Ausg. Strasbourg 1827, in-8°, 84 p., br.

1904 — Vaterländische Geschichte des Elsasses, von der frühesten bis auf die gegenwärtige Zeit. Strassb. 1841—1849. 6 vol. in-8°, cart.

1905 **Tuefferd, E, et H. Ganier.** Récits et Légendes d'Alsace. Av. 12 compositions hors texte et 44 sujets dans le texte. Paris, s. d., in-fol., VIII—70 p., cart. toile orig., fers spéc.

1906 **Busch, Wilh.** Der heil. Antonius von Padua. Lahr (1870), in-8°, 69 p., br. Av. grand nombre de gravures.

1907 **Goethe's** sämmtliche Werke. Mit Bildniss und Facsimile. Paris 1836, 5 vol. gr. in-8°, demi-rel. chagr.

1908 **Schiller's** sämmtliche Werke. Vollständige Ausg. in 2 Bdn. Mit 12 Stahlstichen. Stuttgart 1869, 2 vol. gr. in-8°, demi-rel. toile.

Gravures alsatiques.

1909 Nâñelneji Strossburjer Hélje. Lith. Oberthür fils et Baltzer. Nos 1 à 4. (Lächerli — un doch bedrüebt; Der Munkedrissel; Festival choral de 1863; Die grausame Geschichte vom grossen Sängerfeste 1863). 4 feuilles gr. in-fol.

1910 Strosburjer Bilder. No 85: D'Mägd von Strosburri. — No 97: Der Züricher-Brunnen am Katzensteg. — No 104: S'Schneiders Lade. — En tout 3 feuilles in-fol.

1911 S'Demi-Monde van Strosburri. In-fol. Druck von G. Fischbach. A pet. marges.

1912 Actualités à Strasbourg. Silhouettes par P. Büttner, No 3. Impr. Lith. Th. Siegfried. A pet. marges.

1913 Let us be quiet. Numéro unique, publié à l'occasion du grand bal donné au profit des pauvres à la Réunion-des-Arts le 12 févr. 1887. Strasbourg, Typogr. G. Fischbach, in-fol., 8 p.

1914 Les Bords du Rhin. Dessiné par Chapuy, Lith. par J. Jacottet, fig. par A. Bayot. Planches: No 1 (Bingen), 4 (Bacharach), 5 (Schomberg), 6 (Ober-Wesel), 7 (Caub et Guttenfels), 8 (St. Goar et Rheinfelden), 10 (Boppart), 12 (Maxburg), 13 (Coblentz et Ehrenbreistein), 14 (Andernach), 15 (Abbaye de Laak près Andernach), 16 (Apolinarisberg). — En tout 12 planches in-fol. obl., à gr. marges. (Pourront être vendues au détail).

1915 Golbéry et Schweighæuser. Antiquités de l'Alsace. Lithogr. in-fol.
Haut-Rhin:

Pl. 8: Vue du Château de Hohenack. Belle planche à gr. marges.

13: Porte du Château du Hautlandsberg. Sur Chine, à pet. marges.

20: Vue de l'Eglise de Geberschwyr. Belle planche à toutes marges.

21: Abside de l'Eglise de Pfaffenheim. A toutes marges. (Pet. taches de rousseur).

23: Intérieur de l'Eglise de Rouffach. A gr. marges.

24: Porche de l'Eglise de Lutenbach. A toutes marges.

28: Porche de l'anc. Eglise de Gebwiller. A gr. marges. (Pl. défraîchie).

34: Vue du Château de Wildenstein. Sur Chine, av. marges.

35: Château de Rosemont. A pet. marges.

36: Vue de l'Eglise de Bermont. Sur Chine, à toutes pet. marges.

37: Vue de la Ville et du Château de Ferrette. Belle planche à toutes marges.

38: Château de Morimont. Belle planche à toutes marges.

39: Château de Landskron. Belle planche à toutes marges.

40: Vue intérieure de l'Eglise d'Ottmarsheim. Belle planche à toutes marges.

(Pourront être vendues au détail).

1916 — Bas-Rhin:

Pl. 10: Ruines de Truttenhausen et du château de Landsberg. Avant la lettre, à pet. marges.

11: Chapelle de la Croix, construite par Ste-Odile. A pet. marges.

14: Châteaux de Lützelbourg et Rathsamhausen. Belle épreuve à gr. marges.

16: Eglise ancienne de Rosheim. Sur Chine, à pet. marges.

19: Intérieur de l'Aile méridionale de la Cathédrale de Strasbourg. Sur Chine, à toutes marges.

20: Intérieur du Temple de St-Thomas à Strasbourg. A gr. marges.

21: Façade de l'Eglise de Haslach. Belle planche à toutes marges.

24: Vue du grand Château d'Ochsenstein. A pet. marges.

25: Façade de l'Eglise de Maurmoutier. Belle épreuve à toutes marges.

27: Vue du Château de Hohbarr. Sur Chine, à gr. marges. (Pl. défraîchie).

28: Intérieur de la Grotte de St-Vit. Belle planche à toutes marges.

Pl. 29: Ancien Monastère de Craufthal. Sur Chine, à toutes marges.
   32: Vue du Chœur ruiné de l'Eglise de St-Adelphe à Neuviller. A pet.
     marges.
   33: Vue de la Chapelle de Neubourg. Epreuve sur Chine, à pet. marges.
   34: Intérieur de l'Église de St-George à Haguenau. A pet. marges.
   35: Intérieur du Château de Wasenbourg. A toutes pet. marges.
   36: Vue du Château de Altwinstein. Sur Chine, à gr. marges.
   37: Vue du Château de Schœneck. Belle planche à toutes marges.
   38: Vue du Château d'Arnsberg. Sur Chine, à gr. marges.
   39: Vue du Château de Wasenstein. Sur Chine, av. marges.
   40: Vue du Château de Fleckenstein. Sur Chine, à pet. marges.
  (Pourront être vendues au détail)

1917 — **Supplément „Monumens romains":**
Pl. 3: Carte topogr. des Ruines romaines près de Mandeure. Av. marges.
  5: Théâtre de Mandeure. Av. marges.
  7: Fragments d'antiquités romaines. Av. marges.
  8: Restes des Bains de Badenwiller. Epreuve sur Chine, à toutes
    marges.
  (Pourront être vendues au détail).

1918 **Rothmüller, J.** Musée pittoresque et historique de l'Alsace. — Haut-Rhin.
Lithogr. pet. in-fol.
Pl. 46: Porte principale du Haut-Landsberg. A gr. marges.
  48: Trois Épis près Turkheim. Fond teinté. A gr. marges.
  57: Lac de Saltzern. Fond teinté. A pet. marges. (Pl. défraîchie).
  69: Christ sur le Cimetière de Colmar. Fond teinté. A gr. marges.
  (Pourront être vendues au détail).

1919 **Colmar. — „Maison en bois à Colmar".** *(Ancien hôtel du gouverneur de
la ville; plus tard maison de Mr le Dr Macker).* Chapuy del.,
Villemain lith., Imp. Lemercier à Paris. (Pl. de „Le Moyen-Age
monumental et archéolog."). In-fol., sur Chine, à gr. marges.
1920 **Marbach.** — Ancienne Abbaye de Marbach. Lith., épreuve avant la lettre,
pet. in-fol. obl., à gr. marges.
1921 **Metz. — Vue à vol d'oiseau.** — Bachelier lith., Impr. Lemercier & Cie.
Lith. coloriée, gr. in-fol. obl., av. marges.
1922 **Mulhouse.** — „Réception de S. M. Charles X à Mulhouse . . . Planche
imprimée sous les yeux de Sa Majesté . . . sur la nouvelle presse en fer
de Mrs Engelmann & Co, le 11 Sept. 1828". J. Rothmüller d'après
le croquis de Mr Chapuy. Les figures par J. de R. Koechlin. Gr.
in-fol. obl., av. marges.
1923 — „Départ de S. M. Charles X de Mulhouse . . . . Estampe offerte à Sa
Majesté le jour de sa fête, le 4 9bre 1828 par ses très humbles et
très fidèles sujets Engelmann & Cie". J. Rothmüller, d'après le
croquis de Mr Chapuy. Les figures par V. Adam. Gr. in-fol. obl.,
sur Chine, sans marges.
1924 **Neuviller.** — „Vue générale de la ville de Neuviller et du Herren-Stein
(Bas-Rhin)". Lith., fond teinté. Ad. d'Hastrel pinx. et lith., Imp.
Lemercier. (Pl. de l'„Album d'Hastrel"). In-fol. obl., à gr. marges.
1925 — Intérieur de l'Eglise de St Pierre et St-Paul à Neuviller. Pet. in-fol.,
av. marges. Epreuve avant la lettre.
1926 **Stephansfeld.** — „Maison de santé, pour le traitement des maladies men-
tales, près de Strasbourg. Vue prise à vol d'oiseau". Lithé d'après nature
par Th. Müller, Imp. Lith. E. Simon. In-fol. obl., fond teinté, à gr.
marges.
1927 **Strasbourg. — Plans.** „Erste Gelegenheit der Statt Strasburg, vnd wie
sie Anfangs in Ihrem Begriff gestanden". (Pl. de „Silbermann, Local-
geschichte der Stadt Strassburg"). In-fol., rogné et remonté.
1928 — — „Andere Erweiterung der Statt Strassburg, worinnen die Ersten
Christlichen Kirchen erbawet worden." (Pl. du même ouvrage). In-fol.,
rogné et remonté.

1929 **Strasbourg. — Plans. — 1576.** „Die Umwallung der Stadt Strassburg i/E. im Jahre 1576 nach Skizzen von Specklin". E. Lessing del: Strassb. 1890. Photolitho. u. Druck von Ed. Hubert. Av. 2 vues et armoiries. Double in-fol., à gr. marges.

1930 — — **1643.** „Die Statt Strassburg, Argentina, wie sie jetziger Zeit im wesen steht A° 1643". Av. armoiries. In-fol. obl., av. les églises et les fortifications. Sans marges.

1931 — **Vues d'ensemble. —** „Vue de la ville de Strasbourg, prise de la hauteur de Schiltigheim". A. Bichebois 1824, d'après le dessin de Mr Wissant, Lith. de G. Engelmann. In-fol. obl., av. marges.

1932 — — „Vue de Strasbourg prise du côté de la Wasser-Zoll". C. Sigrist f., se vend à Strasbourg chez Guérin, Graveur à la Monnoie. Gr. in-fol. obl., sans marges.

1933 — **Vues panoramiques. —** „Vue de Strasbourg". Fait par A. Aveline et se vend chez luy à Paris. Gr. in-fol. obl., à toutes marges. (Tacheté de rousseur).

1934 — — „Strasbourg. Vue prise au dessus du Faub. de Saverne". A. Guesdon del., David lith., Impr. Lemercier. In-fol. obl., à pet. marges, fond teinté.

1935 — — „Vue de Strasbourg prise de la plate-forme de la Cathédrale. (Est)". Lith. de D. Baltzer à Strasbourg. In-fol. obl., à pet. marges, fond teinté.

1936 — **Cathédrale. —** „Cathédrale (Effet de neige)". Clément Dreyfus, Imp. Lith. Th. Siegfried. (Pl. du „Mirliton"). In-fol., à pet. marges.

1937 — **— Intérieur. Détails. —** „Horloge astronomique de la Cathédrale de Strasbourg. Construite en 1842 par J. B. Schwilgué". Dessiné d'après nature par J. Bürck, Imp^e Lith^e en couleurs E. Simon. In-fol., av. marges.

1938 — — — Procession et messe des animaux. — Reproduction photolith. d'une grav. sur bois de 1608, publiée en 1890 par Ferd. Reiber. Av. not. histor. au verso. In-fol. obl., à gr. marges. (Tiré à petit nombre).

1939 — — — „Chapelle gothique dans la Cathédrale de Strasbourg." Villeneuve f^t, Lith. de G. Engelmann. Pet. in-fol., à gr. marges.

1940 — **— Extérieur. Détails. —** „Vue du bas de la tour et d'une partie de la nef (côté méridional)". Courtin d'après le croquis de Mr Chapuy, Lith. de Engelmann. (Pl. de la „Cathédrale de Strasbourg"). Sur Chine, in-4°, à gr. marges.

1941 — — — „Portail septentrional". Courtin d'après le croquis de Mr Chapuy, Lith. de Engelmann. (Pl. du même album). In-4°, à gr. marges.

1942 — — — „A Strasbourg" (Portails de l'horloge). G. Bourgerel, Imp. Lemercier. (Pl. des „Fragments d'architecture & de sculpture."). Dessin au trait, in-fol., av. marges.

1943 — **Vues avec Cathédrale. —** „Cathédrale de Strasbourg", avec rue Mercière et „Fischbrunne". A. Rouargue del., Lith. de Delpech, Paris. In-fol., à toutes marges.

1944 — — La Cathédrale vue de la place Gutemberg. Av. „Fischbrunne". Lith., gr. in-fol. obl., sans marges, restaurée.

1945 — **„Inauguration du chemin de fer** de Paris à Strasbourg en présence du Prince-Président de la République, le 18 Juillet 1852". Dessiné et lith. par Ch. Kreutzberger d'après les croquis de Mr S. Karkinsky, Lith. E. Simon. In-fol. obl., av. marges, fond teinté.

1946 — **„Vue du fameux marché aux Guenilles** de Strasbourg. Aussicht des berühmten Grimpel marckts". Se vend à Strasbourg chez J. D. Sergent. Lég. et 2 vers franç. et allem. In-8° obl., sans marges. Reprod. photolith.

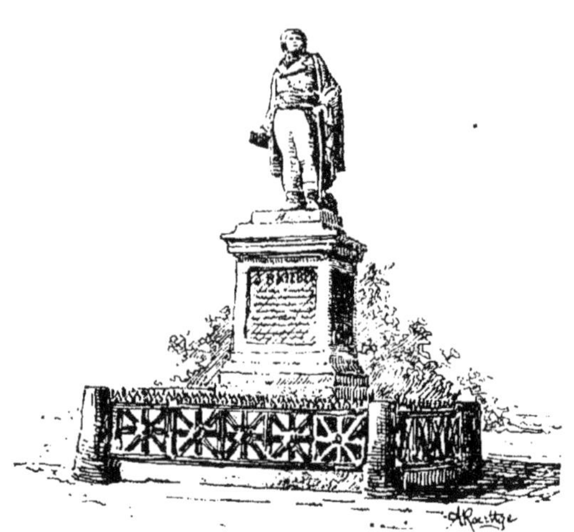

L'Alsace-Lorraine

Publication richement illustrée, devant former un splendide Album de plus de 300 gravures, excessivement soignées, reproduisant les antiquités, les monuments, les paysages, etc., etc., les plus remarquables de l'Alsace-Lorraine. Chaque gravure accompagnée, sur une feuille spéciale, d'un texte historique ou descriptif, suffisant pour en donner une idée exacte même au lecteur étranger au pays.

Le tout suivi, tant pour l'Alsace que pour la Lorraine, du résumé de l'histoire de ces provinces.

L'ouvrage paraîtra en 60 livraisons de 5 gravures et de 5 pages de texte

=== Deux livraisons par mois ===

Prix de la livraison : 1 Franc seulement

Imprimeurs-Editeurs: ALPH. WIOLAND & Cie, Mulhouse-Metz

L'ouvrage paraîtra en 60 livraisons de 5 gravures et de 5 pages de texte

=== Deux livraisons par mois ===

Prix de la livraison : 1 Franc seulement

Imprimeurs-Editeurs : ALPH. WIOLAND & Cie, Mulhouse-Metz

On souscrit à la Librairie J. NOIRIEL, F. Staat, Succ^r, Strasbourg (Alsace)

L^E temps n'est plus, où, pour connaître une contrée, le lecteur patient s'amusait à parcourir de gros volumes. Notre siècle, le siècle de la vapeur et de l'électricité, est plus pressé. Il semble avoir pris pour devise d'aller vite en tout : même pour s'instruire, même pour se distraire. De plus, n'a-t-il pas la prétention singulière d'observer sans fatigue, de voir de ses propres yeux, d'embrasser toutes choses enfin d'un simple et rapide coup d'œil.

A ces exigences multiples, la science et l'industrie se sont alliées pour répondre. Elles l'ont fait avec succès. Grâce aux résultats surprenants obtenus, en ces derniers temps encore, pour multiplier à l'infini les reproductions photographiques, nous avons tous vu paraître ces magnifiques albums illustrés, où se déroule, avec autant de charme que d'utilité, l'histoire et le pittoresque d'un pays tout entier.

Il manquait à l'Alsace-Lorraine un album de ce genre. Il manquait dans chaque famille d'Alsace et de Lorraine l'album que l'on est heureux de placer sur la table de son salon, ou sur les rayons de sa bibliothèque; ce livre que l'on est fier de feuilleter devant l'étranger qui vous visite, de lui montrer avec un complaisant amour-propre les beautés du sol natal.

Et il y manquait depuis longtemps. — On le sentait. Aussi que de fois, et parmi nous, et autour de nous, de ce côté-ci des Vosges et de l'autre côté, n'avons-nous pas entendu des voix nombreuses et autorisées nous dire: « Essayez donc cette œuvre ! N'ayez pas peur, Alsaciens et Lorrains, du dedans et du dehors, indigènes et immigrés, nous vous soutiendrons, nous serons avec vous, car vous nous parlerez de notre chère Alsace-Lorraine ».

Enfants du pays, disons-le de suite, l'œuvre nous souriait depuis longtemps; souvent déjà nous y avions pensé. Les pressants appels qui nous étaient adressés triomphèrent enfin de nos dernières hésitations. Sûrs de nous, par suite de nos installations techniques des plus perfectionnées, sûrs d'une reproduction irréprochable quant aux gravures, il fallait néanmoins nous assurer le concours de spécialistes, dont la compétence fut hors de conteste. Et cela tant pour le choix que pour la description et l'historique de nos planches. Ne s'agissait-il pas de faire une œuvre sérieuse, scientifique, à la hauteur des exigences légitimes de notre époque et de nos concitoyens. Ces collaborateurs distingués, nous avons été heureux de les trouver en Alsace et en Lorraine, et c'est grâce à leur concours éclairé que nous espérons mener à bonne fin notre entreprise.

La première livraison, livraison spécimen, qui sort de nos presses, dira au public quelle sera notre œuvre. Nous l'en laissons juge, persuadés qu'il nous répondra par ses souscriptions nombreuses. Le prix, excessivement bon marché, ne saurait arrêter même les plus hésitants. Nombreux, nous l'espérons, seront ceux qui, par leur bulletin de souscription, viendront nous dire: « Vous avez eu raison d'essayer d'aller de l'avant, de faire connaître les beautés si remarquables de notre chère Alsace-Lorraine. Nous sommes avec vous. Marchez sans crainte ».

ALPH. WIOLAND & CIE

A la Librairie J. NOIRIEL, F. Staat, Succr

à STRASBOURG (Alsace)

Bulletin de souscription

Le soussigné déclare souscrire à la publication de «l'Album de l'Alsace-Lorraine», comprenant 60 livraisons à 5 vues, avec 5 pages de texte chacune, au prix de Fr. 1.— par livraison, paraissant deux fois par mois.

Le souscripteur s'engage par sa signature apposée ci-bas à prendre livraison de toute la publication.

..............................., le .... 1904.

Signature : ....

Adresse lisible et complète : ....

A la Librairie J. NOIRIEL, F. Staat, Succr

à STRASBOURG (Alsace)

Bulletin de souscription

Le soussigné déclare souscrire à la publication de «l'Album de l'Alsace-Lorraine», comprenant 60 livraisons à 5 vues, avec 5 pages de texte chacune, au prix de Fr. 1.— par livraison, paraissant deux fois par mois.

Le souscripteur s'engage par sa signature apposée ci-bas à prendre livraison de toute la publication.

..............................., le ....1904.

Signature :. ....

Adresse lisible et complète : ....

A la Librairie J. NOIRIEL, F. Staat, Succr

à STRASBOURG (Alsace)

Bulletin de souscription

Le soussigné déclare souscrire à la publication de «l'Album de l'Alsace-Lorraine», comprenant 60 livraisons à 5 vues, avec 5 pages de texte chacune, au prix de Fr. 1.— par livraison, paraissant deux fois par mois.

Le souscripteur s'engage par sa signature apposée ci-bas à prendre livraison de toute la publication.

..............................., le ....1904.

Signature : ....

Adresse lisible et complète : ....

Bulletin de Commission.

M [1]) ....

[2]) ....

....

prie la Librairie **J. NOIRIEL, F. Staat Succ**[r] *de lui acheter aux enchères, au mieux et jusqu'à concurrence des prix indiqués, les ouvrages ci-dessous de la vente du 21 Novembre 1904 et jours suivants :*

Nᵒˢ DU CAT.	TITRES (partie essentielle seule)	PRIX MAXIM. (les frais en sus)	OBSERVATIONS.

[1]) Nom. [2]) Adresse (bien lisible).

Nos DU CAT.	TITRES (partie essentielle seule)	PRIX MAXIM. (les frais en sus)	OBSERVATIONS.

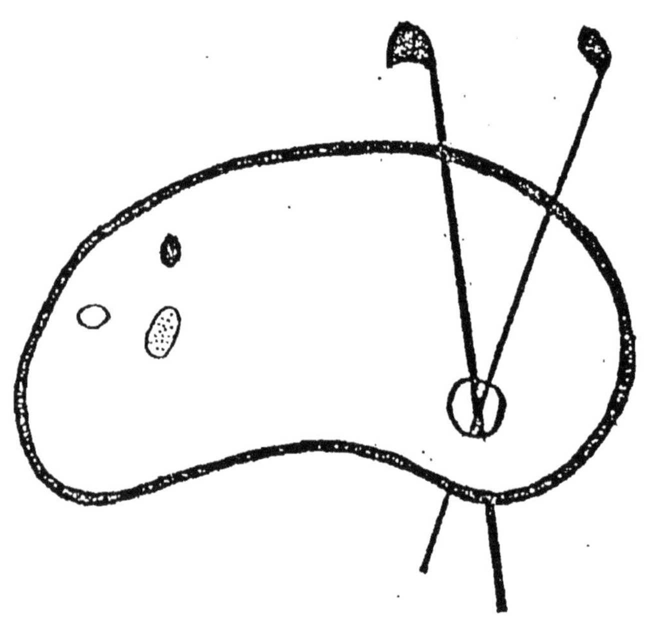

ORIGINAL EN COULEUR
NF Z 43-120-8